32

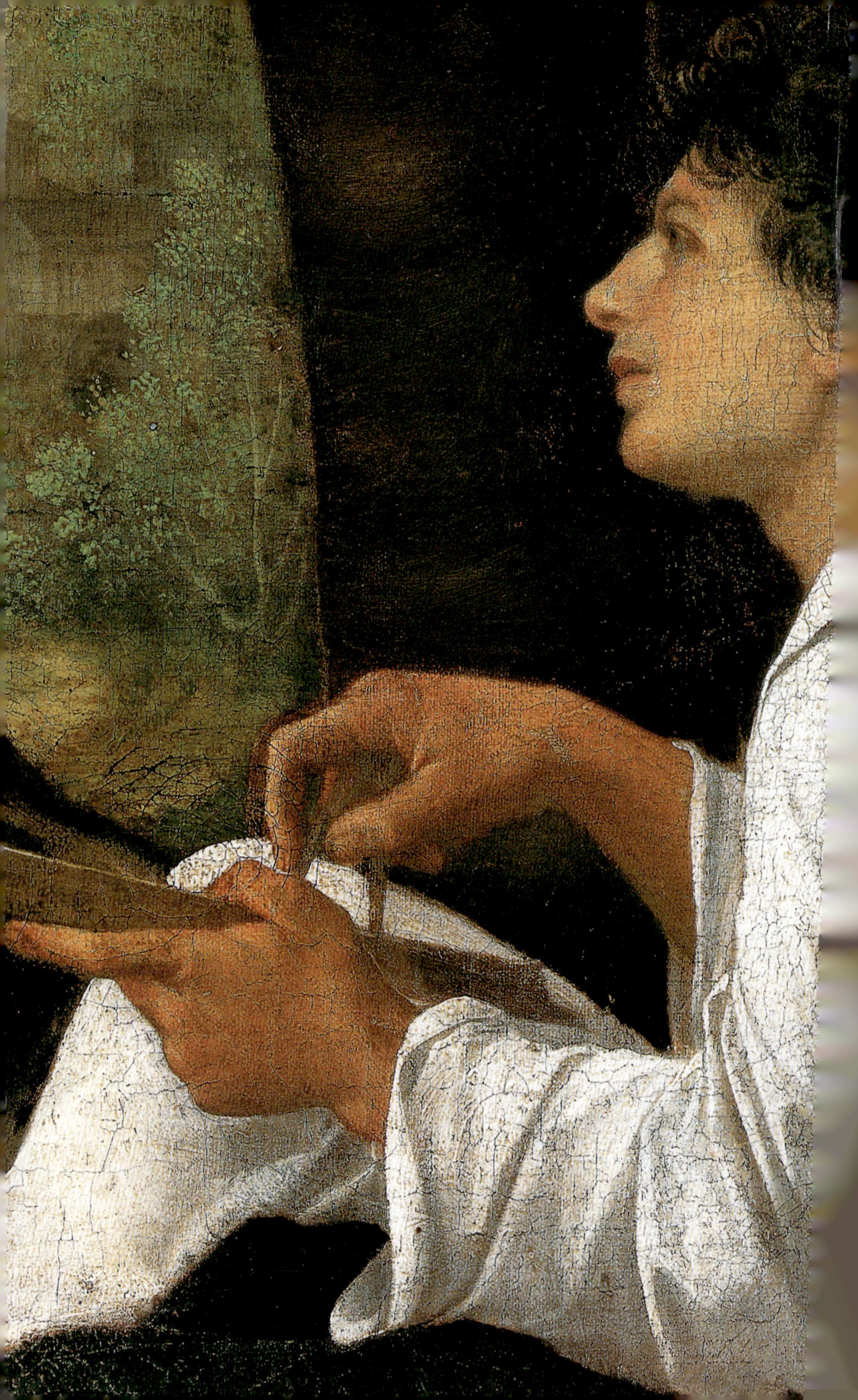

ArtBook

Giorgione

Il genio misterioso della luce e del colore

LEONARDO ARTE

LA VITA E LE OPERE

IL CONTESTO STORICO E ARTISTICO

L'ANALISI DEI CAPOLAVORI

Testi di
Alessandra Fregolent

Guida alla consultazione

La collana Art Book presenta la vita e le opere degli artisti nel contesto culturale, sociale e politico del loro tempo. Per offrire al lettore uno strumento adatto alle esigenze di informazione e di studio, piacevole e facile da consultare, l'argomento di ciascun volume è diviso in tre grandi sezioni, riconoscibili grazie alle bande laterali di colore diverso: giallo per le pagine dedicate alla vita e alle opere dell'artista, azzurro nelle parti sul contesto storico e culturale, rosa per l'analisi dei capolavori. Ogni doppia pagina approfondisce un tema specifico, con un testo introduttivo e varie illustrazioni commentate. Il lettore può così scegliere liberamente il metodo e la sequenza di consultazione, seguendo il dipanarsi dei capitoli oppure sviluppando percorsi personalizzati. Completano l'informazione l'indice dei luoghi, l'indice dei nomi e la biografia essenziale, anch'essi illustrati per rendere immediata l'individuazione di opere, protagonisti, località geografiche.

■ A pagina 2: Giorgione, *I tre filosofi*, particolare, 1505 c., Vienna, Kunsthistorisches Museum.

Sommario

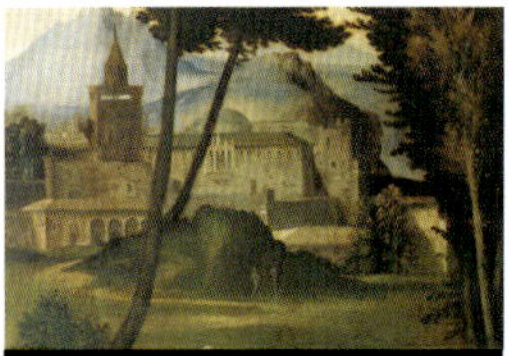

1475-1500

Le origini di un'arte nuova

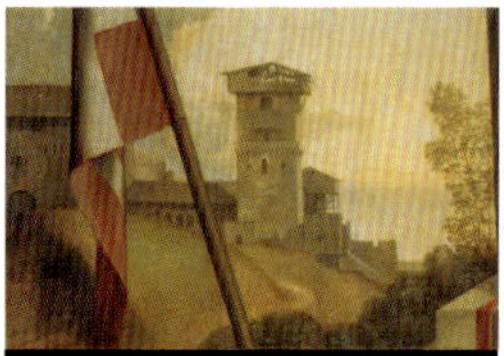

1500-1505

La maturazione

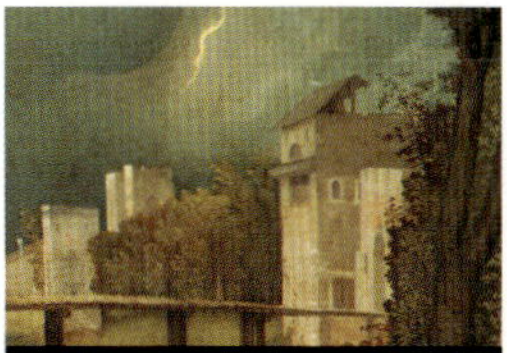

1505-1508

Verso la maniera moderna

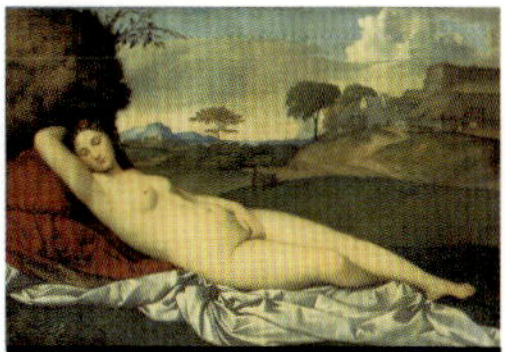

1508-1510

La maniera moderna

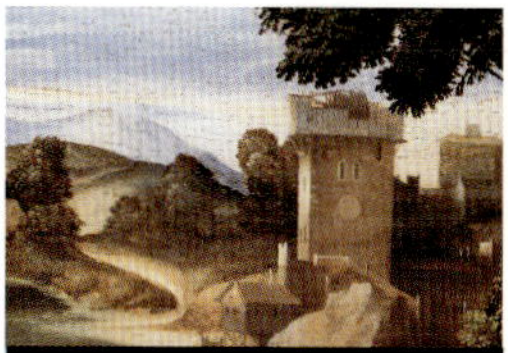

Apparati

1475-1500

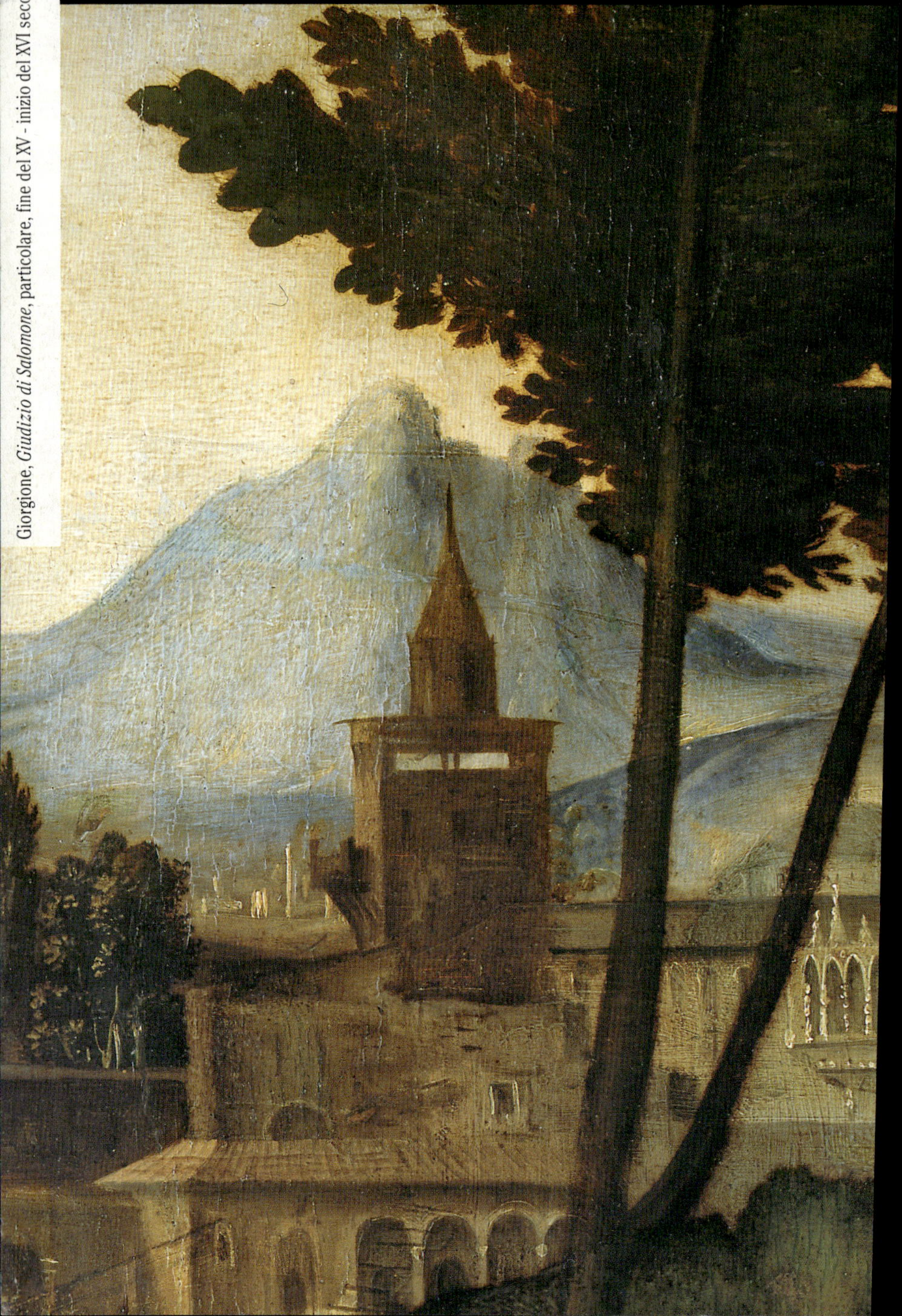

Giorgione, *Giudizio di Salomone*, particolare, fine del XV - inizio del XVI secolo, Firenze, Uffizi.

Le origini di un'arte nuova

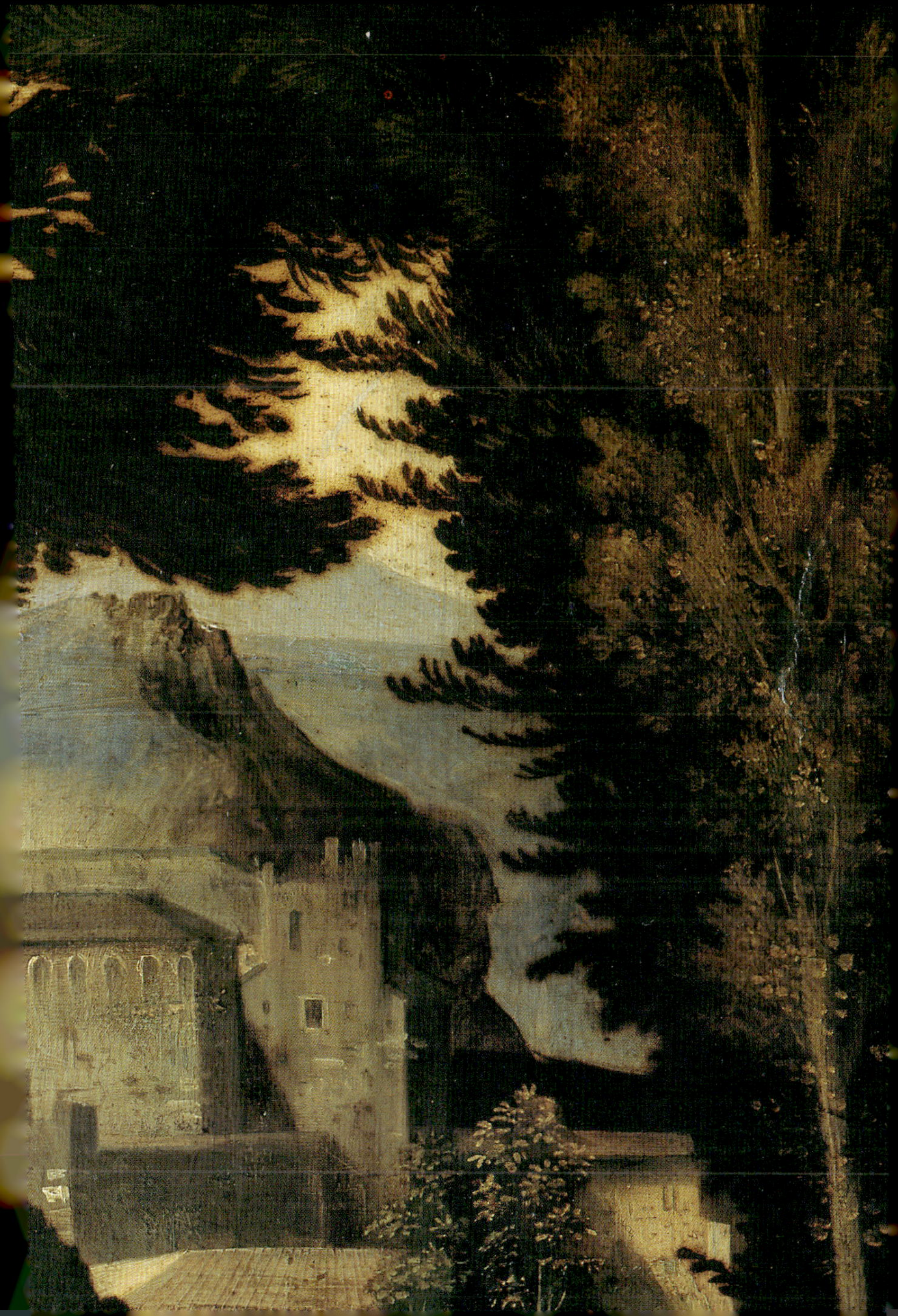

Giorgio da Castelfranco

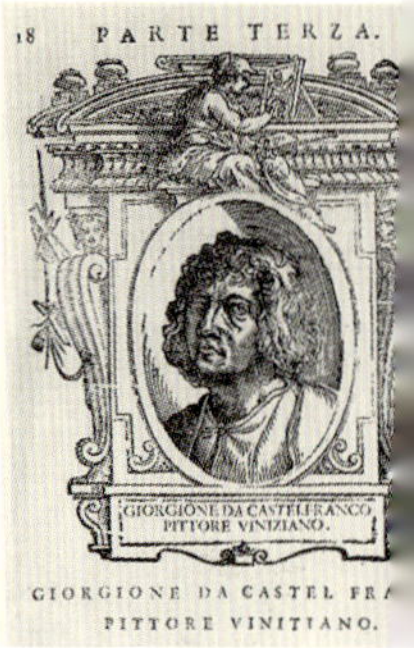

▲ Giorgione nella seconda edizione delle *Vite* di Giorgio Vasari (1568).

Giorgione è una delle figure più enigmatiche che abbiano mai attraversato la storia della pittura. La ricostruzione del suo catalogo è oggetto di ininterrotti dibattiti, le opere a lui ascritte, nessuna delle quali firmata, sono sottoposte a continue verifiche attributive e la loro iconografia suscita altrettanto innumerevoli interpretazioni. Attivo sulla scena pittorica veneziana per poco più di dieci anni, un breve intervallo che tuttavia costituisce una fonte inesauribile per le indagini degli studiosi, celebrato dai suoi contemporanei, è un artista che agli occhi dei posteri ha rapidamente assunto proporzioni leggendarie. In lui si è visto il genio che si impone al mondo con la forza della sua arte: un'apparizione repentina ma sfolgorante, destinata a rifulgere nei secoli. Le fonti cinquecentesche lo identificano in base alla città di origine, Castelfranco Veneto, dove sarebbe nato intorno al 1477-1478. La data approssimativa della sua morte si ricava da uno scambio epistolare tra Isabella d'Este e il suo agente, che ci informa che nel 1510 egli era da poco deceduto. Alcuni anni dopo Giorgio da Castelfranco (Zorzi, o Zorzo, alla veneta), è citato con l'appellativo di Giorgione, a significarne l'alta statura morale oltre che fisica. I commenti iperbolici che da allora lo hanno accompagnato sono stati ricondotti entro i termini di una rigorosa ricerca, tuttavia non c'è dubbio che la sua fama sia interamente meritata. Anche restringendo al numero minimo le opere da lui prodotte, rimane il fatto che esse hanno segnato in modo indelebile la pittura veneta, imprimendole una svolta decisiva verso la modernità.

◄ ▼ Giorgione, *Fregio delle arti liberali e meccaniche,* particolari, fine del XV secolo, Castelfranco Veneto, casa Marta Pellizzari. Il lungo fregio monocromo si snoda in una stanza di quella che tradizionalmente era creduta la dimora della famiglia Barbarella, dalla quale, secondo una fonte seicentesca, sarebbe nato Giorgione.

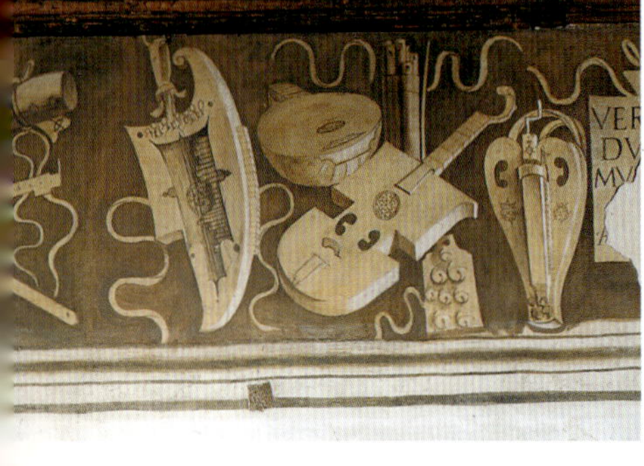

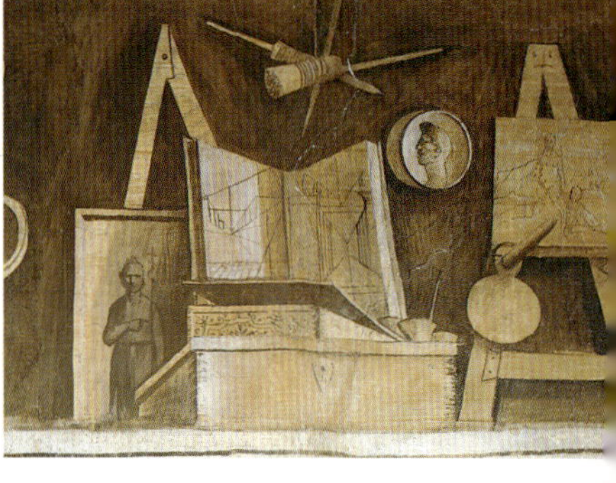

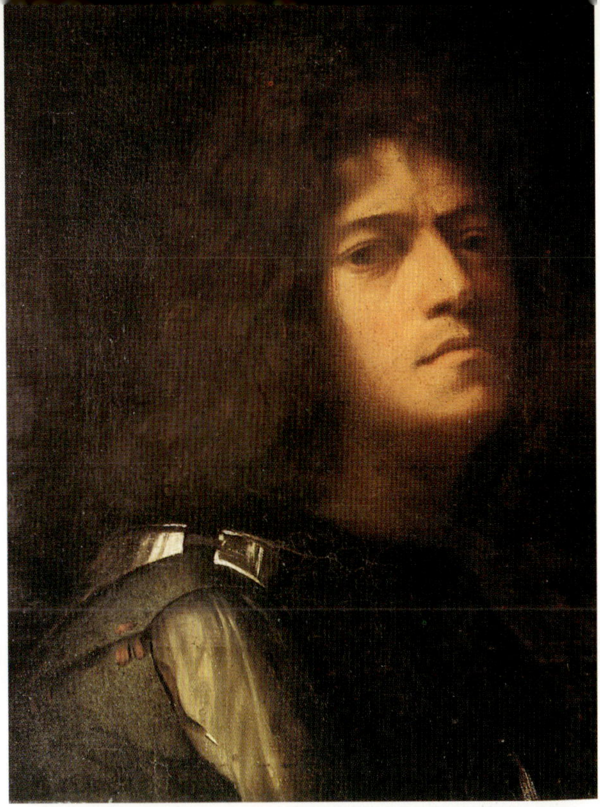

◀ Giorgione, *Autoritratto di in veste di David*, 1510 c., Braunschweig, Herzog Anton Ulrich-Museum. Da un inventario di casa Grimani (1528) e dal Vasari si apprende l'esistenza di un autoritratto in cui Giorgione appare come Davide che tiene in mano la testa di Golia. Buona parte della critica, postulando che la testa del gigante fosse raffigurata nella parte oggi mancante della tela di Braunschweig, la associa a quest'autoritratto, riprodotto nella sua interezza in un'acquaforte del XVII secolo. La datazione per lo più coincide con la fase finale di Giorgione.

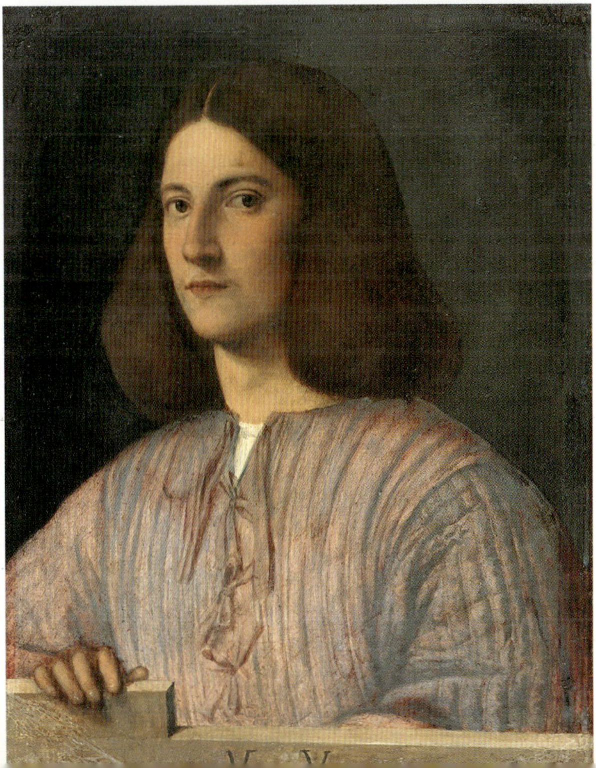

◀ Giorgione, *Ritratto di giovane*, 1498-1500 c., Berlino, Staatliche Museen. Prototipo per questo mezzo busto, emergente dal buio e con la mano appoggiata sul parapetto, è qualche opera fiamminga, probabilmente di Memling, presente nelle collezioni veneziane del secondo Quattrocento. Le iniziali incise sulla pietra, suscettibili di varie interpretazioni, rimandano a una concezione "stilnovistica", inaugurata da Giorgione, del genere ritrattistico, al quale viene affidata la definizione del particolare mondo spirituale e intellettuale dell'effigiato.

Venezia

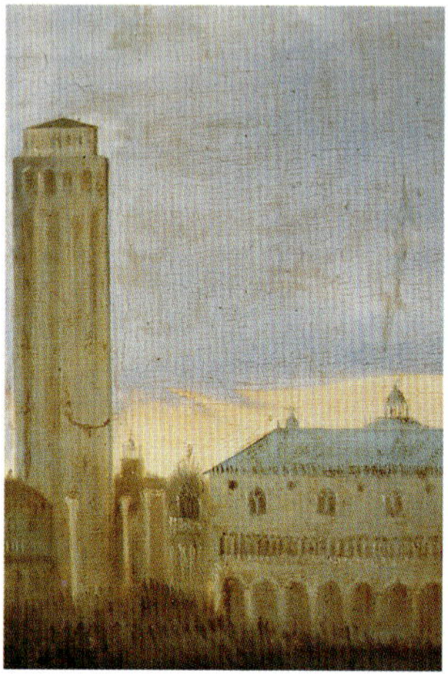

▲ Giorgione, *Madonna leggente*, particolare, fine del XV-inizio del XVI secolo, Oxford, Ashmolean Museum.

L'arte di Giorgione nasce nell'ambito di una civiltà altissima, manifesto di una città che alla fine del Quattrocento vive forse la sua stagione più splendida. Forte di un'economia essenzialmente basata sui traffici mercantili e sul controllo di un territorio distinto tra "stato di Terra", che si estendeva dall'Adda all'Isonzo, e "stato da Mar", che comprendeva l'Istria, la Dalmazia e le isole Ionie, nonché Creta, le Cicladi, parte delle Sporadi e Cipro, la Serenissima si offriva all'ammirazione dei visitatori, attirava artisti e intellettuali, importava ed esportava nuove mode. Governata da un'oligarchia che manteneva strenuamente i propri secolari privilegi, lasciando al resto della popolazione ben poco margine di intervento nella gestione della cosa pubblica, era tuttavia il più aperto tra gli stati italiani. La turbolenta situazione delle corti rinascimentali costringeva molti di coloro che si trovavano coinvolti in pericolosi giochi di potere a cercare riparo altrove e questa città senza porte e senza mura dà ospitalità agli ingegni più illustri, italiani e stranieri, in fuga oppure in volontaria ricerca di un'atmosfera più libera, per lo meno rispetto ai parametri del tempo, quale era quella veneziana.

▼ Giovanni Bellini, *Pala votiva del doge Agostino Barbarigo*, 1488, Murano, San Pietro Martire. Il doge si faceva ritrarre in adorazione della Vergine per invocarne la protezione ed esprimere la natura trascendente del potere.

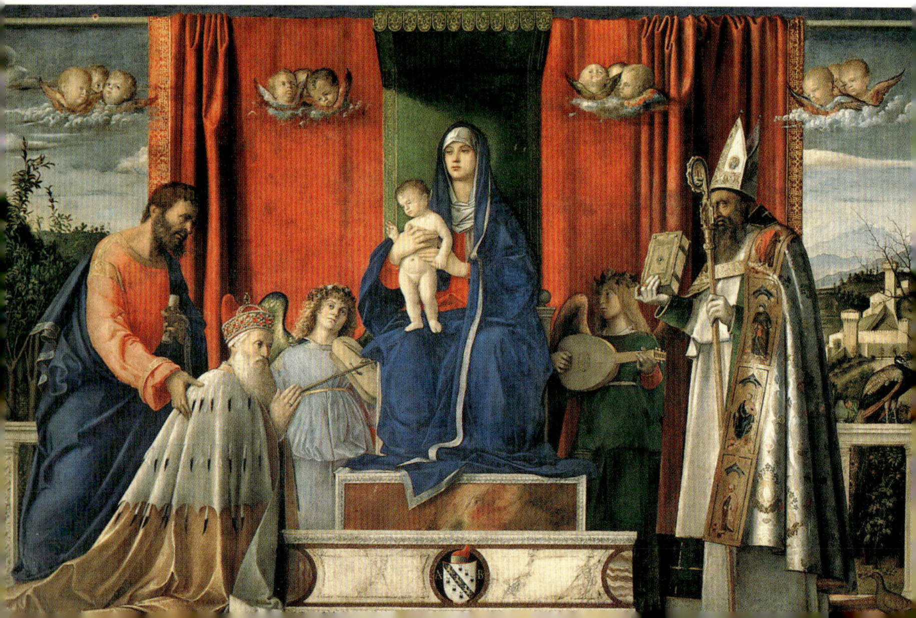

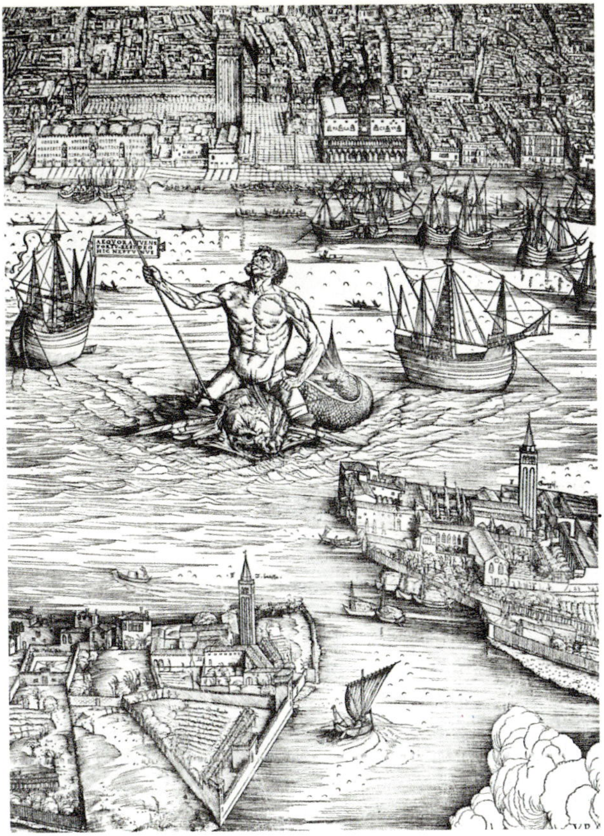

◀ Jacopo de' Barbari, *Veduta di Venezia*, particolare, 1500, incisione. Alla fine del Quattrocento Venezia è la terza città d'Europa e la seconda d'Italia per numero di abitanti.

La costituzione veneziana

Fino alla fine della Repubblica (1797), il sistema di governo si mantiene praticamente inalterato ed è l'espressione di un'oligarchia aristocratico-mercantile che modella le istituzioni pubbliche sulle proprie esigenze di controllo del potere. Dopo i vent'anni i membri maschili delle famiglie più illustri entrano di diritto nel Maggior Consiglio (nel 1527 toccano la punta massima di 2746), l'assemblea sovrana cui spettano l'approvazione definitiva delle leggi e l'elezione delle altre assemblee politiche e giudiziarie. Al consiglio dei Pregadi, o Senato, è delegato il potere esecutivo. Al vertice è il doge, la personificazione dello stato veneziano, magistrato di origine bizantina, che insieme al Consiglio ducale forma la Serenissima Signoria.

▼ Tullio Lombardo e bottega, *Monumento Vendramin*, fine del XV secolo; Pietro Solari, *Monumento al doge Pietro Mocenigo*, 1476-1481, Venezia, Santi Giovanni e Paolo. La chiesa domenicana è un mausoleo di stato che ospita le sepolture di dogi e personaggi eccellenti.

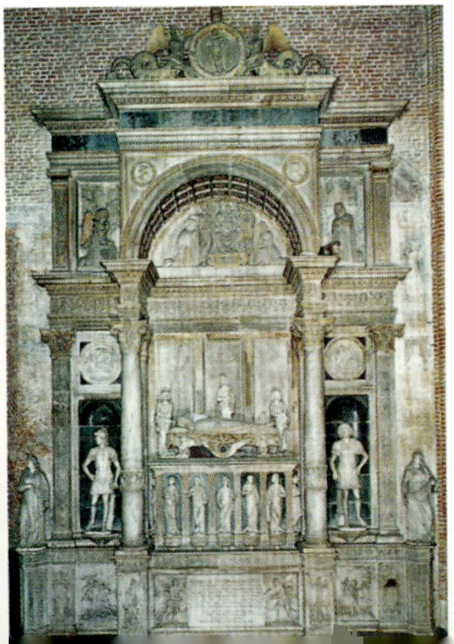

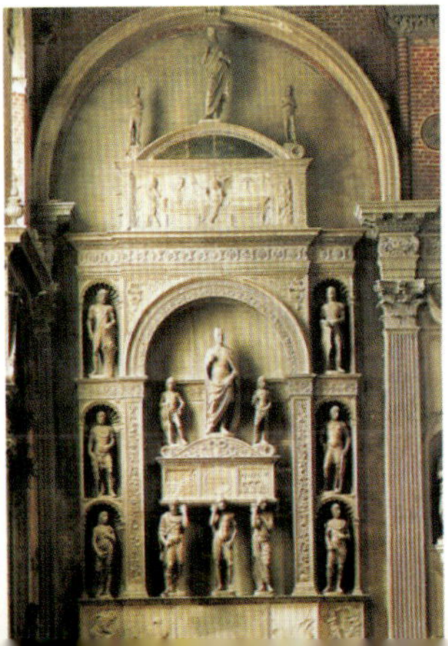

Una capitale culturale

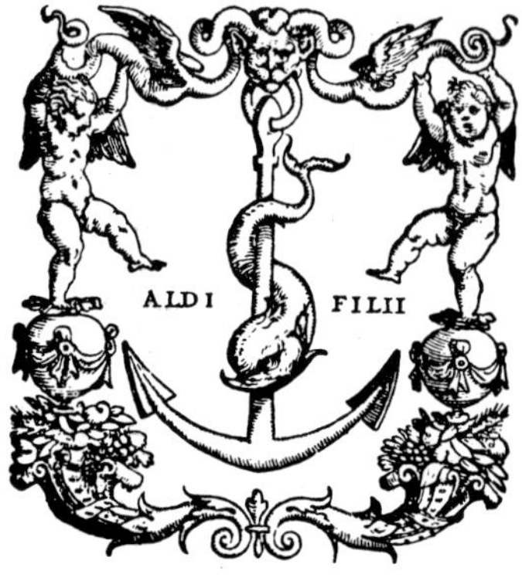

Mentre il Rinascimento è in piena fioritura e si espande in Europa, Venezia, pur dovendo subire sconfitte sul piano politico ed economico, partecipa dal ponte di comando allo svolgersi degli eventi culturali. A Padova aveva sede un'università fra le più antiche e illustri d'Italia, prescelta come unico "Studio" di tutta la Repubblica, che concentrava su di esso ogni sforzo finanziario. Roccaforte del pensiero aristotelico, saranno chiamati a insegnarvi scienziati di altissimo ingegno, da Andrea Vesalio all'Acquapendente fino a Galileo Galilei. A Venezia invece era aperta a Rialto una scuola propedeutica agli studi universitari, il Gymnasium rivoaltinum, e un'altra importante scuola statale dove si insegnavano la grammatica, la retorica, la filologia greca e latina sorgeva a San Marco, con maestri come Giorgio Valla, Marco Antonio Sabellico e Luca Pacioli. Nel secondo Cinquecento, sul nucleo della poderosa raccolta di codici donati alla Repubblica dal cardinale Bessarione nel 1468, sorgerà la Libreria di San Marco, fiore all'occhiello delle istituzioni culturali pubbliche, ma numerose e di grande qualità sono anche le biblioteche conventuali e private. A soddisfare le esigenze dei bibliofili veneziani e stranieri, provvedeva il mercato editoriale più raffinato d'Europa, che aveva in Aldo Manuzio il suo capofila.

▲ Marca tipografica dei Figli di Aldo, Venezia, 1547. I maggiori esponenti della cultura europea si recavano a Venezia per visitare Aldo Manuzio e aspiravano a essere pubblicati da lui.

▶ Jacopo de' Barbari (?), *Luca Pacioli*, Napoli, Galleria Nazionale di Capodimonte. Il grande matematico è ripetutamente presente a Venezia dove pubblica diverse opere, tra le quali, nel 1509, il trattato *De divina proportione*.

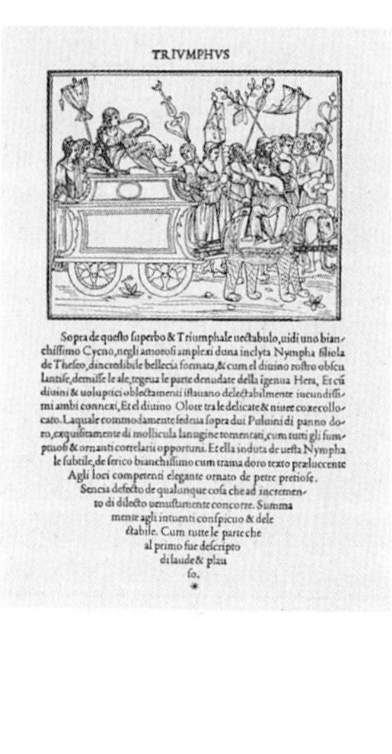

TRIVMPHVS

Sopra de questo superbo & Triumphale uectabulo, uidi uno bianchissimo Cycno, negli amorosi amplexi duna inclyta Nympha filiola de Theseo, dincredibile bellecia formata, & cum el diuino rostro obsculantise, demisse le ale, tegeua le parte denudate della igenua Hera, Et cũ diuini & uoluptici oblectamenti istauano delectabilmente iucundissimi ambi connexi, Et el diuino Olore tra le delicate & niuee coxe collocato. Laquale commodamente sedeua sopra dui Puluini di panno doro, exquisitamente di mollicula lanugine tomentati, cum tutti gli sumptuosi & ornanti correlarii opportuni. Et ella induta de uesta Nympha le subtile, de serico bianchissimo cum trama doro texto præluccente Agli loci competenti elegante ornato de petre pretiose. Sencia defecto de qualunque cosa che ad incremento di dilecto uenustamente concorre. Summa mente agli intuenti conspicuo & delectabile. Cum tutte le parte che al primo fue descripto di laude & plau so.

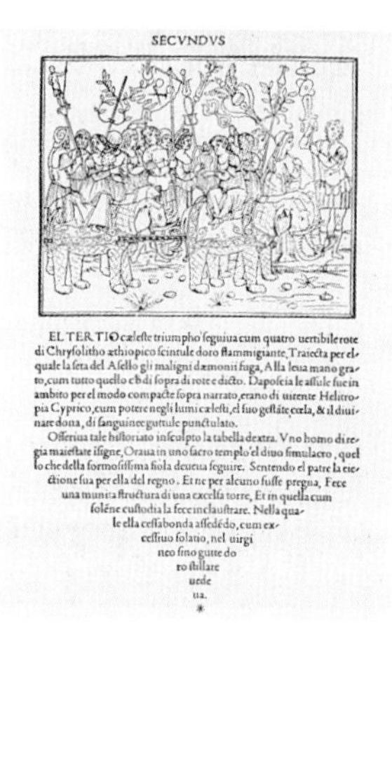

SECVNDVS

EL TERTIO cæleste triumpho seguiua cum quatro uertibile rote di Chrysolitho æthiopico scintule doro flammigiante, Traiecta per el quale la seta del Asello gli maligni dæmonii fuga, Alla leua mano grato, cum tutto quello c'h di sopra di rote e dicto. Daposcia le assule fue in ambito per el modo compacte sopra narrato, erano di uirente Helitropia Cyprico, cum potere negli lumi cælesti, el suo gestãte cela, & il diuinare dona, di sanguinee guttule punctulato.

Offeriua tale historiato insculpto la tabella dextra. Vno homo di regia maiestate isigne, Oraua in uno sacro templo 'el diuo simulacro, quello che della formosissima fiola deueua seguire. Sentendo el patre la eiectione sua per ella del regno. Et ne per alcuno fusse pregna, Fece una munita structura di una excelsa torre, Et in quella cum solẽne custodia la fece inclaustrare. Nella quale ella cessabonda assedẽdo, cum excessiuo solatio, nel uirgineo sino gutte doro stillare uedeua.

◀ ▶ Alcune pagine dell'*Hypnerotomachia Poliphili* nell'edizione aldina del 1499. L'*Hypnerotomachia Poliphili* è uno dei testi più singolari e fortunati del tempo, nonché uno dei più eleganti volumi pubblicati da Aldo Manuzio. L'identità dell'autore, a lungo discussa, è generalmente fissata in quella del domenicano Francesco Colonna, il quale, in italiano latineggiante narra le mirabolanti

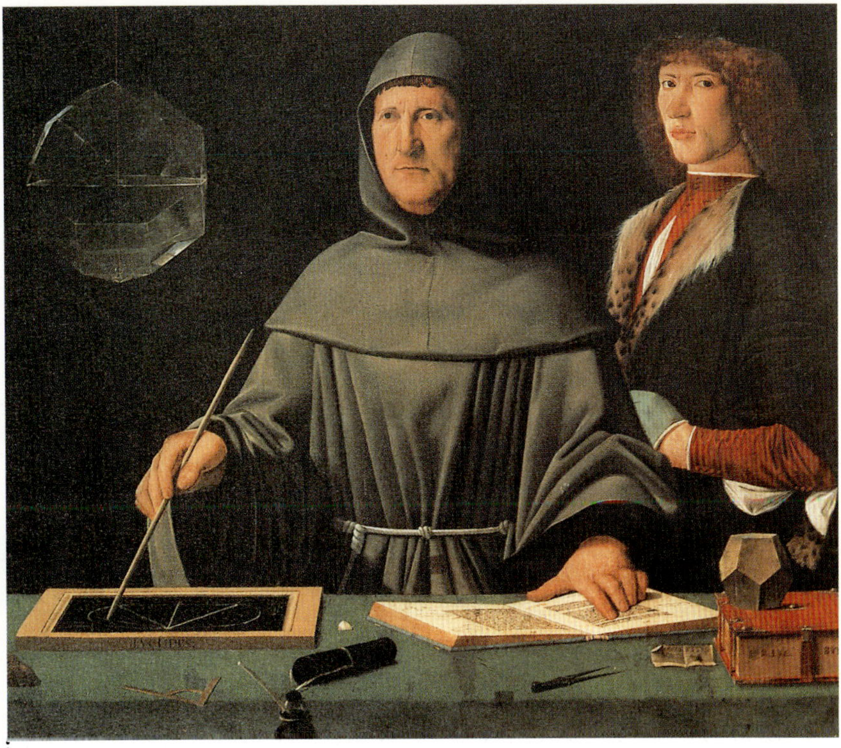

Aldo Manuzio

Giunto a Venezia da Carpi nel 1490, divenne in breve un editore di fama internazionale. La qualità dei caratteri e la novità dei formati da lui escogitati contribuirono a incrementare la circolazione libraria, mentre con la sua Accademia promosse molte iniziative culturali.

avventure di Polifilo. Il giovane, smarritosi in una selva, ne esce per giungere nel regno di Venere dove, affidato all'amata Polia, può contemplare la "mater Amoris". Il racconto si presta a una interpretazione allegorica e lo splendido corredo di xilografie, la cui importanza anche per Giorgione è stata ripetutamente indagata, esercitò un notevole influsso sull'iconografia del XVI secolo.

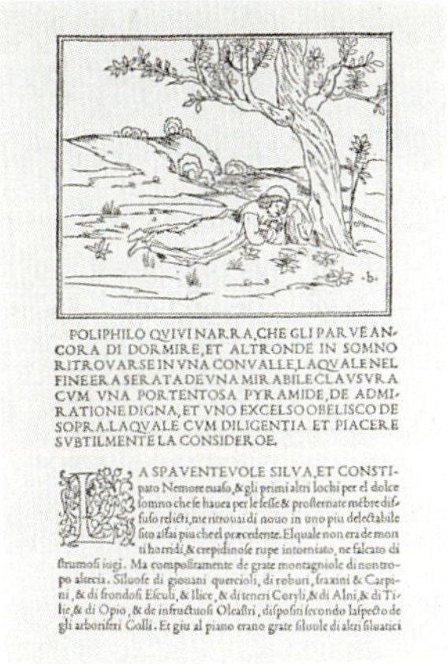

POLIPHILO QVIVI NARRA, CHE GLI PARVE ANCORA DI DORMIRE, ET ALTRONDE IN SOMNO RITROVARSE IN VNA CONVALLE, LAQVALE NEL FINE ERA SERATA DE VNA MIRABILE CLAVSVRA CVM VNA PORTENTOSA PYRAMIDE, DE ADMIRATIONE DIGNA, ET VNO EXCELSO OBELISCO DE SOPRA. LAQVALE CVM DILIGENTIA ET PIACERE SVBTILMENTE LA CONSIDEROE.

LA SPAVENTEVOLE SILVA, ET CONSTIPATO Nemore euaso, & gli primi altri lochi per el dolce somno che se hauea per le fesse & prosternate mēbre diffuso relicti, me ritrouai di nouo in uno piu delectabile sito assai piu che el præcedente. El quale non era de monti horridi, & crepidinose rupe intorniato, ne falcato di strumosi iugi. Ma compositamente de grate montagniole di nontropo altecia. Siluose di giouani quercioli, di roburi, fraxini & Carpini, & di frondosi Esculi, & Ilice, & di teneri Coryli, & di Alni, & di Tilie, & di Opio, & de infructuosi Oleastri, dispositi secondo laspecto de gli arboriferi Colli. Et giu al piano erano grate siluule di altri siluatici

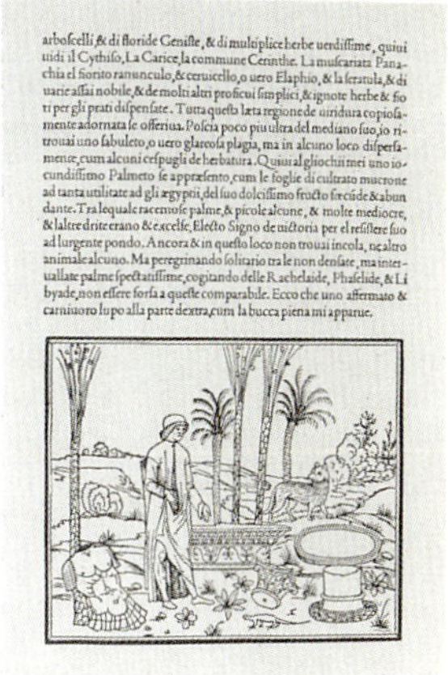

arboscelli, & di floride Geniste, & di multiplice herbe uerdissime, quiui uidi il Cythiso, La Carice, la commune Cerinthe. La muscariata Panachia el fiorito ranunculo, & ceruicello, o uero Elaphio, & la seratula, & di uarie assai nobile, & de molti altri proficui simplici, & ignote herbe & fiori per gli prati dispensate. Tutta questa læta regione de uiridura copiosamente adornata se offeriua. Poscia poco piu ultra del mediano suo, io ritrouai uno sabuleto, o uero glareosa plagia, ma in alcuno loco dispersamente, cum alcuni cespugli de herbatura. Quiui al gliochii mei uno iocundissimo Palmeto se apptæsento, cum le foglie di cultrato mucrone ad tanta utilitate ad gli ægyptii, del suo dolcissimo fructo fœcūde & abundante. Tra lequale racemose palme, & picole alcune, & molte mediocre, & laltre drite erano & excelse, Electo Signo de uictoria per el resistere suo ad lurgente pondo. Ancora & in questo loco non trouai incola, ne altro animale alcuno. Ma peregrinando solitario tra le non densate, ma interuallate palme spectatissime, cogitando delle Rachelaide, Phaselide, & Libyade, non essere forsa a queste comparabile. Ecco che uno affermato & carniuoro lupo alla parte dextra, cum la bucca piena mi apparue.

Il rinnovamento architettonico

Nella seconda metà del Quattrocento l'architetto più influente è il bergamasco Mauro Codussi, che opera a Venezia tra il 1469 e il 1506 introducendovi il gusto classicheggiante. Autore delle chiese di San Michele in Isola, San Zaccaria, Santa Maria Formosa, San Giovanni Crisostomo, adotta per le facciate un profilo curvilineo, con lunettone centrale affiancato da due mezze lunette, indice dell'indelebile influenza della basilica di San Marco sugli edifici ecclesiastici veneziani. Negli edifici civili invece, le uniche modifiche apportate nel corso del XV e del XVI secolo sono finalizzate a dare una sistemazione più organica e coerente della facciata mediante la disposizione simmetrica delle aperture, come nei palazzi Corner Spinelli e Vendramin Calergi. Le committenze pubbliche e private abbondano e c'è lavoro per molti "foresti": dalla Lombardia proviene Pietro Solari, che progetta la piccola chiesa di Santa Maria dei Miracoli, rivestita di incrostazioni marmoree di sapore bizantino. Le novità maturate nell'Italia centrale arriveranno con Jacopo Sansovino, fiorentino, esule dopo il sacco di Roma, dal 1529 "proto", cioè architetto e direttore dei lavori di San Marco. Per tutta la prima metà del Cinquecento lo stato veneziano si occuperà della sistemazione della Piazza e della Piazzetta, centro politico e religioso della città, trasformando l'area nel più libero esempio di urbanistica rinascimentale italiana.

► Mauro Codussi, *Palazzo Vendramin Calergi,* 1500-1509. Lo schema del palazzo veneziano rimane costante dall'inizio del Quattrocento al Settecento. Al livello dell'acqua un porticato aperto su un vestibolo da dove parte la scalinata e alcuni stanzoni adibiti a magazzino. Al primo piano un "gran salone" centrale, illuminato da ampie finestre, affiancato da ambienti più angusti che si esprimono all'esterno con finestre più piccole.

◄ Mauro Codussi, *San Zaccaria*, fine del XV secolo.

▼ Pietro Solari, *Santa Maria dei Miracoli,* fine del XV secolo.

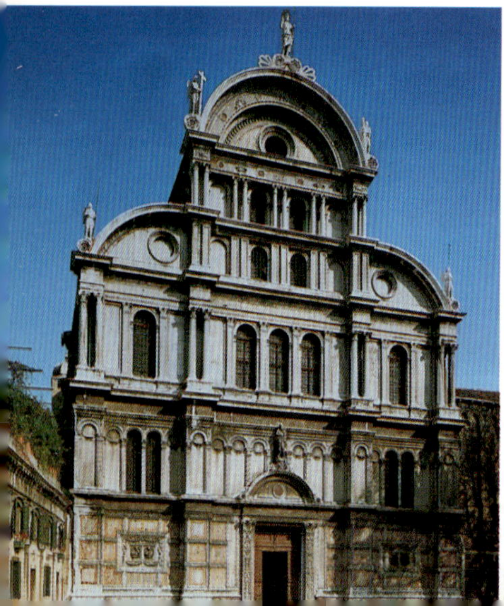

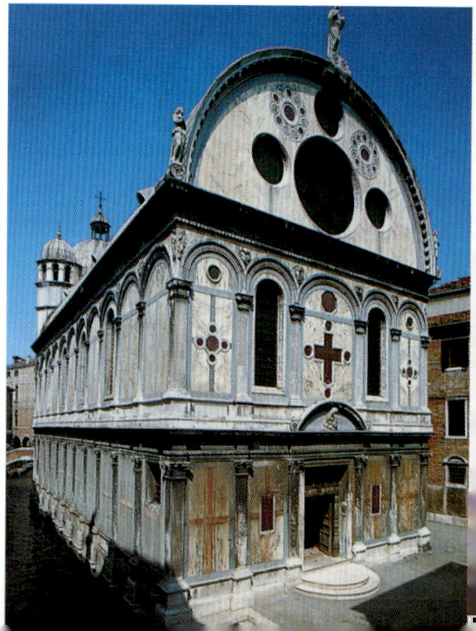

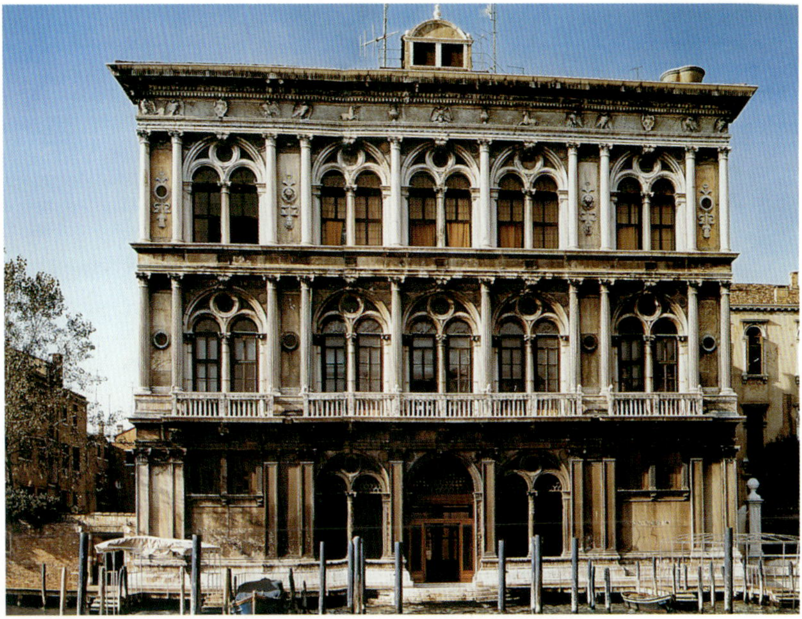

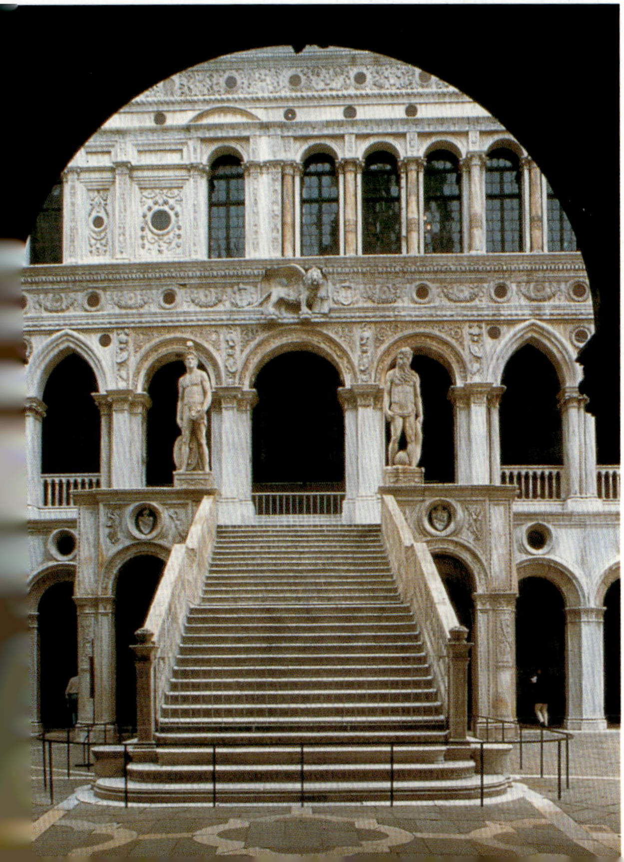

◀ Antonio Rizzo, *Scala dei Giganti*, Palazzo Ducale. Nel secondo Quattrocento, le idee sviluppate a Firenze da Alberti e Brunelleschi raggiungono Venezia, dove però si scontrano con il costruito preesistente, segnato dalla tradizione bizantina, araba e gotica, risolvendosi in soluzioni di compromesso. Iniziata nel 1483 dopo un incendio, la ristrutturazione di Palazzo Ducale dura vari decenni. I cortili interni sono uniti in un unico ampio spazio porticato: le arcate inferiori si conformano al tipo classicheggiante a tutto sesto, quelle sovrastanti al tipo gotico a sesto acuto. Nella fase iniziale è coinvolto l'architetto e scultore veronese di formazione lombarda Antonio Rizzo.

La pittura veneziana

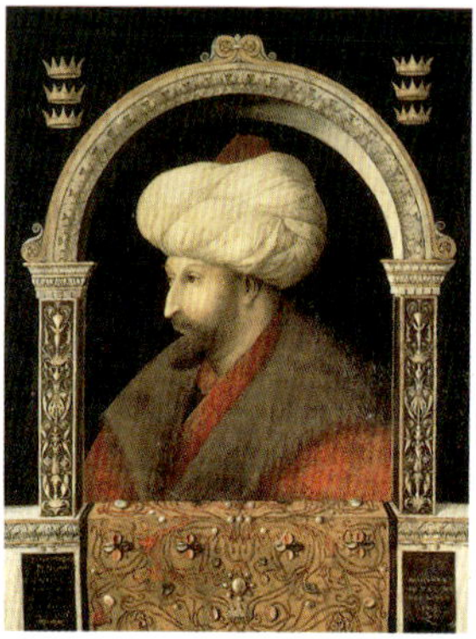

▲ Gentile Bellini, *Maometto II*, 1480, Londra, National Gallery.

Solo dopo la metà del Quattrocento la pittura veneziana manifesta pienamente le caratteristiche che nella seconda parte del secolo le permettono di emergere nel composito panorama italiano. Le conquiste emanate da Firenze – figure monumentali disposte in uno spazio delineato secondo le norme della prospettiva – arrivano prima a Padova e vengono gradualmente assimilate dai maestri attivi in laguna, per essere declinate e amplificate secondo modi prettamente locali. In particolare gli album di disegni di Jacopo Bellini offrono testimonianza della sua disponibilità ad accogliere i più vari suggerimenti e a farsene mediatore presso numerosi discepoli. Il lavoro non manca né per la sua né per le altre botteghe presenti a Venezia. Oltre alla tradizionale pittura devozionale è assai richiesta la pittura di genere narrativo, con vicende sacre, vite di santi, eventi miracolosi che si dispiegano su vasti teleri e sottendono connotazioni di natura secolare e patriottica. Fondamentale è l'arrivo di Antonello da Messina, nel 1475-1476, che agisce da catalizzatore nei confronti dei pittori locali, e soprattutto su Giovanni Bellini, l'artista che più di ogni altro si fa interprete del nuovo corso della pittura veneta.

▼ Gentile Bellini, *Miracolo della reliquia al ponte di San Lorenzo*, 1500, Venezia, Accademia.

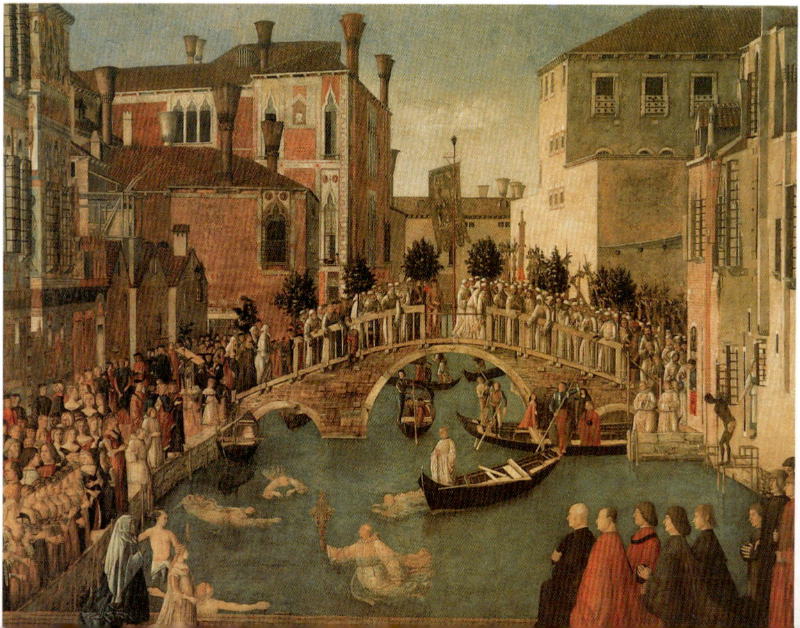

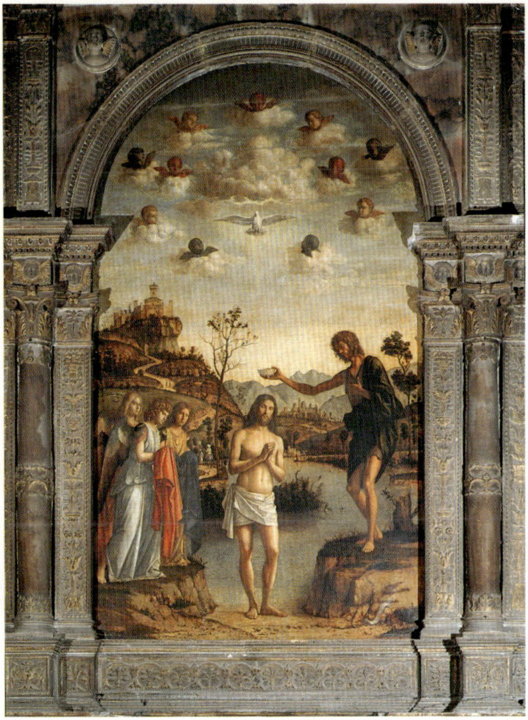

▲ Cima da Conegliano, *Battesimo di Cristo*, 1492-1495, Venezia, San Giovanni in Bragora. Attivo in terraferma, il Cima diffonde uno stile che si colloca tra Giovanni Bellini e Antonello da Messina, di grande successo.

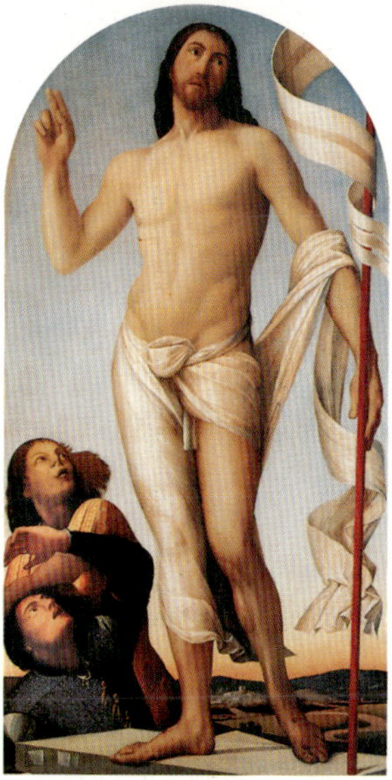

▲ Alvise Vivarini, *Cristo risorto*, 1497-1498, Venezia, San Giovanni in Bragora. Insieme ai Bellini i Vivarini, insediati con la loro bottega a Murano, sono una delle grandi dinastie di pittori veneziani del Quattro e Cinquecento.

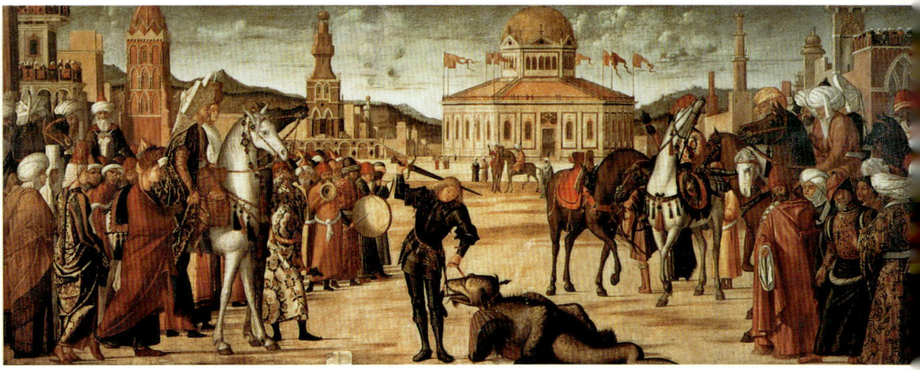

▲ Carpaccio, *Trionfo di san Giorgio*, 1502-1507, Venezia, Scuola di San Giorgio degli Schiavoni. Questo telero fa parte di uno dei più importanti cicli narrativi veneziani, fortunatamente rimasto nella sede originaria. Prima del 1500 Carpaccio, intervenuto anche nel ciclo con le Storie della Croce, aveva eseguito un'altra celebre serie di teleri, dedicata alle Storie di sant'Orsola, esposta alle Gallerie dell'Accademia.

Influssi dell'arte nordica

I rapporti commerciali che Venezia intrattiene da secoli con i paesi settentrionali sono la via attraverso la quale arrivano in laguna opere di artisti nordici, di provenienza fiamminga, olandese o tedesca. A Bruges, per esempio, aveva sede una colonia di mercanti veneziani e gli scambi comprendevano opere d'arte. L'apprezzamento dell'arte "ponentina" da parte di collezionisti veneti è precoce, tanto che a metà del Quattrocento si ha notizia di opere di Jan van Eyck e seguaci nel Veneto, nonché di pale d'altare di artisti fiamminghi in chiese veneziane. Le caratteristiche peculiari di queste opere, alla base dell'entusiasmo da esse suscitato, sono il realismo e l'abbondanza di particolari, la profondità dei lontani e la capacità di registrare con lenticolare precisione i dettagli più prosaici del paesaggio e della vita quotidiana. Anche l'espressività e il patetismo delle figure attirano l'attenzione degli italiani, abituati a una maggiore compostezza di atteggiamenti. I dati e le testimonianze sulla presenza e la circolazione di dipinti nordici si fanno più circostanziati col procedere del tempo e parallelamente si precisa l'influenza da essi esercitata sulla pittura veneziana coeva. Mentre elementi di inconfondibile derivazione fiamminga si manifestano in opere di Mantegna, Giovanni Bellini, Alvise Vivarini, Vittore Carpaccio, Cima da Conegliano, gli artisti nordici a loro volta si aprono all'influsso dell'arte italiana.

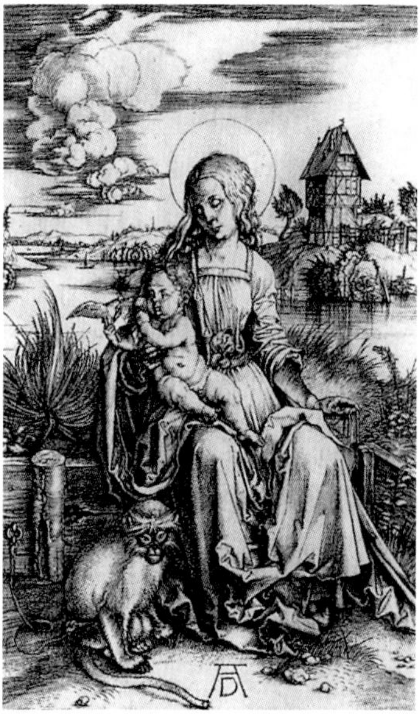

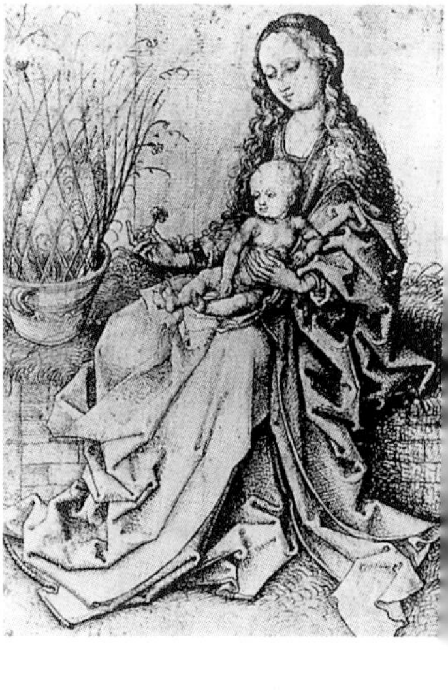

▲ Albrecht Dürer, *Madonna della Scimmia*, 1498. Le stampe provenienti dal nord si rivelano un determinante veicolo di trasmissione di iconografie e stilemi.

Fra gli artisti prediletti e più imitati, anche in virtù delle loro straordinarie doti di incisori, troviamo Dürer, Martin Schongauer e Luca di Leida.

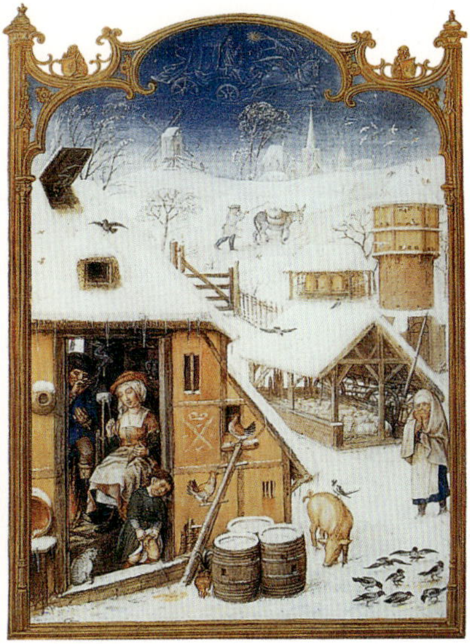

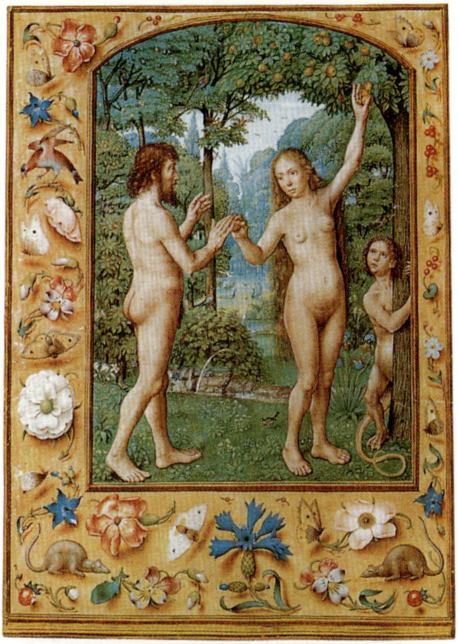

La collezione Grimani

Fra le collezioni presenti a Venezia nella prima metà del Cinquecento, quella del cardinale Domenico Grimani è la più spettacolare. Il nucleo principale era costituito dai pezzi archeologici ma anche dipinti, disegni e miniature erano ben rappresentati: un cartone di Raffaello, opere su carta di Dürer, dipinti di Memling, Bosch e Patinir, il celebre *Breviario* proveniente dalle Fiandre. Conoscitori e artisti potevano accedere alla raccolta, che il cardinale dispose di donare alla Repubblica.

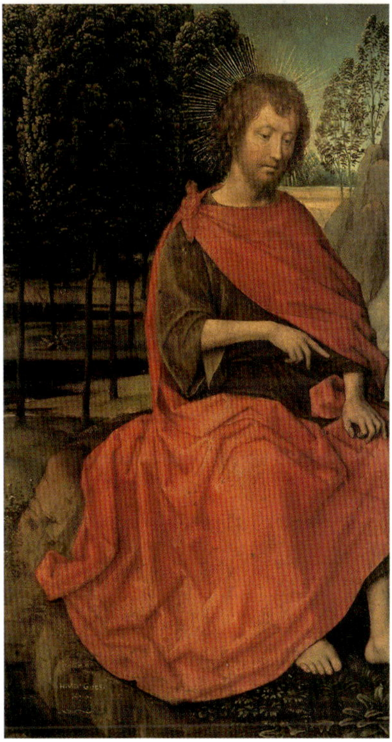

◀ Martin Schongauer, *Madonna col Bambino*, seconda metà del XV secolo. La configurazione "rocciosa" delle pieghe del manto è stata riscontrata anche in alcune opere attribuite a Giorgione e in genere considerate come appartenenti agli esordi della sua produzione, legata a modi quattrocenteschi e fiammingheggianti.

▲ Gerard Horenbout, *Il mese di febbraio* e *Adamo ed Eva*, 1510-1520 c., Venezia, Biblioteca Marciana, *Breviario Grimani*.

▶ Hans Memling, *San Giovanni Battista*, 1471, Monaco, Alte Pinakothek. Forse si tratta dello scomparto di un dittico portato a Venezia da Bernardo Bembo, padre di Pietro.

Il debutto

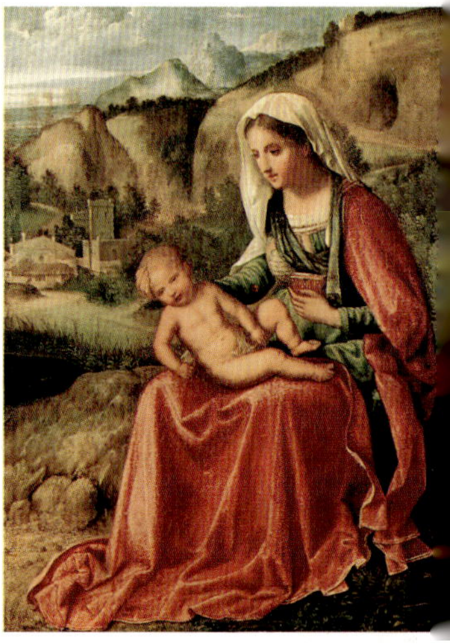

▲ Giorgione, *Madonna adorante il Bambino*, fine del XV-inizio del XVI secolo, San Pietroburgo, Ermitage.

La pittura di Giorgione prende forma nutrendosi da fonti eterogenee. Non esistono documenti che permettono di risalire alla sua prima giovinezza, non sappiamo esattamente quando abbia lasciato Castelfranco o a che punto fosse allora la sua educazione. Entra in scena con opere che rivelano già un buon grado di assimilazione di proposte diverse, tra la fine del XV e l'inizio del XVI secolo, in un momento di grande vivacità per l'arte veneziana. Anche in campo pittorico i "foresti" trovano posto a Venezia. Dall'Italia centrale arriva l'elegante classicismo di Perugino, chiamato a dipingere un telero per la Sala del Maggior Consiglio di Palazzo Ducale nel 1494. Malgrado non porti a termine l'incarico, le sue equilibrate e aggraziate composizioni lasciano il segno. Nel 1500 si registra la presenza di Leonardo da Vinci, ricca di conseguenze. Non si esclude che egli fosse stato a Venezia anche in giovane età, quando era allievo di Andrea Verrocchio, autore del monumento equestre a Bartolomeo Colleoni, il principale esempio di scultura rinascimentale fiorentina in città, inaugurato solo nel 1496 dopo una lunga elaborazione. I modi leonardeschi vengono intanto resi familiari attraverso le opere di artisti lombardi, eseguite direttamente a Venezia o importate. Da più tempo ancora sono note stampe e tavole importate dall'Olanda e dalla Germania. Il maggiore contributo dell'arte nordica è trasmesso da Albrecht Dürer durante due lunghi soggiorni, effettuati a distanza di undici anni, nel 1494 e nel 1505.

▼ Lorenzo Costa, *Adorazione dei Magi*, 1499, Milano, Brera. La difficoltà di trovare punti fermi nella formazione di un artista complesso come Giorgione, ha spinto i critici a indagare nelle più diverse direzioni, fino a proporre in questo caso il nome del Costa.

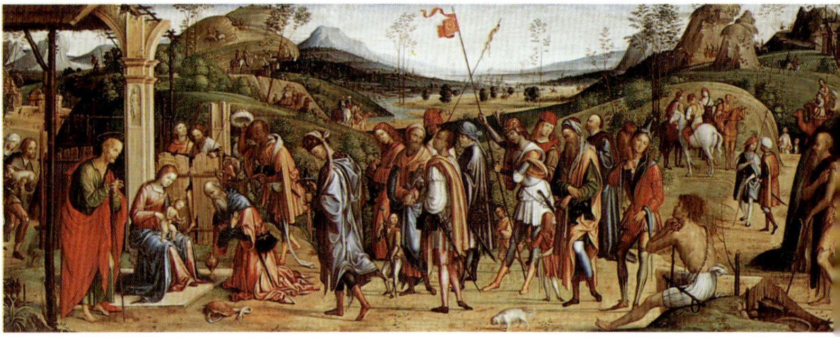

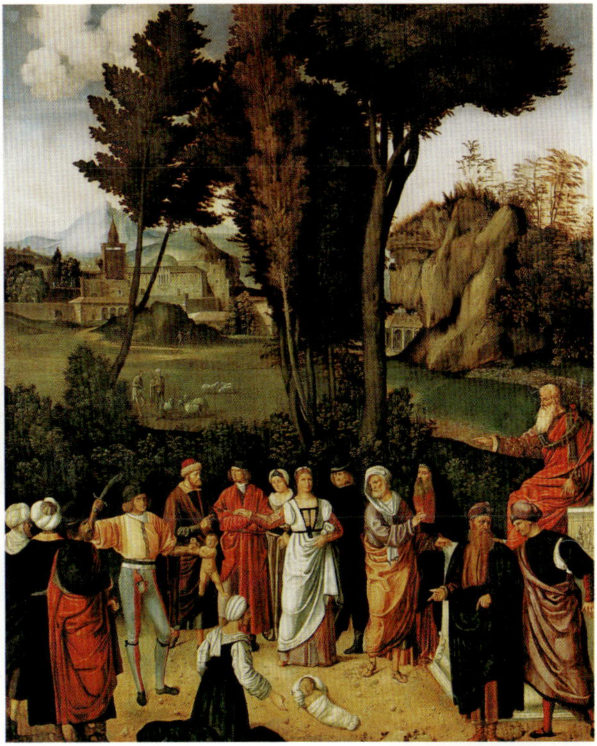

◀ Giorgione, *Giudizio di Salomone*, fine del XV-inizio del XVI secolo, Firenze, Uffizi. Come la tavola sottostante, della quale condivide le dimensioni e le vicende, è generalmente attribuita ai primi anni di attività di Giorgione. Mentre non sussistono dubbi sull'autografia del paesaggio, per le figure si ritiene probabile l'intervento di altri artisti.

▼ Giorgione, *Prova di Mosè*, fine del XV-inizio del XVI secolo, Firenze, Uffizi.

▼ Pietro Perugino, *Francesco delle Opere*, 1494, Firenze, Uffizi. Alla fine del XV secolo questo ritratto si trovava a Venezia.

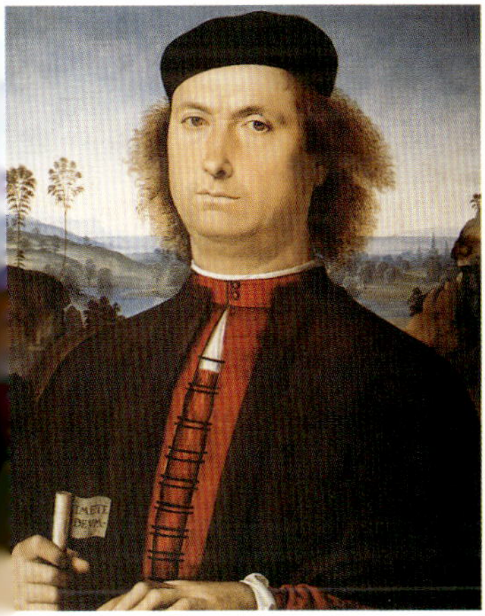

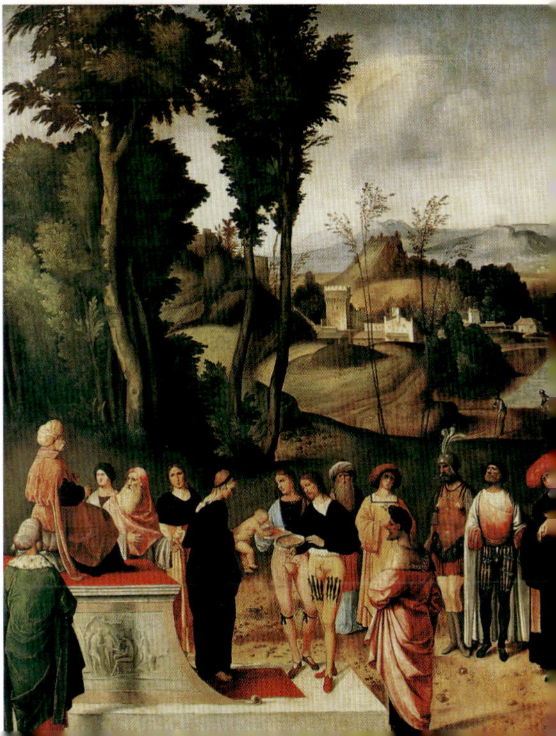

Giuditta con la testa di Oloferne

Conservato all'Ermitage di San Pietroburgo, presenta un'iconografia nuova a Venezia. A fine Ottocento il dipinto fu trasportato su tela da una tavola – la porta di un mobile – dalle dimensioni maggiori di quelle attuali (144 × 66,5 cm).

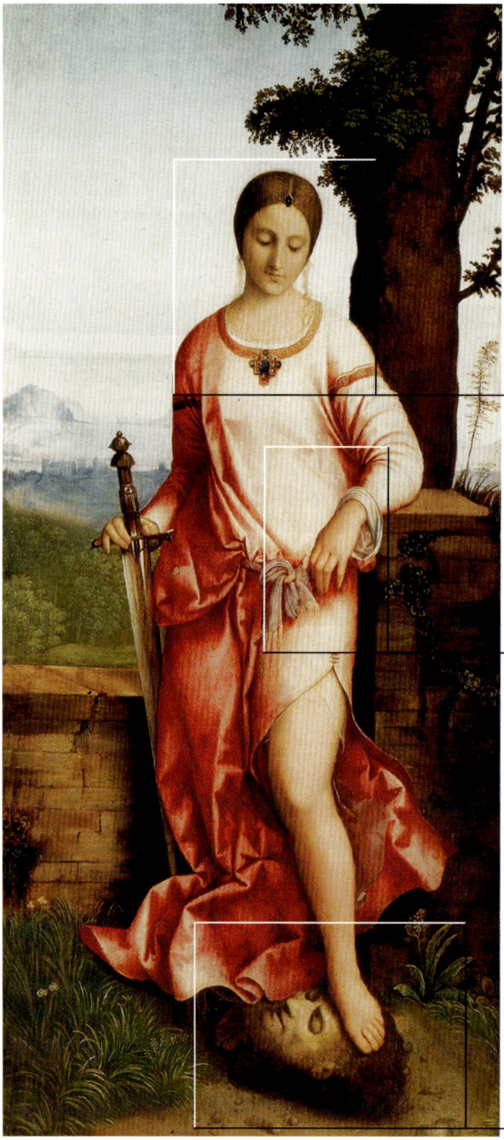

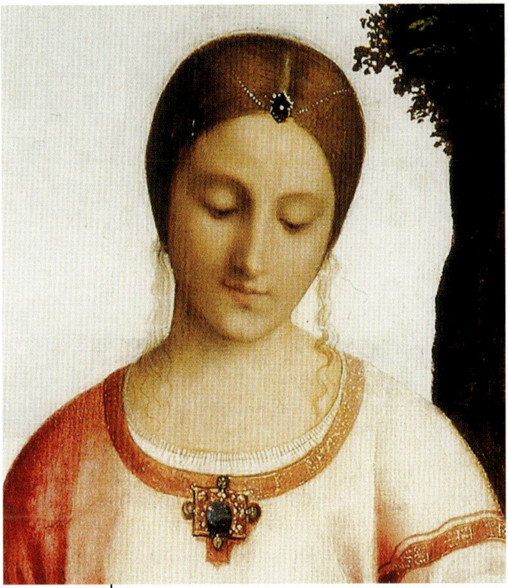

◀ Dell'eroina biblica, assurta a simbolo di virtù civiche, Giorgione pone in risalto la bellezza sensuale trionfante sulla tirannia. Nell'arte veneziana questa immagine femminile aveva precedenti solo in opere di scultura tardoquattrocentesca. La posa invece è desunta da una statua antica, l'*Afrodite urania* di Fidia.

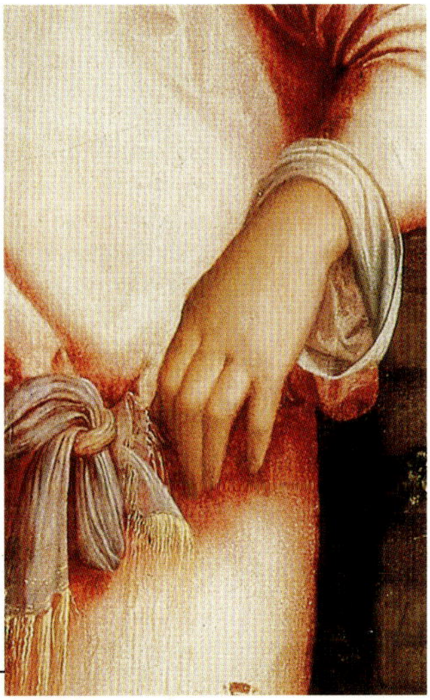

▶ Datandola in genere tra la fine del XV e l'inizio del XVI secolo, gli esegeti hanno rilevato connotati perugineschi nell'impugnatura dello spadone e il ricordo di Lorenzo Costa nella mano che esce dalla lunga manica.

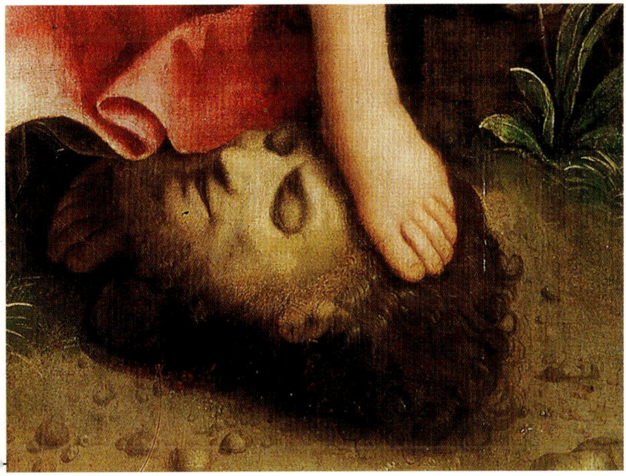

◀ Nella testa di Oloferne si notano effetti di sfumato che fanno pensare a esempi leonardeschi. Anche l'atmosfera avvolgente del paesaggio sullo sfondo e il campionario erbaceo in primo piano rimandano a Leonardo.

1475-1500

L'Italia tra Quattro e Cinquecento

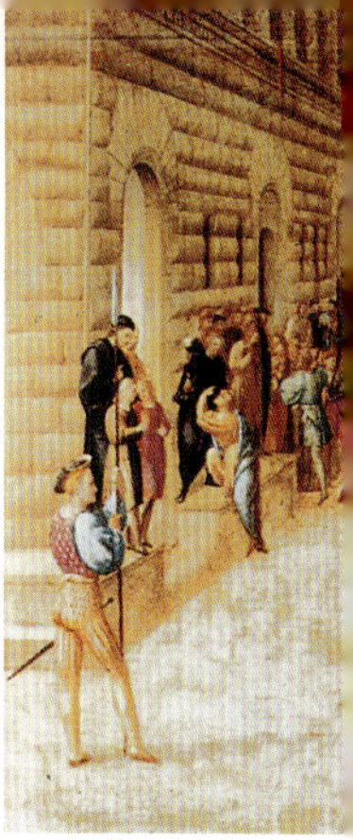

▲ Francesco Granacci, *Ingresso di Carlo VIII a Firenze*, Firenze, palazzo Riccardi, Museo Mediceo. Pietro de' Medici consegna di fatto la città ai francesi, spingendo i fiorentini a bandire la famiglia Medici. L'esperimento repubblicano del Savonarola si conclude però dopo quattro anni, col rogo del frate.

L'anno 1494 si rivela fatale per le sorti della penisola, che politicamente è una costellazione di piccoli stati e signorie spesso in aperto conflitto tra loro. Ludovico il Moro, signore di Milano, minacciato dagli aragonesi che sostengono i diritti del suo spodestato nipote, chiede l'intervento della Francia. Carlo VIII scende in Italia col suo esercito e da questo momento gli stati stranieri si avvicenderanno a fare da arbitro nelle contese italiane. Rivendicando la successione al trono del regno di Napoli, Carlo VIII si dirige verso sud senza incontrare ostacoli. Sottomette Firenze, che si ribella ai Medici e sotto la guida del Savonarola proclama la Repubblica. A Roma costringe il papa Alessandro VI ad accettare un pesante trattato di pace. L'occupazione di Napoli è facile ma effimera perché subito dopo l'incoronazione, nel 1495, deve affrontare l'esercito della Lega Santa, prontamente formata da Alessandro VI, Venezia, Massimiliano I, Ferdinando d'Aragona e Ludovico il Moro, che lo obbligano a riparare in Francia, mentre gli aragonesi riconquistano Napoli. Nel 1499 un brusco giro di alleanze vede Luigi XII, nuovo re di Francia, accanto a Venezia e contro Ludovico il Moro, che perde il ducato. Bastano pochi anni perché cambi anche il destino di un altro condottiero che era sembrato invincibile: Cesare Borgia, nominato duca di Valentinois da Luigi XII, dopo avere sfiorato la conquista di un proprio stato in Romagna e nell'Italia centrale, viene catturato e consegnato agli aragonesi.

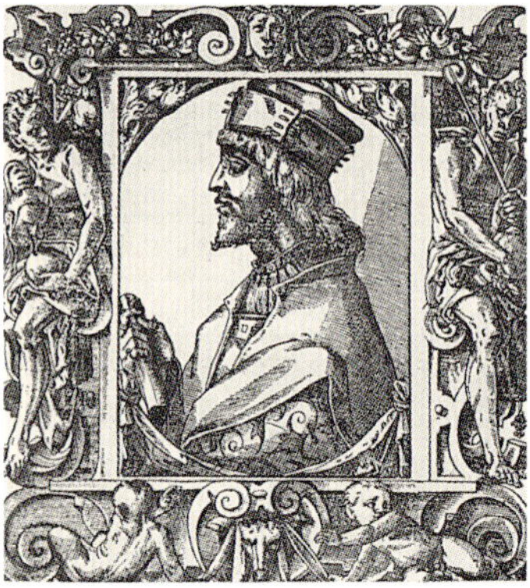

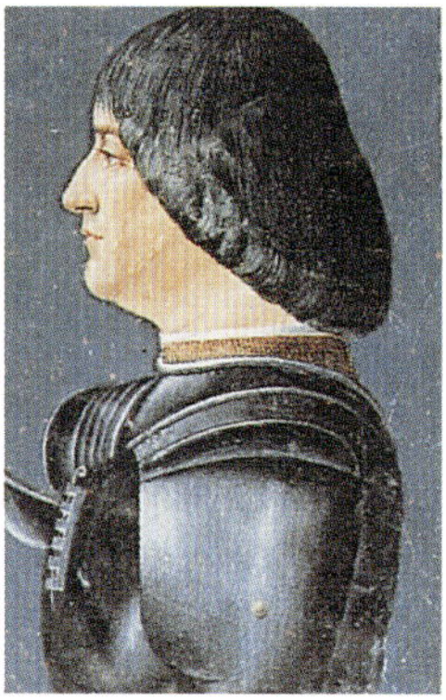

◀ Il Valentino ritratto come Cesare negli *Elogia Virorum Illustrium* di Paolo Giovio, 1572. La sua buona stella tramonta nel 1503, con la morte del padre, papa Alessandro VI.

◀ Ambrogio de' Predis, *Ludovico il Moro*, miniatura dalla *Grammatica* di Donato, seconda metà del XV secolo, Milano, Biblioteca Trivulziana.

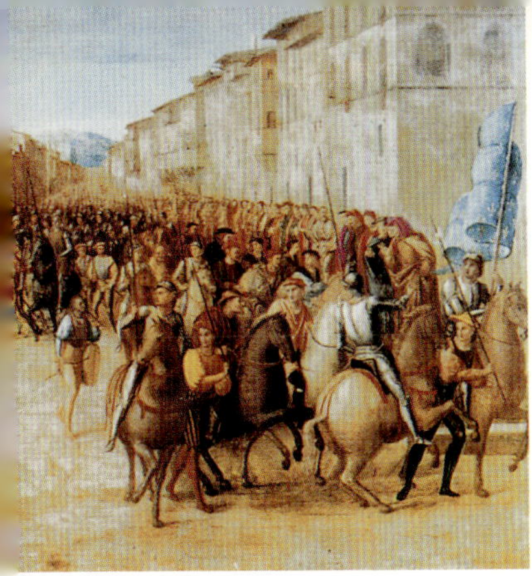

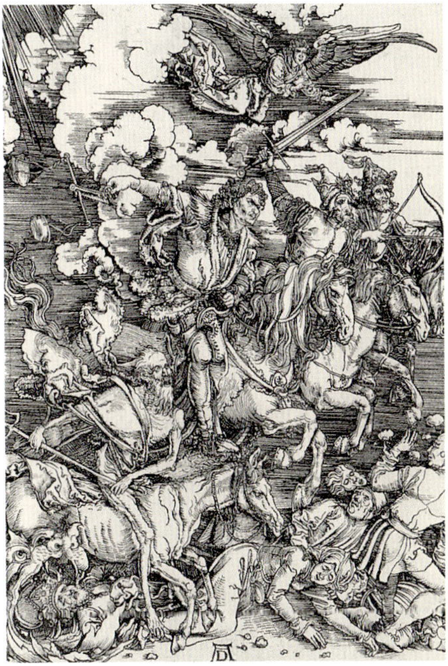

▶ Albrecht Dürer, *I cavalieri dell'Apocalisse,* 1498. Questa immagine, una delle più alte prove xilografiche di Dürer, sembra presagire gli sconvolgimenti che si abbatteranno sull'Europa.

▼ Jacopo Tintoretto, *Francesco II alla battaglia del Taro*, 1578-1579, Monaco, Alte Pinakothek. A Fornovo sul Taro, presso Parma, si svolge un aspro scontro (1495). Le truppe veneziane della Lega, guidate dal marchese di Mantova Francesco II, infliggono ai francesi pesanti perdite, senza riuscire a sconfiggerli.

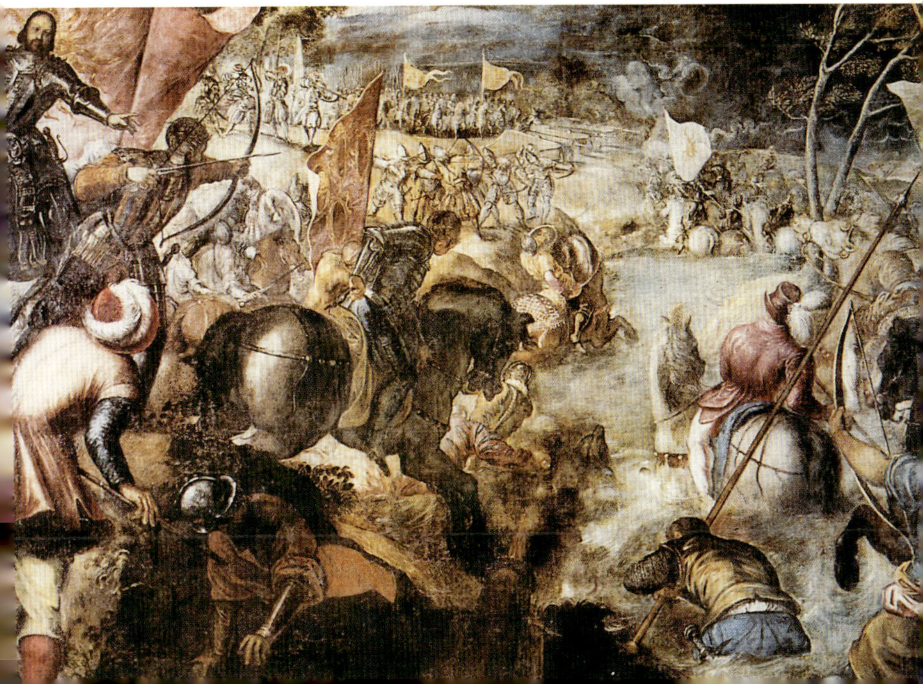

La produzione letteraria

Nei primi decenni del Cinquecento si apre un acceso dibattito dal quale emergono le coordinate della cultura italiana ed europea. Il genere letterario più adatto a esprimere i fermenti che agitano il mondo delle idee è il trattato, assai diffuso presso gli umanisti del Quattrocento, i quali però scrivevano soprattutto in latino. Gradualmente l'italiano s'impone anche nella trattatistica come lingua adatta a esprimere i più svariati argomenti. L'"arte del governare" trova voce nel *Principe* di Niccolò Machiavelli, negli scritti storici e nei *Ricordi* di Francesco Guicciardini, dove si pongono le basi per la politica come scienza laica. Un'altra opera fondamentale per la civiltà del Cinquecento è il *Cortegiano* (1528) di Baldassarre Castiglione, che codificando i costumi e il comportamento dell'uomo di corte, affronta il rapporto fra intellettuale e potere. Il genere del poema cavalleresco tocca l'apice delle potenzialità artistiche con la comparsa dell'*Orlando Furioso*, a lungo imitato. Nelle corti rinasce il teatro e Ariosto e Machiavelli sono anche autori di commedie modellate su quelle latine. Dalla contaminazione del modello classico nascono commedie dialettali, rivolte a un pubblico eterogeneo, di cui l'esempio più interessante nel primo Cinquecento è dato dall'opera del padovano Ruzante.

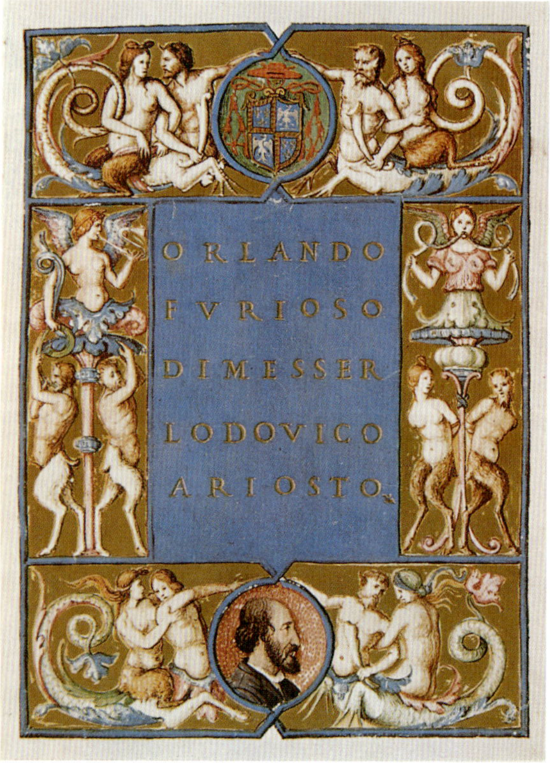

▲ Frontespizio dell'*Orlando Furioso* con ritratto dell'Ariosto, edizione a stampa del 1532, Città del Vaticano, Biblioteca Apostolica.

▶ Frontespizio di un'edizione aldina dell'*Arte della guerra* di Niccolò Machiavelli, 1552.

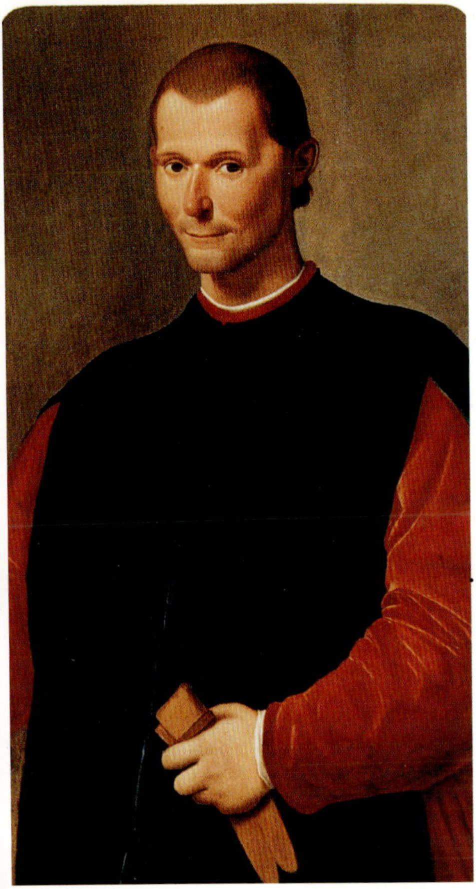

▲ Santi di Tito, *Niccolò Machiavelli* (?), Firenze, Palazzo Vecchio.

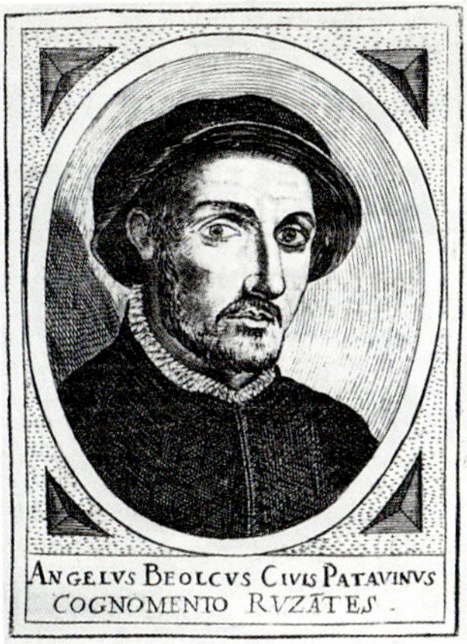

▲ Angelo Beolco, detto il Ruzante, dai *Virorum illustrium elogia* di J. Ph. Tomasini, Padova 1630.

▼ Frontespizio della prima edizione della *Storia d'Italia* di Guicciardini, 1561.

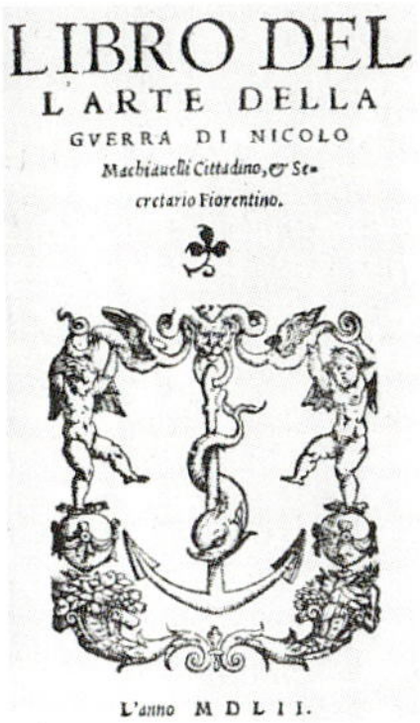

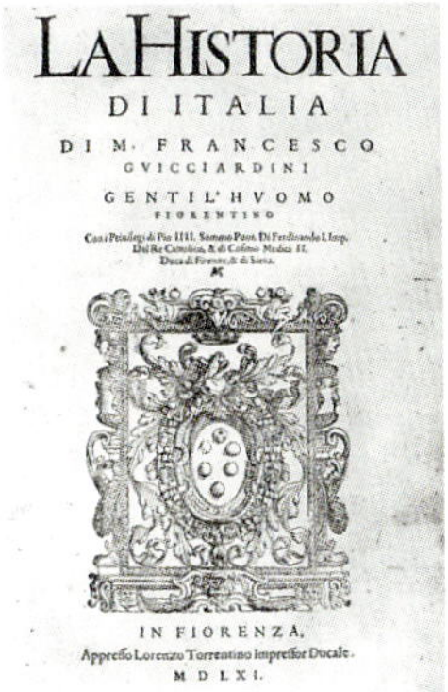

La questione della lingua

Nel 1525 vengono pubblicate le *Prose della volgar lingua,* di Pietro Bembo, un trattato sulla retorica in volgare scritto in forma di dialogo tra quattro interlocutori. La discussione si svolge a Venezia, in casa di Carlo Bembo, l'amatissimo fratello dell'autore, ed è la stessa in atto nei circoli culturali dell'epoca, veneziani e non solo, tesa a individuare la lingua più adatta all'espressione letteraria, in prosa e in poesia. Non si trattava semplicemente di scegliere tra latino e volgare, bensì di decidere se accogliere elementi desunti dalle diverse parlate italiane. La conclusione cui giungono le *Prose*, stabilendo le norme della lingua letteraria cinquecentesca e dei secoli successivi, è che la buona lingua si apprende dagli autori eccellenti che per il volgare italiano sono Petrarca e Boccaccio, esempi di quel fiorentino trecentesco che solo possiede le doti di finezza e armonia necessarie. Con le *Rime* Bembo ribadisce il successo di Petrarca quale *exemplum* imprescindibile per la lirica cinquecentesca.

Giorgione e l'arte sacra

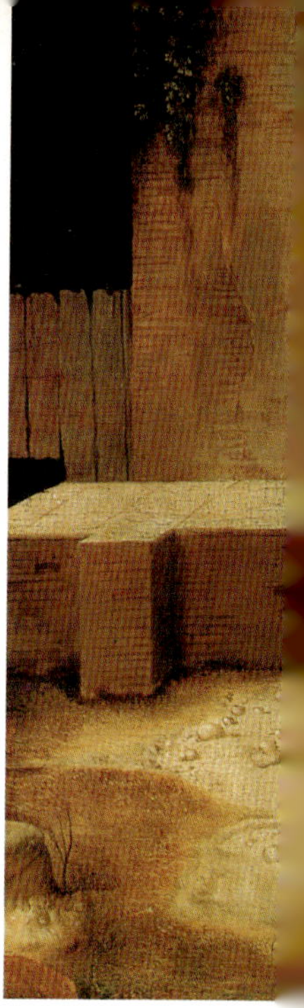

Nel contesto della produzione giorgionesca le opere con soggetti religiosi sono state prevalentemente collocate nei primi anni di attività. Il genere tradizionale della pittura sacra, che rappresentava la principale fonte di committenza per gli artisti, sembra essere stato poco praticato da Giorgione. Le quattro tavole presentate in queste pagine gli sono state assegnate sulla base dell'evidenza stilistica. Per nessuna di esse disponiamo per ora di documenti circa l'origine e la destinazione e alcune più di altre hanno suscitato perplessità nella critica. La più remota nel tempo sarebbe la *Maddalena*, forse frammento di una Sacra Conversazione, il genere che aveva in Giovanni Bellini il massimo rappresentante e che Giorgione rivoluzionerà con la *Pala di Castelfranco*. Il mondo figurativo di Bellini, pervaso di sacralità anche negli episodi profani, è diverso da quello di Giorgione, pittore laico anche quando dipinge immagini sacre. Al contrario dei suoi predecessori, che vedono il creato come manifestazione divina, Giorgione presenta la natura dotata di una propria, positiva, norma interna, e vi immerge personaggi partecipi di sentimenti terrestri. È stato detto che nelle vesti delle sue madonne ci sono solo delle donne e nelle vesti dei suoi santi solo degli uomini.

◄ Giorgione (?), *Maddalena,* 1495-1496, Firenze, Uffizi.

▼ Giorgione, *Madonna leggente*, fine XV-inizio XVI sec., Oxford, Ashmolean Museum.

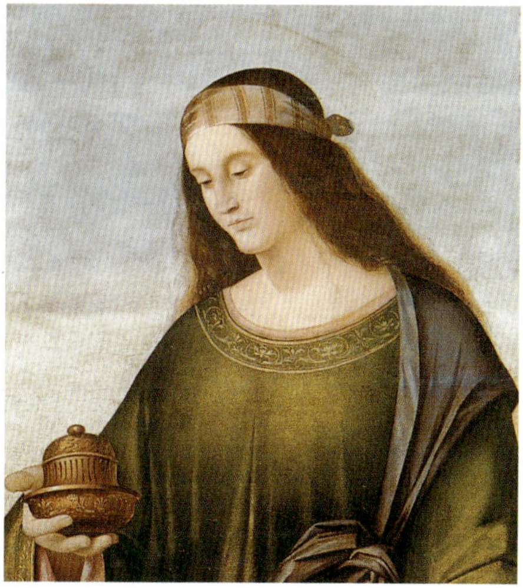

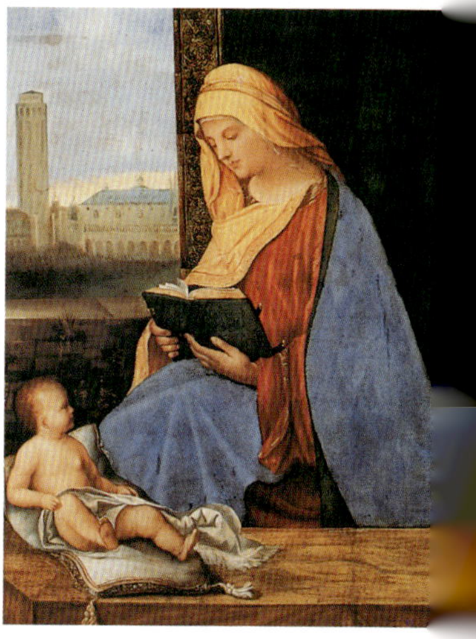

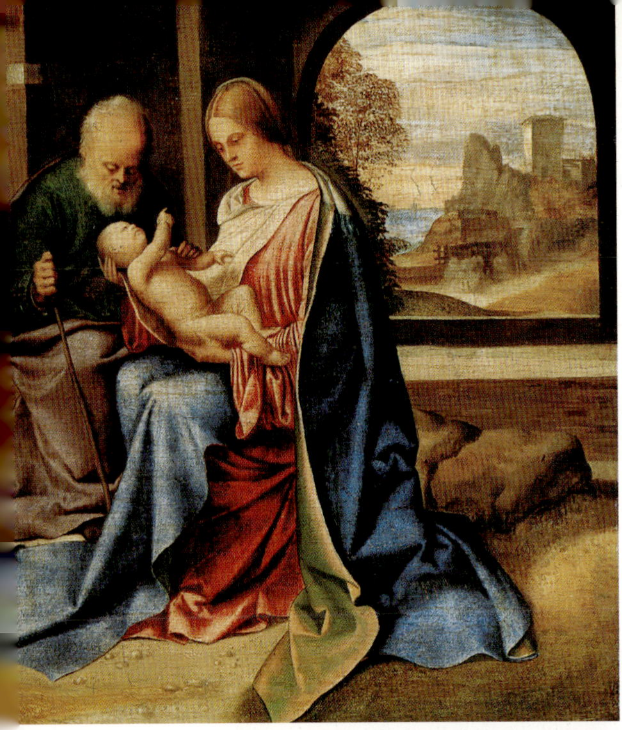

◀ Giorgione, *Sacra Famiglia Benson*, fine del XV-inizio del XVI secolo, Washington, National Gallery of Art. Nelle figure, il panneggio goticheggiante deriverebbe da suggestioni nordiche (Bosch), le posture dal "protoclassicismo" un po' manierato del Costa. L'ampia finestra centinata è desunta da Alvise Vivarini.

▼ Giorgione, *Adorazione dei pastori Allendale*, inizio del XV-fine del XVI secolo, Washington, National Gallery of Art. Il paesaggio sulla sinistra comparirà nella *Pala di Asolo* eseguita da Lotto nel 1506.

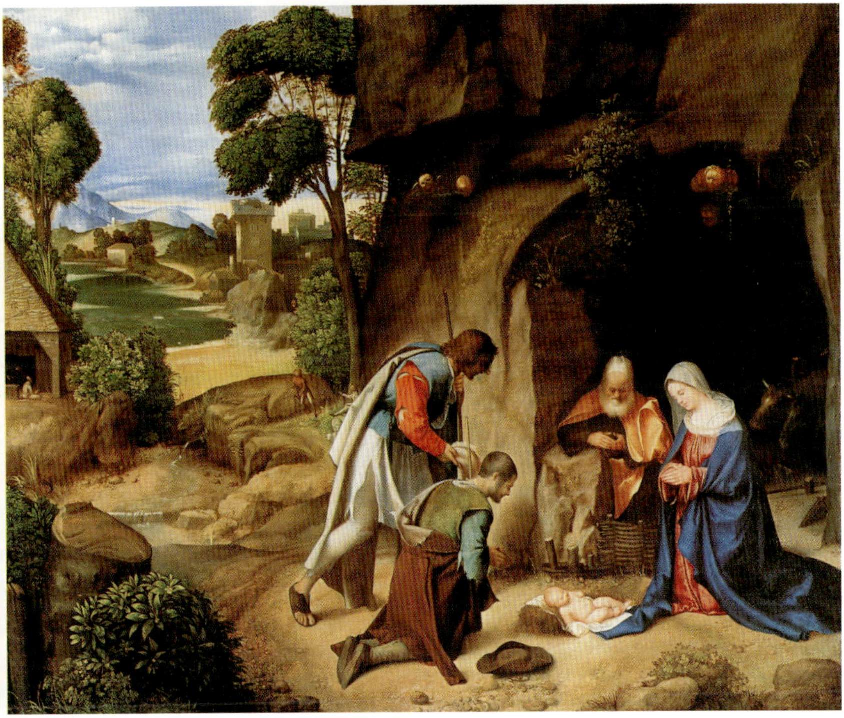

Adorazione dei Magi

Prima di essere acquistata dalla National Gallery di Londra nel 1884, era ritenuta un'opera di Giovanni Bellini. Il formato allungato (29 × 81 cm), suggerisce che si tratti del pannello di una predella smembrata.

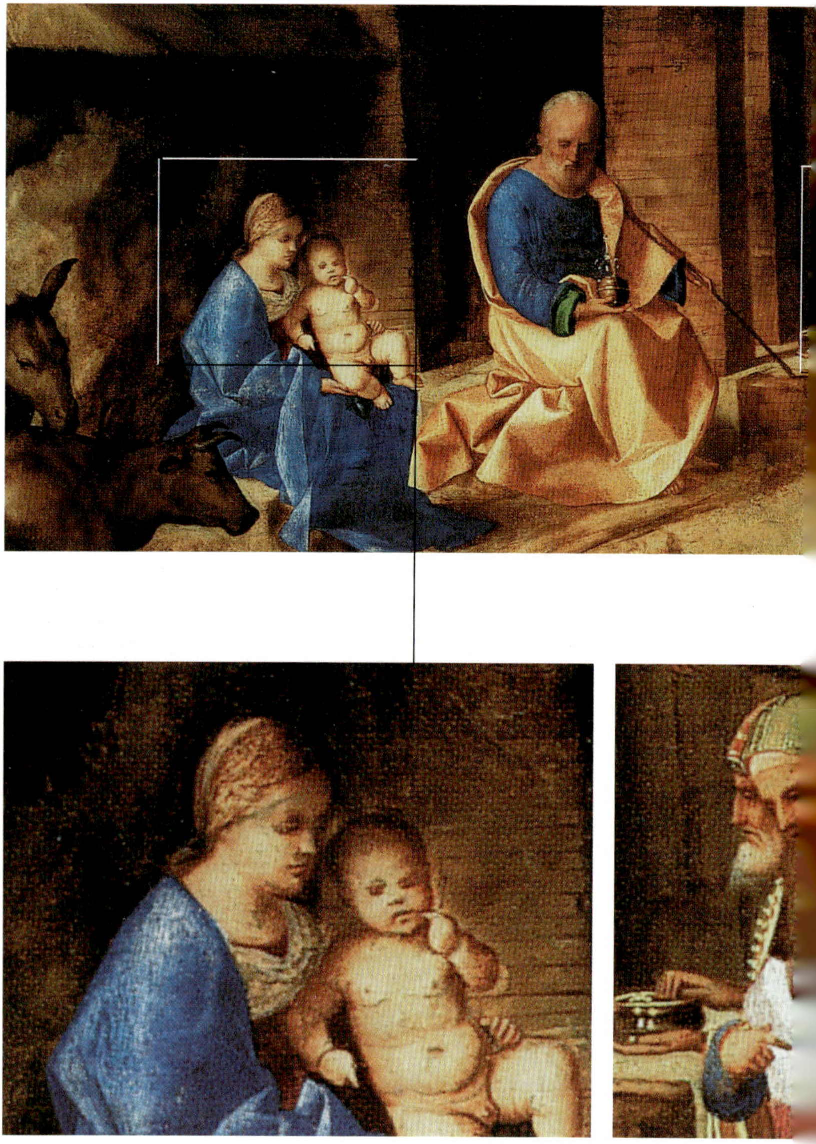

▼ I colori straordinariamente brillanti erompono dalla semipenombra della capanna. Le tracce di disegno soggiacente abbandonato nella fase di esecuzione pittorica, emerse ai raggi infrarossi, sono un indice della libertà creativa dell'artista.

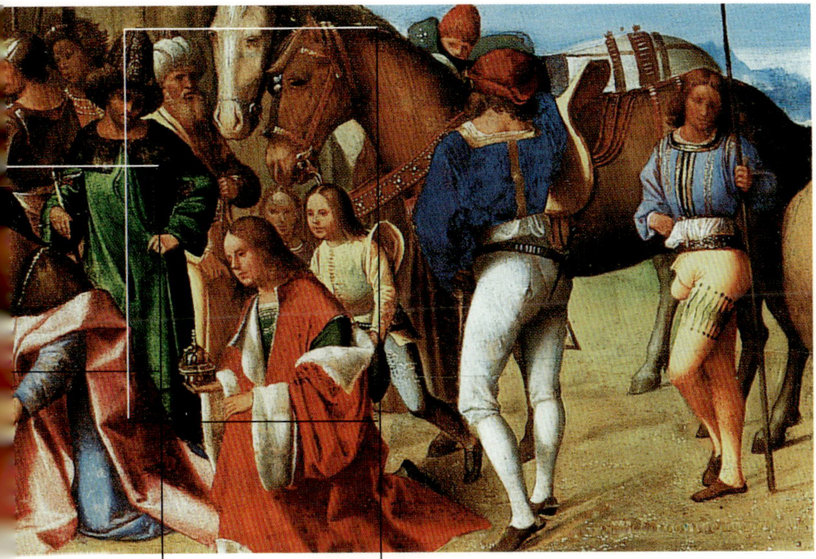

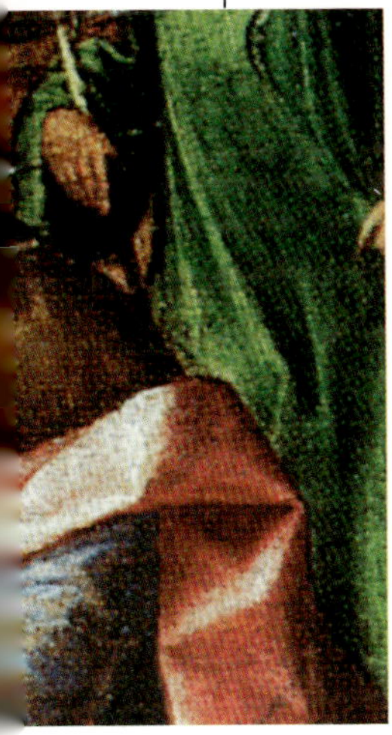

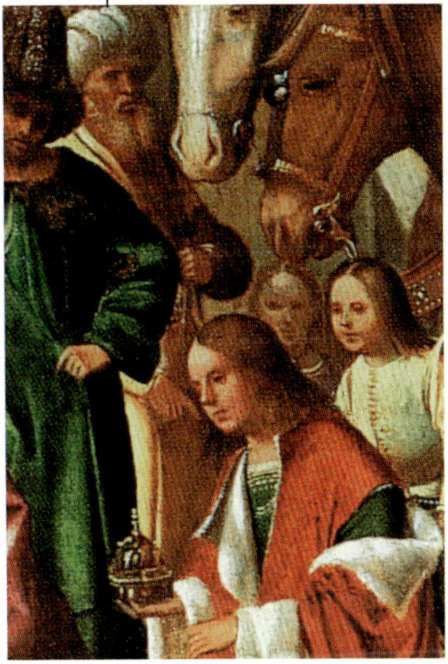

◀ Il disegno ancora frastagliato delle pieghe dei manti, la posa del giovane paggio all'estrema destra – assai imitata nel primo decennio del Cinquecento – richiamano esempi ancora tardogotici e la cultura protoclassica dell'Italia settentrionale. In base a queste considerazioni è stata in anni recenti ipotizzata una collocazione verso la fine del Quattrocento, contraria a quella che, basandosi sui costumi, orientava decisamente l'esecuzione della tavola intorno al 1505.

Un nuovo continente

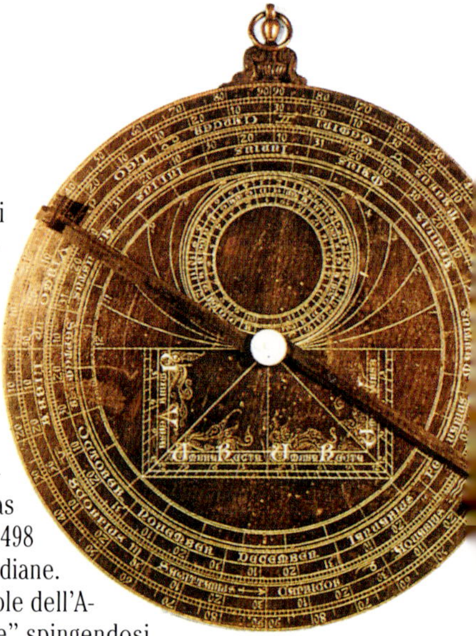

In pochi decenni i territori abitati dall'uomo raggiungono dimensioni inimmaginabili. La corsa verso nuove frontiere ha inizio in Spagna e in Portogallo, dove i sovrani finanziano spedizioni marittime nella speranza di raggiungere il favoloso Catai. Il primo contributo alle scoperte viene dal Portogallo: nel 1477 le navi portoghesi oltrepassano l'equatore, nel 1487 Bartholomeu Dias doppia il capo di Buona Speranza. Nel 1498 Vasco da Gama si spinge fino alle coste indiane. Gli spagnoli intanto, muovendosi dalle isole dell'Atlantico, riescono a raggiungere "le Indie" spingendosi verso Occidente. La prima spedizione di Cristoforo Colombo, nel 1492-1493, avviene seguendo una rotta mai tentata prima. A differenza dei portoghesi, che ottengono il controllo dei commerci con l'Oriente, gli spagnoli cercano di imporre la propria supremazia sui territori e sui popoli conquistati e sottomettono l'impero messicano degli aztechi e quello peruviano degli incas. Il sogno di Cristoforo Colombo, arrivare in India navigando verso Occidente, sarà realizzato da Ferdinando Magellano. Nel 1522 viene portata a termine la circumnavigazione della terra, dimostrandone definitivamente la sfericità.

▲ Astrolabio in uso verso la fine del XV secolo per determinare l'altezza degli astri sull'orizzonte.

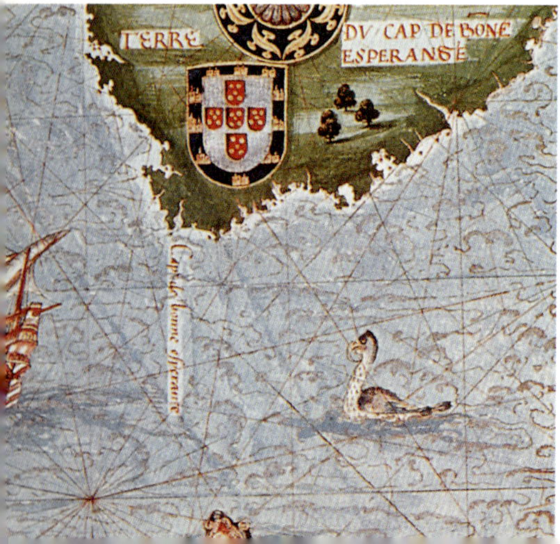

◀ Doppiando il Capo di Buona Speranza Bartholomeu Dias apre la via alla spedizione di Vasco da Gama.

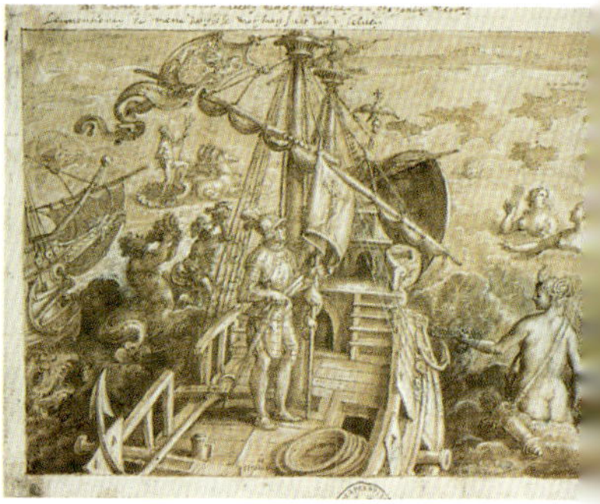

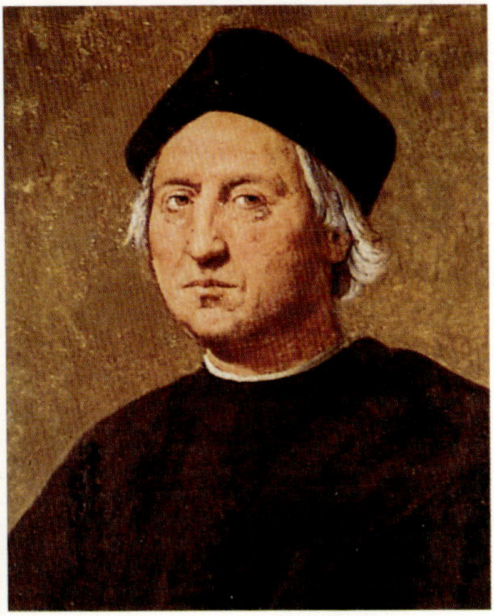

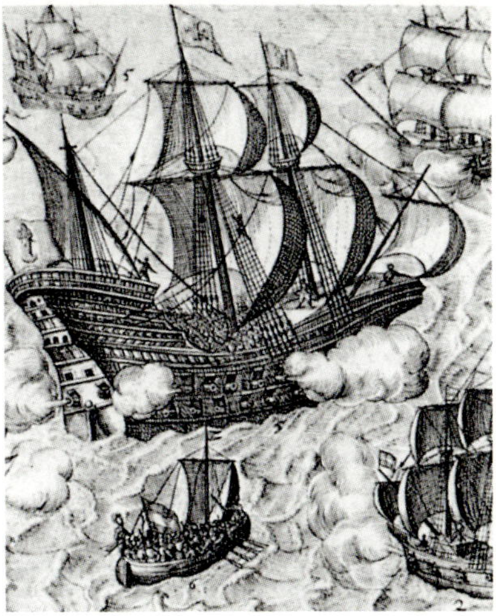

▲ Ridolfo del Ghirlandaio, *Cristoforo Colombo*, Firenze, Uffizi. Giunto nelle isole del Golfo del Messico, nel 1492, Colombo crede di essere approdato via mare ai luoghi che Marco Polo aveva raggiunto via terra. Nel 1498, alla sua terza spedizione, scrive che le coste del Venezuela sono la sede del Paradiso terrestre. Presto si farà strada la consapevolezza che le immense distese popolate da esotiche civiltà non sono le Indie, bensì un continente nuovo, la cui esistenza non era mai stata sospettata.

▲ Navi del XVI secolo. Oltre che dai finanziamenti dei sovrani iberici, i quali forniscono imbarcazioni ed equipaggi, le scoperte geografiche sono rese possibili dalle innovazioni tecniche, dalle conoscenze nautiche, dai progressi scientifici nel campo della cosmologia, della cartografia, della meteorologia. Un ruolo non secondario è giocato dalla curiosità dei navigatori, nonché dalla convinzione di combattere in nome della fede cattolica convertendo a essa nuovi popoli.

◀ ▼ Jan van der Straet, *Amerigo Vespucci scopre l'America*, 1589. New York, Metropolitan Museum. Nel 1499 e nel 1501 Amerigo Vespucci effettua spedizioni nell'America del Sud, redigendo poi una cronaca in cui descrive le meraviglie dell'Amazzonia e del Brasile. Le sue notizie suscitano un enorme interesse in Europa. Nel 1507 alla pubblicazione della prima mappa del mondo con il nuovo continente, esso viene chiamato America.

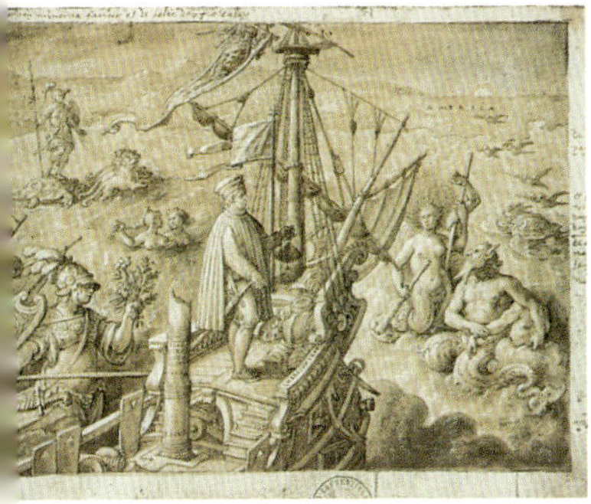

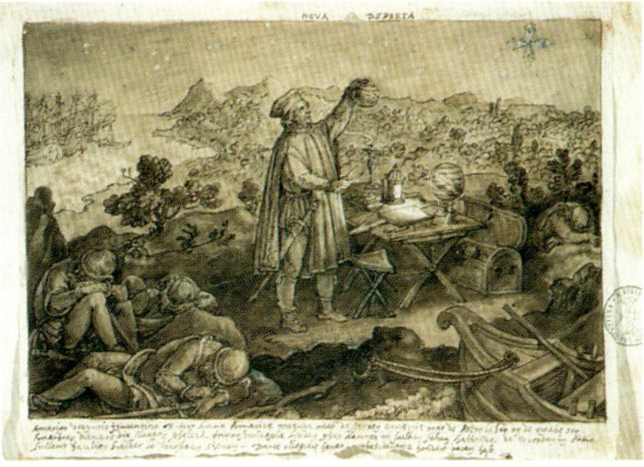

1500-1505

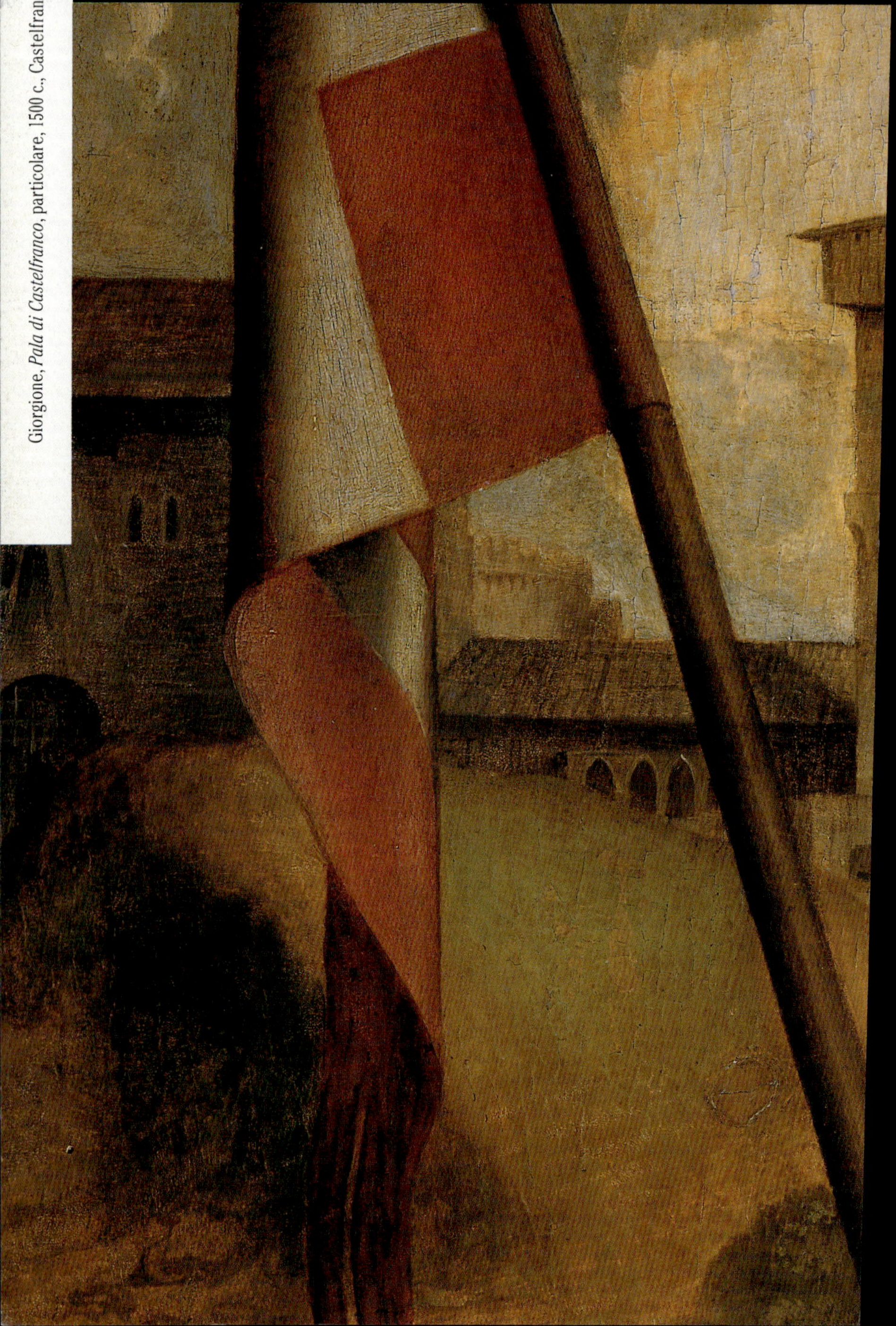

Giorgione, *Pala di Castelfranco*, particolare, 1500 c., Castelfranco Veneto, duomo.

La maturazione

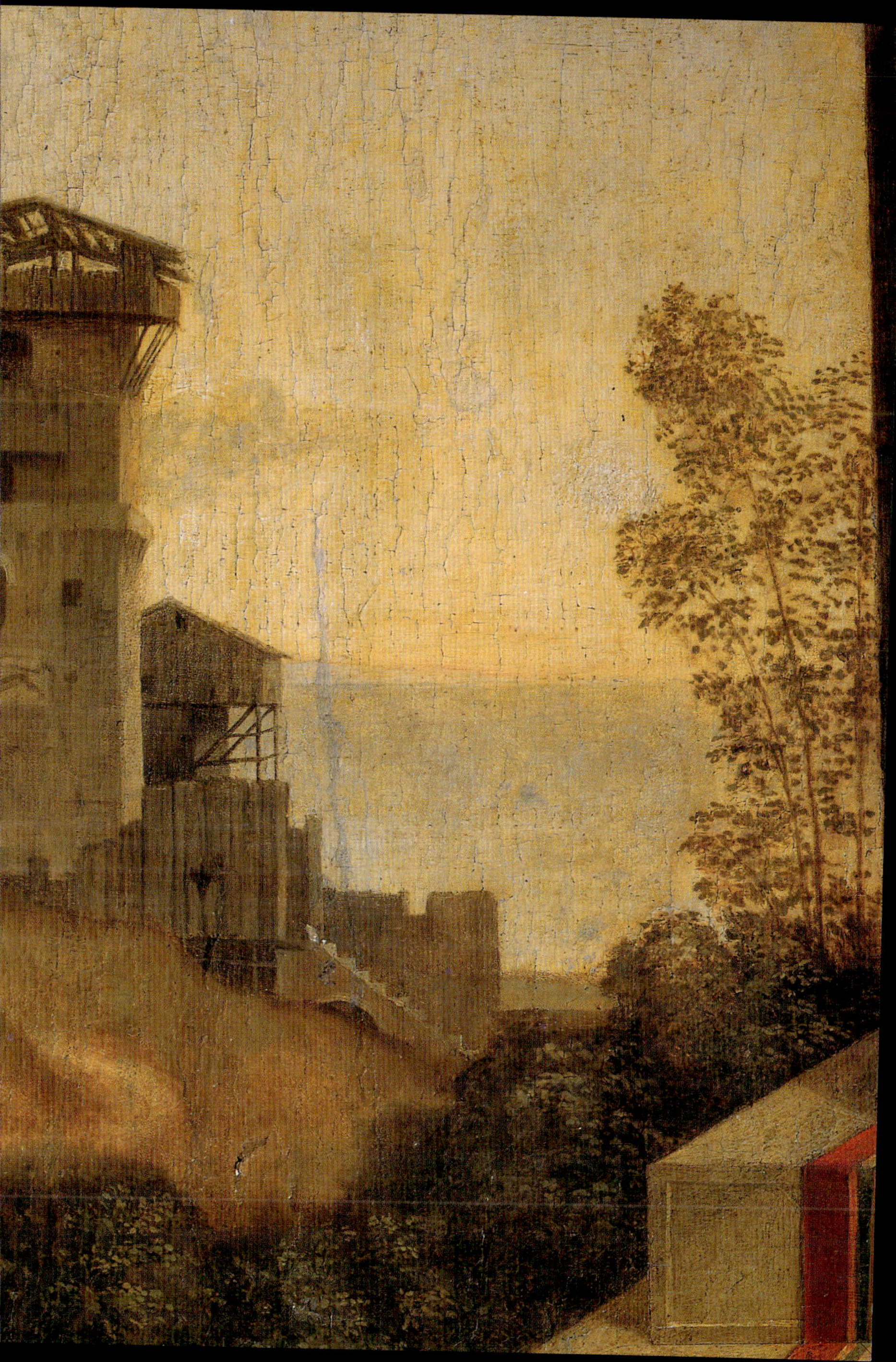

Il culto dell'antico

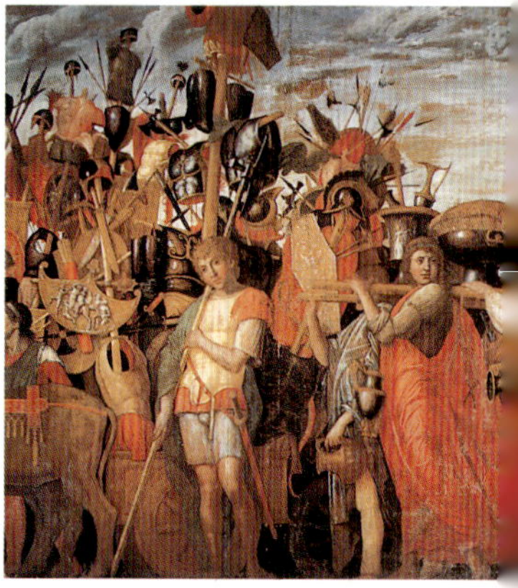

▲ Andrea Mantegna, *Carro con trofei e portatori di bottino*, 1500 c., Hampton Court, Royal Collection. Tra gli artisti veneti, Mantegna è forse quello maggiormente impegnato nella riscoperta dell'arte antica, puntualmente rievocata nelle nove tele dedicate al *Trionfo di Cesare*.

Il Rinascimento tributa all'antichità un culto che va oltre la semplice volontà di imitare la cultura classica. Anche i secoli precedenti avevano subito la fascinazione del mondo antico, che ora cessa di essere considerato un'autorità assoluta, acriticamente imitata, e viene inserito quale oggetto di studio all'interno della realtà contemporanea. Non mancano episodi di fanatismo, tuttavia il confronto con la produzione artistica e letteraria del passato diventa stimolo per quella presente, che pone l'uomo, la sua educazione e la sua formazione, al centro dell'interesse. La rinascita di antiche forme e di antichi valori è promossa dal rinvenimento di codici, sottoposti al metodo dell'indagine filologica, e di oggetti di scavo, da cui si deducono nuovi canoni estetici e formali. La statuaria romana offre un repertorio profano di corpi armoniosi, di pose sciolte, di mimesi naturalistica, di efficacia espressiva. Trasmissioni, scambi e confronti di opere grafiche e materiali contribuiscono a diffondere stilemi "all'antica", a riportarne in vita il messaggio figurativo e a rinnovare profondamente l'arte italiana. A Venezia il gusto classicheggiante è testimoniato dalle scelte di una serie di collezionisti, patrizi, intellettuali e mercanti colti, nelle cui raccolte trovano posto statue classiche, marmi e bronzi, gemme e vasi antichi.

▼ *Rilievo funerario*, metà del II secolo a.C., Venezia, Museo Archeologico Nazionale.

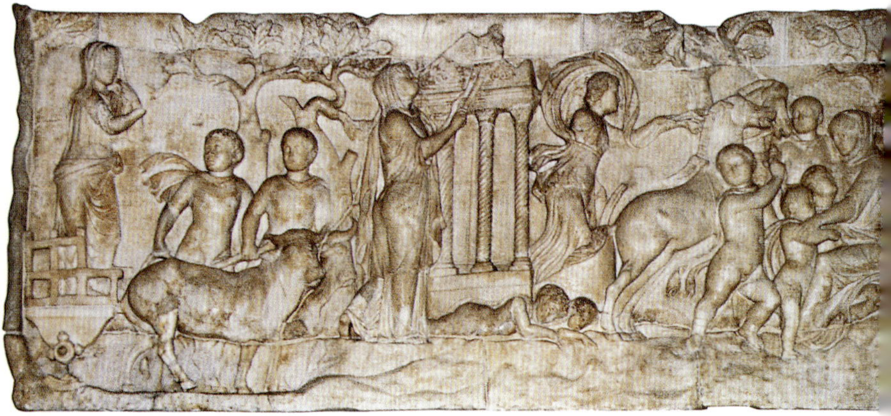

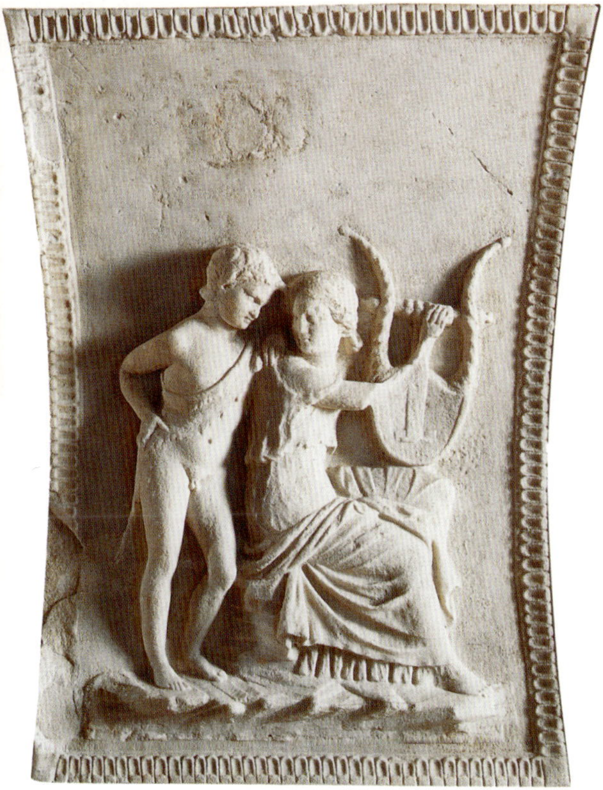

◀ *Ara Grimani*, ultimo quarto del I secolo a.C., Venezia, Museo Archeologico Nazionale. L'Ara Grimani proviene dalla collezione radunata dal patriarca Giovanni Grimani nel palazzo veneziano di Santa Maria Formosa. Sulle quattro facce sono riportate scene connesse al mondo dionisiaco, per lo più con due personaggi, come il satiro con la menade che suona la lira raffigurati su un lato breve.

▶ Agesándros, Athenodóros, Polydoros, *Laocoonte*, 130 - 50 a.C., Città del Vaticano, Museo Pio-Clementino. Nel 1506, alla presenza di papa Giulio II e della corte pontificia – compreso Michelangelo – viene riportato in luce il *Laocoonte.* Questo celebre esemplare di scultura ellenistica, di produzione rodia, era stato portato a Roma dalla Grecia, collocato nel palazzo di Tito e in seguito perduto. Rinvenuto mutilo e reintegrato, eserciterà una notevole influenza con il suo drammatico dinamismo.

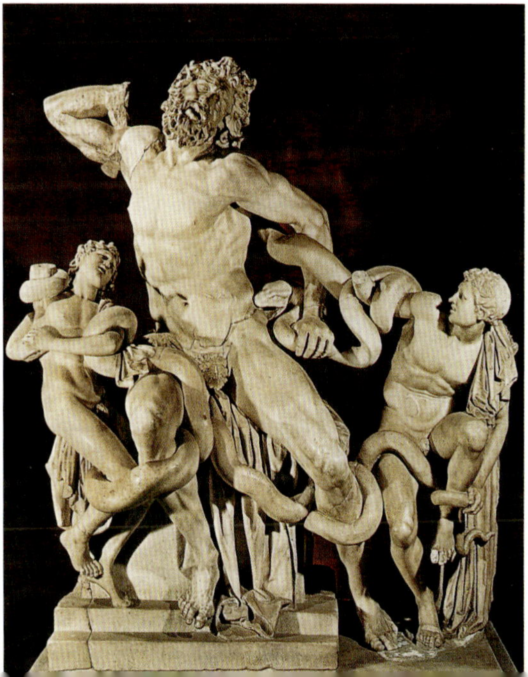

Dürer a Venezia

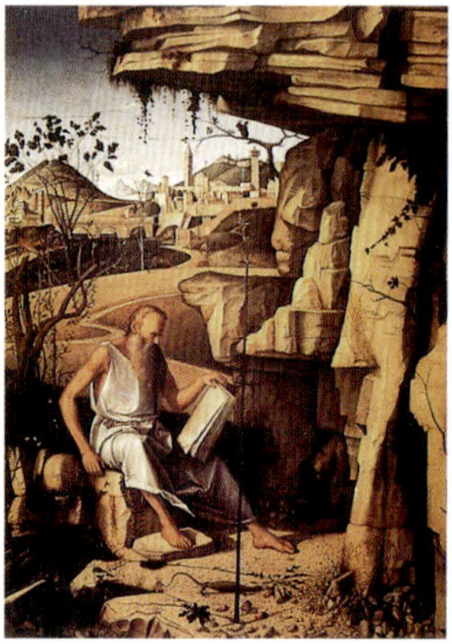

▲ Giovanni Bellini, *San Girolamo*, 1480 c., Firenze, Uffizi. Nel San Girolamo leggente si fondono le due iconografie del santo nel suo studio – preferita dall'arte nordica – e del santo in penitenza nel deserto. Il paesaggio, ricco di significati simbolici, è di derivazione fiamminga.

Albrecht Dürer è un giovane e promettente artista di ventitré anni quando arriva a Venezia per la prima volta, nell'anno 1494. Educato nell'Europa centrale, si confronta con un ambiente che eserciterà su di lui un influsso indelebile. A Venezia ha l'opportunità di assistere all'integrazione tra forma e contenuto classici che costituisce uno dei maggiori risultati del Rinascimento italiano. È una rivelazione filtrata innanzitutto attraverso l'opera di Mantegna, da lui attentamente studiata e punto di riferimento per la sua successiva produzione. Altri artisti che attirano la sua attenzione e influenzano la sua grafica sono Gentile Bellini e i toscani Antonio Pollaiolo e Lorenzo di Credi. In seguito a questo soggiorno Dürer inizia una serie di disegni sulle proporzioni del corpo umano e da questo momento gli studi di modelli dal vero diventano imprescindibili. Nel 1505 torna in Italia: questa volta è un artista celebre, le sue incisioni circolano in tutta Europa e ha mecenati di alto rango. La colonia tedesca a Venezia gli affida una pala d'altare per la confraternita del Rosario di San Bartolomeo ed è sommerso di richieste. Quando riparte, nel 1507, porta con sé una nuova consapevolezza del suo ruolo di artista.

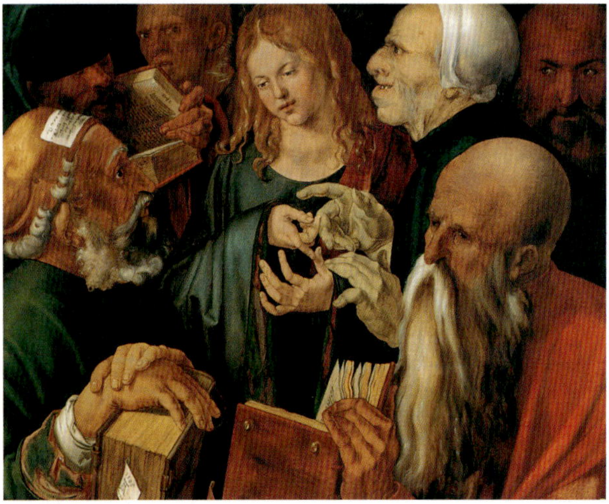

◀ Albrecht Dürer, *Cristo fra i dottori*, 1506, Madrid, Museo Thyssen-Bornemisza. In questa tavola Dürer elabora vari influssi ricevuti a Venezia: Mantegna, Giovanni Bellini ma anche Leonardo.

▶ Albrecht Dürer, *Festa del Rosario*, 1506, Praga, Národní Galerie. Il dinamismo che anima la pala, brulicante di figure vivacemente caratterizzate, ebbe un effetto immediato e duraturo sugli artisti veneziani.

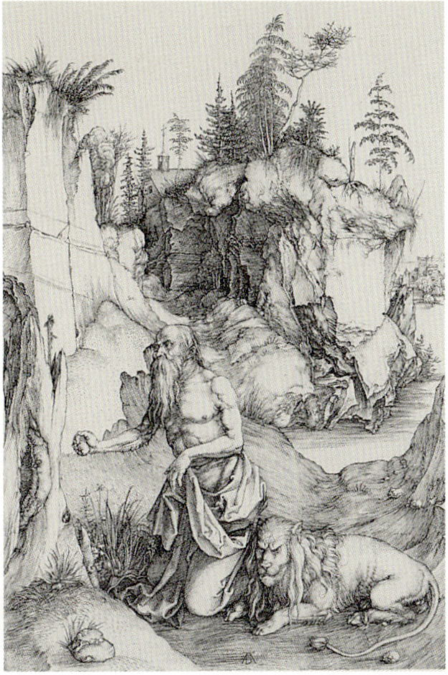

▲ Albrecht Dürer,
San Girolamo, 1497 c.
Lo sfondo di questa incisione fu elaborato attraverso numerosi studi dal vero.

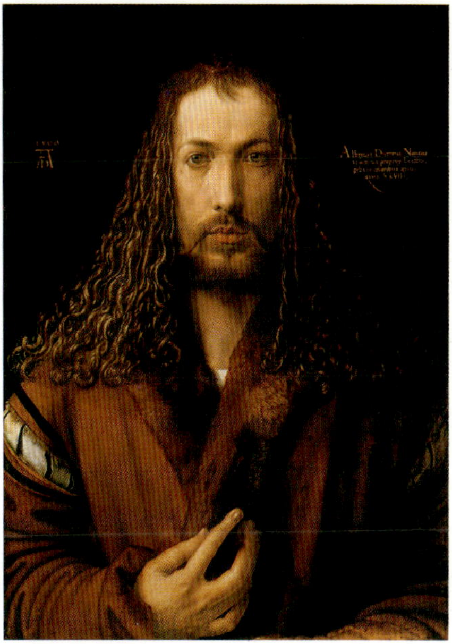

▲ Albrecht Dürer,
Autoritratto, 1500,
Monaco, Alte Pinakothek.

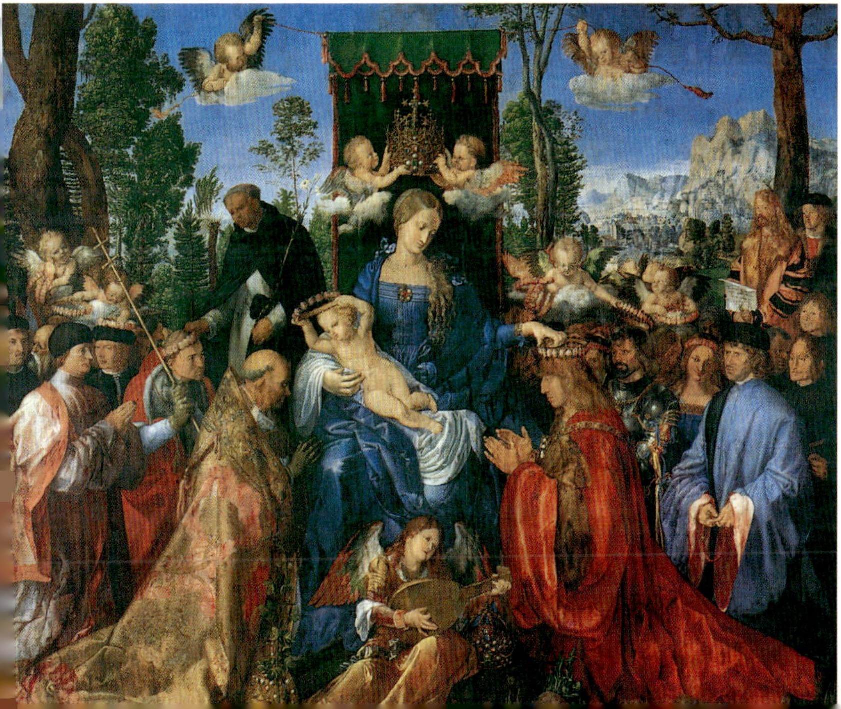

1500-1505

Inquietanti visioni

Sul crinale tra Quattro e Cinquecento, serpeggiano in Europa fermenti intellettuali e morali tesi alla conquista di una religiosità non corrotta da interessi materiali. Una nuova visione del mondo si diffonde attraverso scambi epistolari, viaggi e pubblicazioni. Anche Venezia è raggiunta da idee e aspirazioni il cui corrispettivo iconografico si trova in particolare nelle opere di artisti fiamminghi e olandesi, provenienti da quei paesi in cui queste tensioni traevano origine e linfa. Dall'inizio del Cinquecento sembrano essere presenti in città alcune tavole di Hieronymus Bosch, creatore di un universo popolato da esseri mostruosi, riconducibile a una cultura complessa, che unisce tradizioni popolari e testi mistici del XIV secolo. Queste e altre immagini sottendono un messaggio potenzialmente minaccioso per l'ortodossia, tanto che il governo veneziano vigila e impone sanzioni sulle importazioni. I collezionisti si dimostrano tuttavia assai interessati al possesso di dipinti e stampe che costituiscono una provocazione culturale e introducono a un clima di sottile inquietudine, lo stesso che pervade anche le opere di alcuni artisti veneti.

▶ Hieronymus Bosch, *Trittico degli eremiti*, 1510, Venezia, Palazzo Ducale. In questa sede sono conservati ben tre polittici del maestro, provenienti probabilmente dal lascito testamentario del cardinale Grimani alla Serenissima Repubblica.

▼ Hieronymus Bosch, *Visione dell'Aldilà*, 1500-1503 c., Venezia, Palazzo Ducale. Con un altro pannello, ugualmente a Palazzo Ducale, le tre tavole costituivano i laterali di un polittico dedicato al Giudizio Universale.

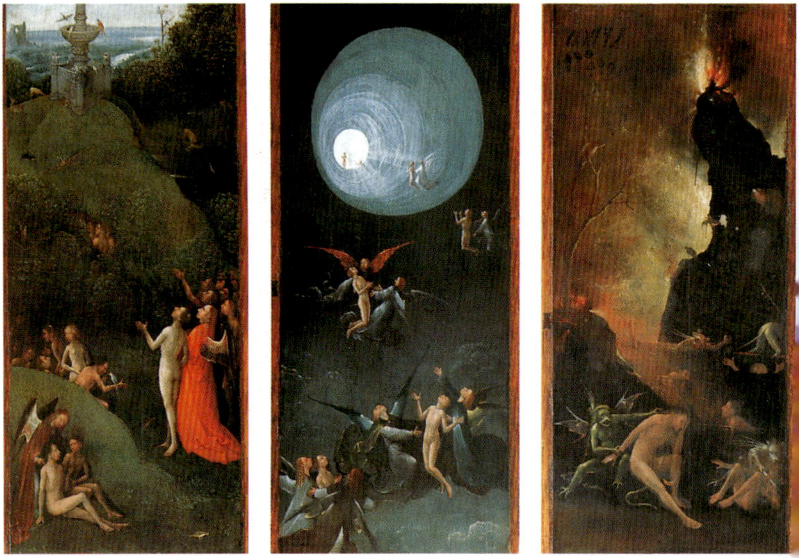

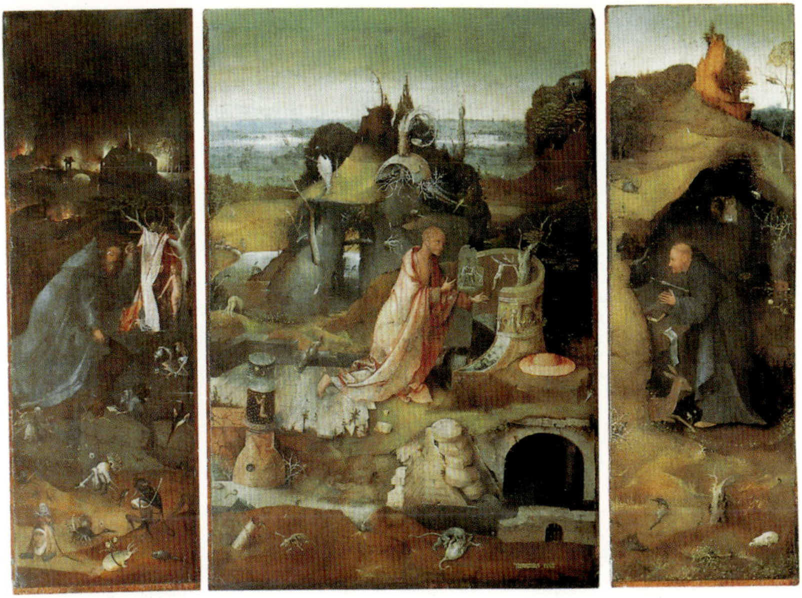

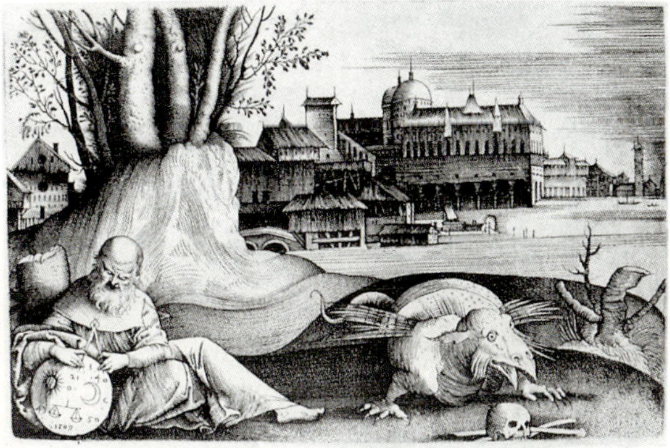

◀ Giulio Campagnola, *L'astrologo*, 1509 c., Parigi, Louvre, collezione Rothschild. La macchia di alberi dietro all'àstrologo e il brusco passaggio dal primo piano allo sfondo sono riferibili alla tela *I tre filosofi* di Giorgione. L'invenzione del soggetto, per quanto di carattere giorgionesco, è invece da ascrivere al Campagnola.

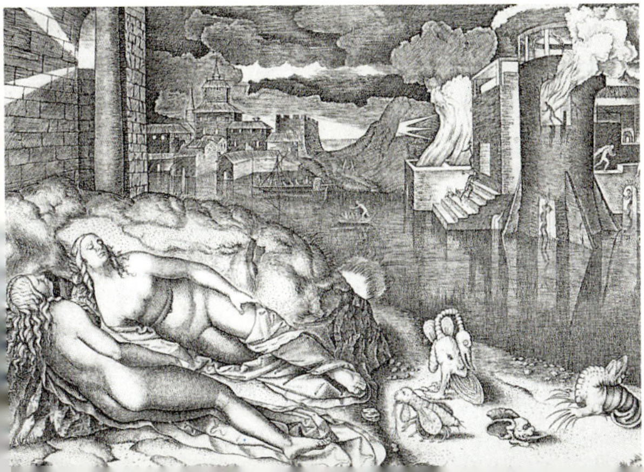

◀ Marcantonio Raimondi, *Il sogno*, 1508, Vienna, Graphische Sammlung Albertina. È stata da più voci avanzata l'ipotesi che questa incisione sia una copia di un perduto dipinto giorgionesco.

1500-1505

Omaggio a un poeta

Il titolo di questo affascinante dipinto, conservato alla National Gallery di Londra (59 × 48 cm) e ripetutamente espunto dal catalogo di Giorgione, dipende dalla corona di alloro indossata dal protagonista, seduto sul trono all'estrema destra.

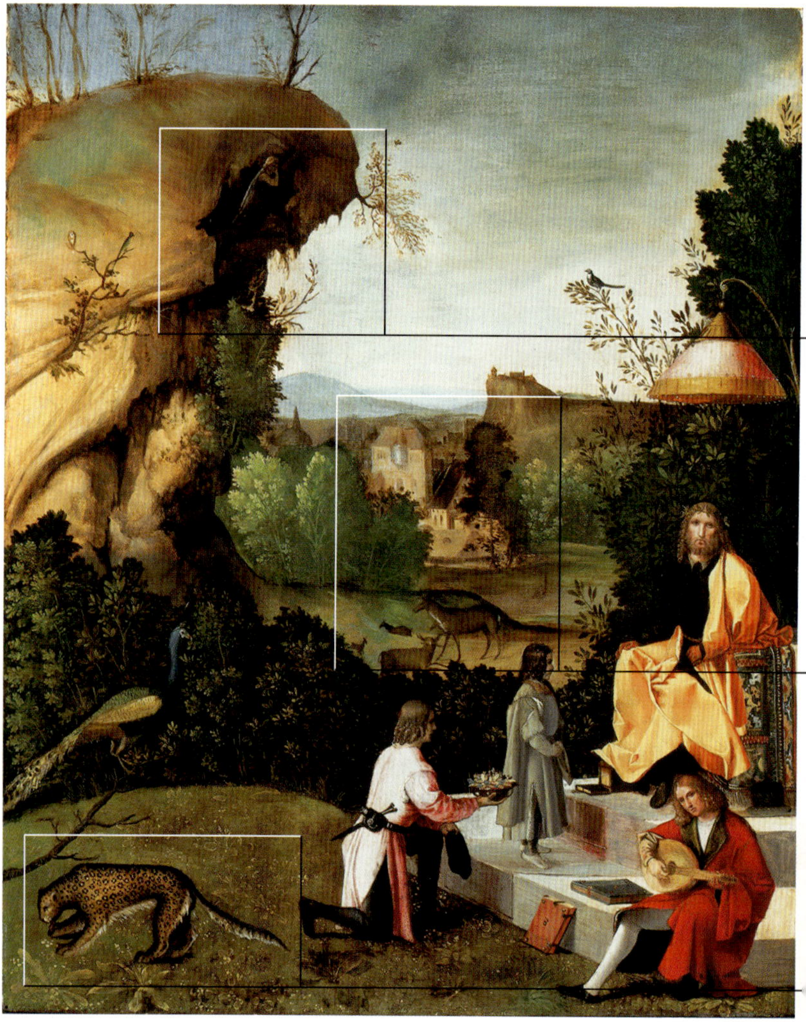

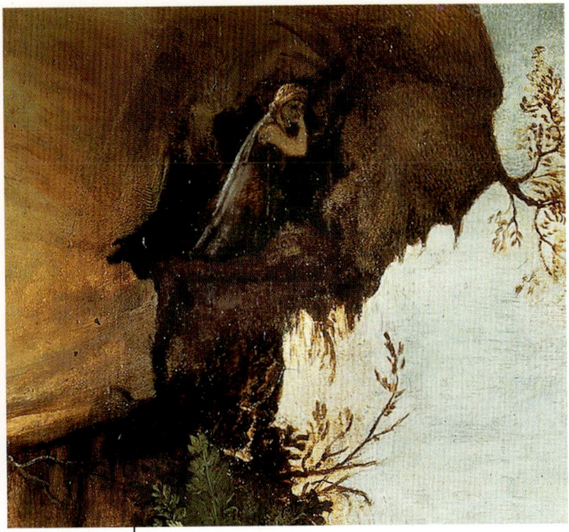

◀ La figuretta dell'eremita che emerge dall'ombra della cavità rocciosa e gli uccelli appollaiati poco lontano ricordano i trittici di Bosch oggi a Palazzo Ducale, presenti in origine nella collezione Grimani e per questa via noti a Giorgione.

▶ Insistendo sull'attribuzione a Giorgione, la critica più recente propone una datazione alta, alla fine del XV secolo.
Chi vi coglie una mano diversa propone invece una data posteriore alla morte dell'artista.
L'opera, che esalta il tema della poesia, dei libri e soprattutto della musica, viene comunque riferita con sicurezza a un ambito giorgionesco.

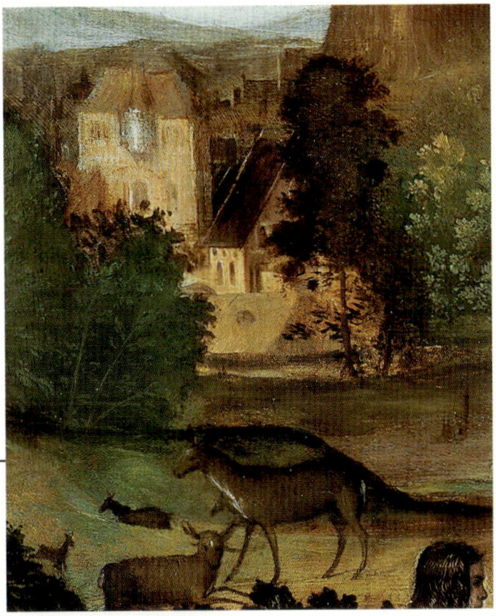

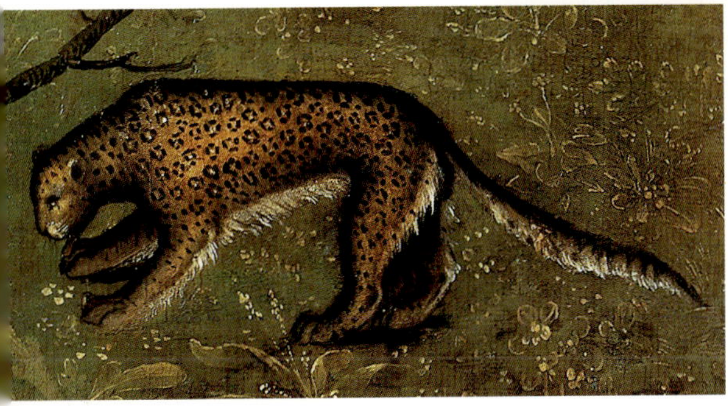

◀ L'iconografia si presta a varie interpretazioni.
Si è parlato della raffigurazione dell'Età dell'oro; dei figli di Giove; oppure del giovane Plutone che rende visita al poeta laureato insieme al fratello (il suonatore di liuto) e al padre (che reca la coppa).

Lustri e riflessi

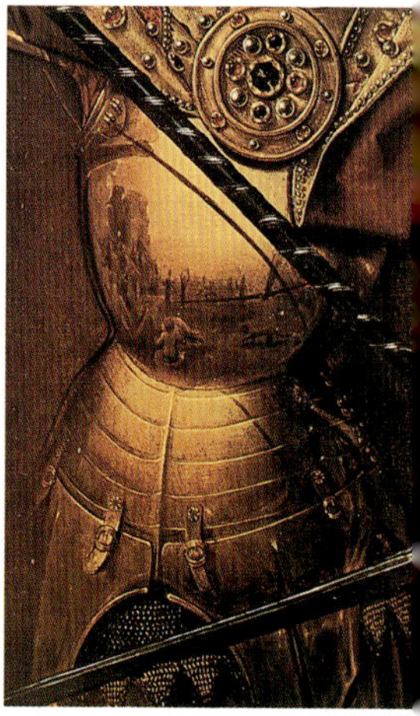

Fra i tanti motivi di soggestione dell'arte fiamminga, si impongono i cosiddetti "lustri", sempre citati dalle fonti coeve quali prova dell'abilità mimetica dei pittori d'oltralpe. La capacità di rappresentare la realtà fenomenica fino a registrare l'effetto prodotto sui corpi dalla luce, elemento di per sé ineffabile e intangibile, suscita lo stupore ammirato dei collezionisti e degli artisti italiani. A Venezia, città di luce e di riflessi, dovevano senz'altro piacere i piani lucenti delle specchiature d'acqua e i bagliori così frequenti nelle tavole fiamminghe, a cominciare da quelle celeberrime di Jan van Eyck. Gli artisti italiani consideravano la luce un mezzo per costruire e organizzare sinteticamente lo spazio prospettico, piuttosto che per rivelare analiticamente i dettagli e, di conseguenza, per quanto attraenti, gli effetti di "lustro" si manifestarono pienamente in seguito una progressiva elaborazione, che culmina in Giorgione e continua in Tiziano, Savoldo e tanti altri. Nel frattempo sono stati approfonditi gli studi sulla luce e gli effetti da essa operati sulla percezione dei colori. Al vertice di queste indagini è Leonardo, l'artista-scienziato che anche nei suoi scritti cerca una spiegazione dei fenomeni ottici e come pittore rende con insuperabile efficacia il gioco dei "razzi" incidenti e riflessi.

▲ Hans Memling, *Giudizio Universale*, particolare, 1466-1473, Danzica, Muzeum Pomorskie. Sul pettorale di san Michele si riflette la scena degli eletti che ascendono in Paradiso e dei dannat inghiottiti dall'Inferno.

▼ Jan van Eyck, *Pala de canonico Van der Paele*, 1436, Bruges, Museo Comunale. Sulla spalla di san Giorgio, il ritratto in miniatura dell'artista.

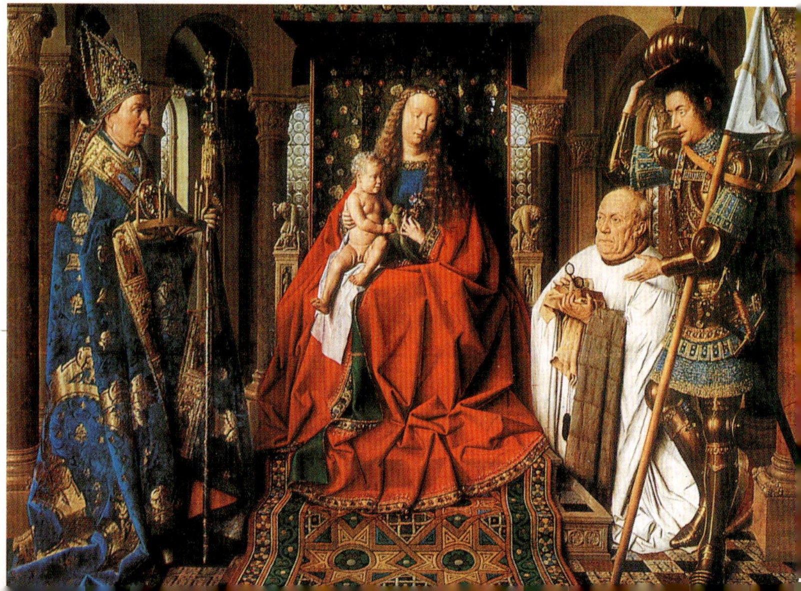

▶ Giorgione, *Francesco Maria della Rovere*, Vienna, Kunsthistorisches Museum. Le armature, con le loro superfici specchianti, offrono l'occasione di riprodurre bagliori e immagini moltiplicate.
In un passo del *Cortegiano* Baldassarre Castiglione loda indirettamente l'abilità con cui Giorgione sa rendere il luccichio delle armi, l'oscurità della notte, una burrasca sul mare, i tuoni e i lampi o una città in fiamme.

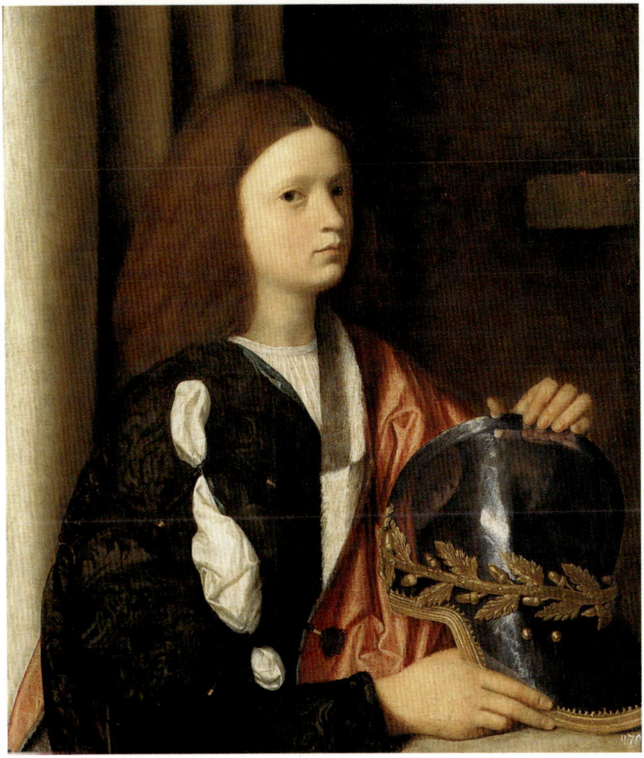

▼ Andrea Solario, *Testa del Battista*, 1507, Parigi, Louvre. Solo a una osservazione ravvicinata, si percepisce, sulla base del piatto, la doppia immagine speculare di una microscopica testa: anche in questo caso l'autoritratto del pittore.

▼ Leonardo da Vinci, *Ultima Cena*, particolare, 1494-1498, Milano, Santa Maria delle Grazie. La natura morta sulla tavola è un documento straordinario degli studi ottici di Leonardo.

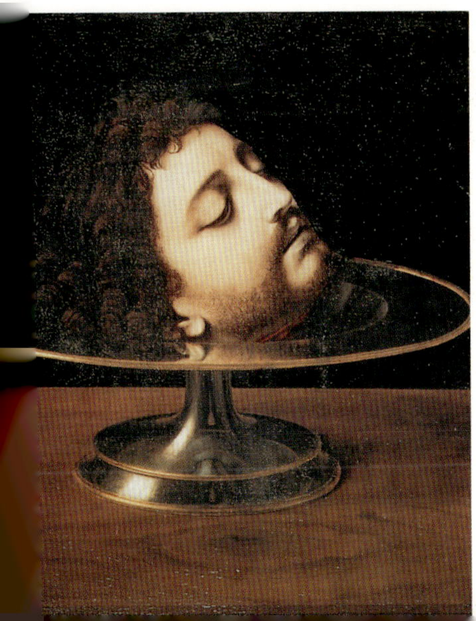

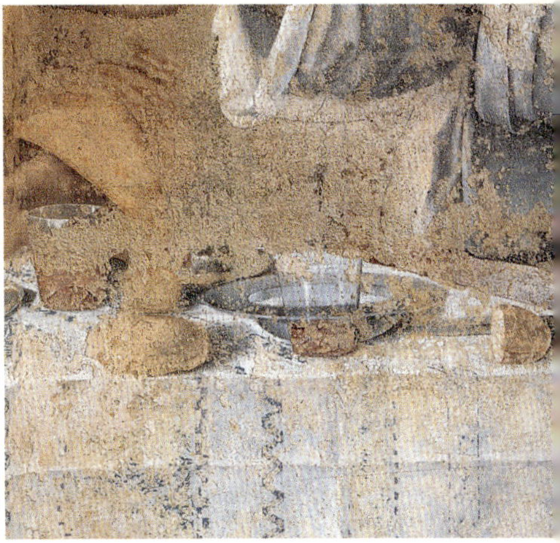

Pala di Castelfranco

Caposaldo del catalogo di Giorgione, *La Madonna col Bambino tra i santi Nicasio* (?) *e Francesco* (200 × 152 cm), commissionata da Tuzio Costanzo per il duomo di Castelfranco, dove si trova tutt'oggi, viene datata intorno al 1500.

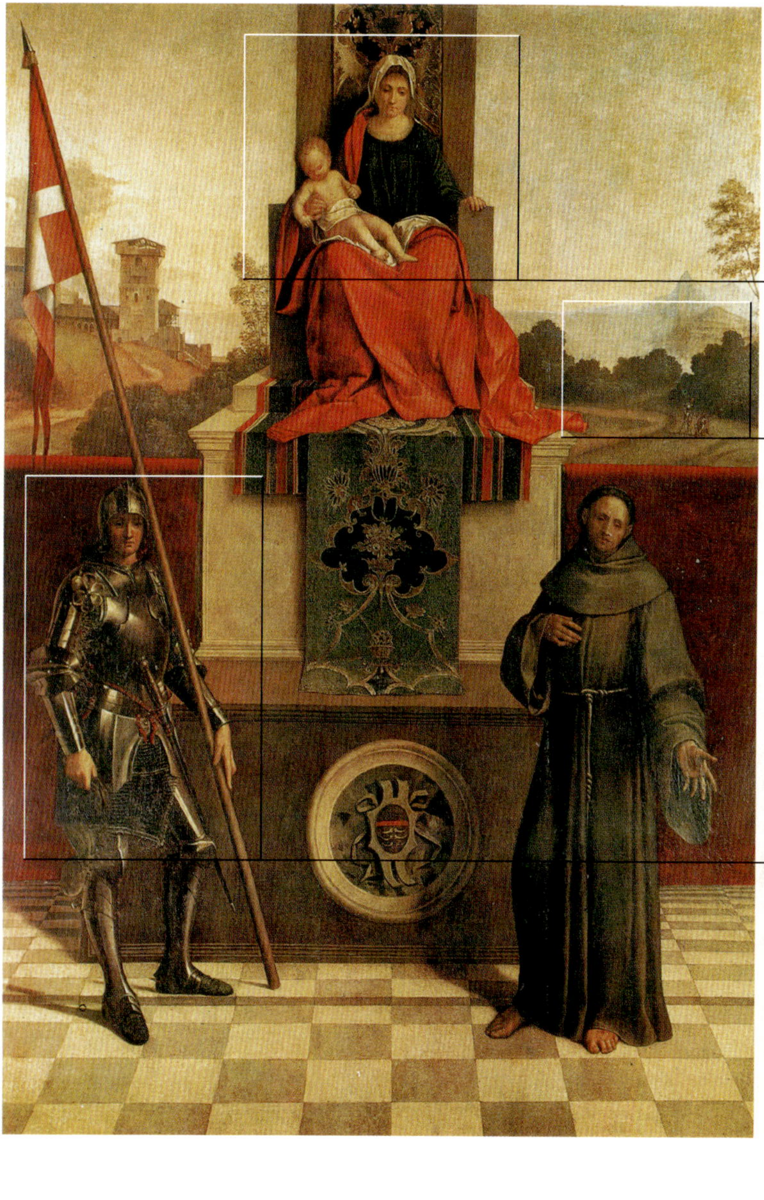

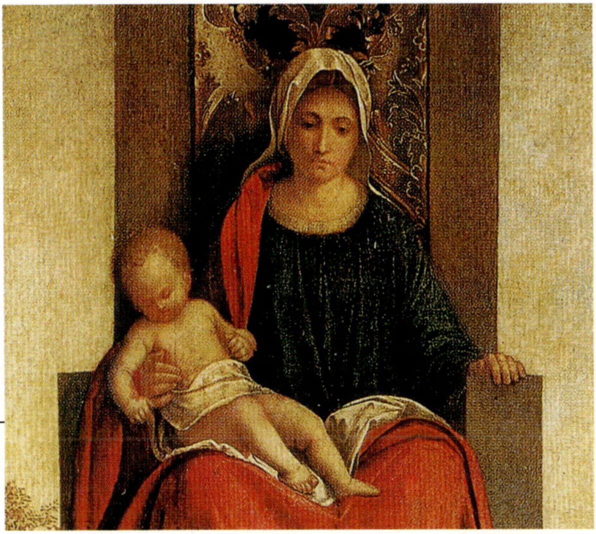

◄ La tavola rompe le convenzioni figurative della pala d'altare abolendo ogni riferimento a un interno ecclesiatico. I tre personaggi inoltre non "conversano", ma rivolgono lo sguardo all'esterno, coinvolgendo emotivamente lo spettatore.

▼ I due minuscoli guerrieri inseriti nel paesaggio arcadico ribadiscono il tema della guerra e della pace, incarnato dai santi ai lati del trono e adatto a un condottiero quale era Tuzio Costanzo.

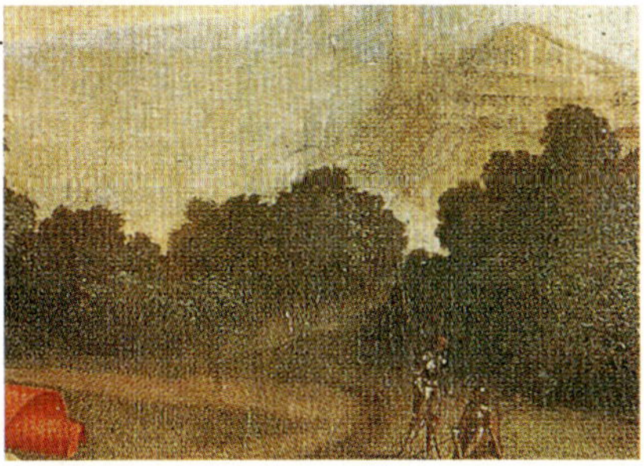

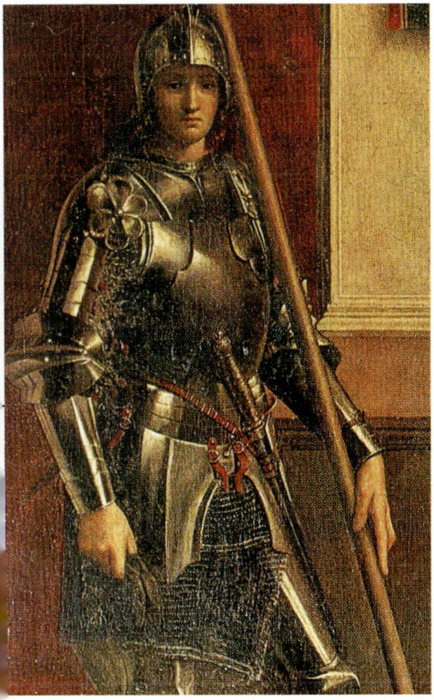

◄ Il santo guerriero nell'armatura scintillante di "lustri", sarà preso a modello in molti ritratti individuali. È stato identificato di volta in volta con san Giorgio, titolare della cappella destinata a ospitare la pala, con san Liberale, patrono della cattedrale vecchia, e infine con san Nicasio, uno dei santi dell'Ordine di Malta, del quale faceva parte il committente Tuzio Costanzo.

La pala d'altare

La visita di Antonello da Messina a Venezia, così importante per i suoi effetti sulla pittura locale, aveva come principale motivazione la commissione di una pala d'altare per la chiesa di San Cassiano. La ricostruzione ideale del dipinto, del quale rimane solo il frammento di Vienna, porta a immaginare la Madonna col Bambino in trono circondata da otto santi all'interno di un'architettura dipinta. Si tratta di uno schema compositivo analogo a quello della pressoché contemporanea *Pala di santa Caterina da Siena*, eseguita da Giovanni Bellini per la chiesa dei Santi Giovanni e Paolo, distrutta nel XIX secolo e nota attraverso incisioni. Lo stimolante confronto tra i due grandi maestri è alla base del successivo sviluppo della pala d'altare a Venezia. Il formato gotico del polittico suddiviso in scomparti si è evoluto e ha assunto una struttura unificata attraverso il collegamento tra l'architettura dipinta e quella reale della cornice – come nel *Trittico di San Zeno* di Mantegna – per arrivare alla composizione di un gruppo piramidale in un ampio spazio centinato occupato per la maggior parte da un'imponente ambientazione architettonica. Per tutto il Rinascimento, agli artisti veneziani vengono commissionate innumerevoli sacre conversazioni per adornare gli altari, grandiose pale contenute in tabernacoli di pietra a creare l'illusione di una finestra dietro la quale si svolge la scena rappresentata.

◄ Piero della Francesca, *Sacra Conversazione*, 1474 c., Milano, Brera.

▼ Ercole de' Roberti, *Pala di Santa Maria in Porto*, 1481, Milano, Brera.

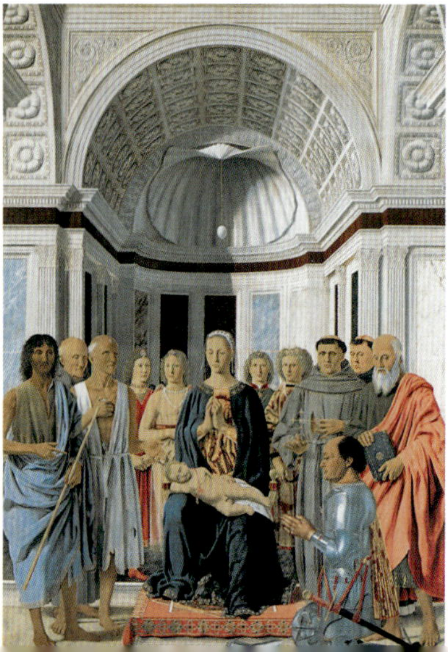

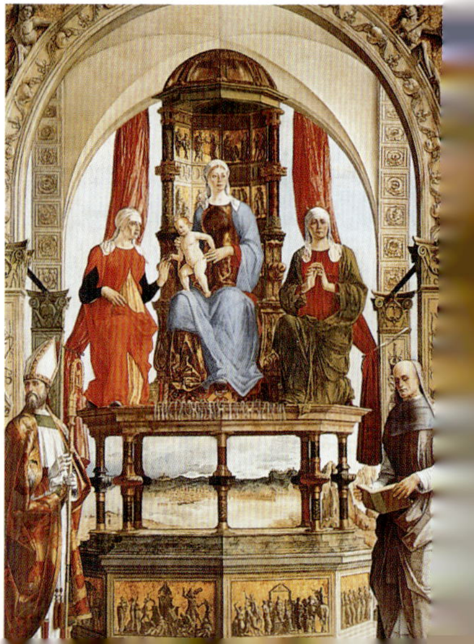

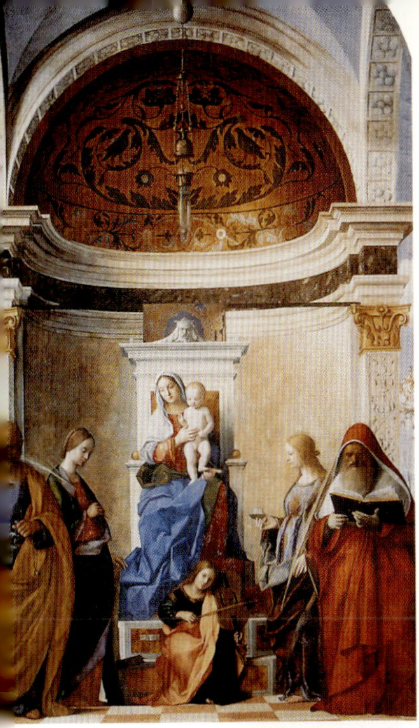

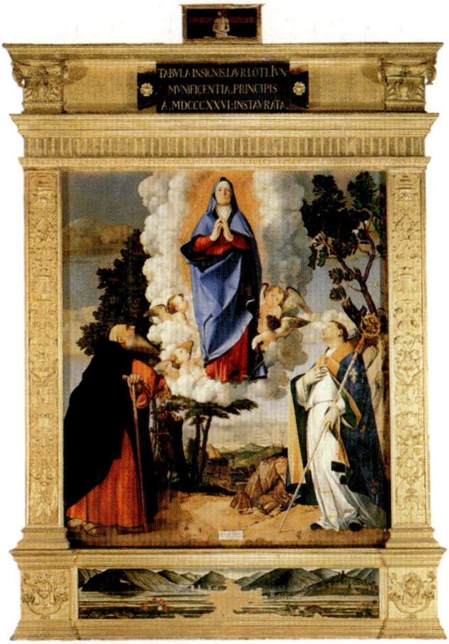

▲ Giovanni Bellini, *Sacra Conversazione*, 1505, Venezia, San Zaccaria.

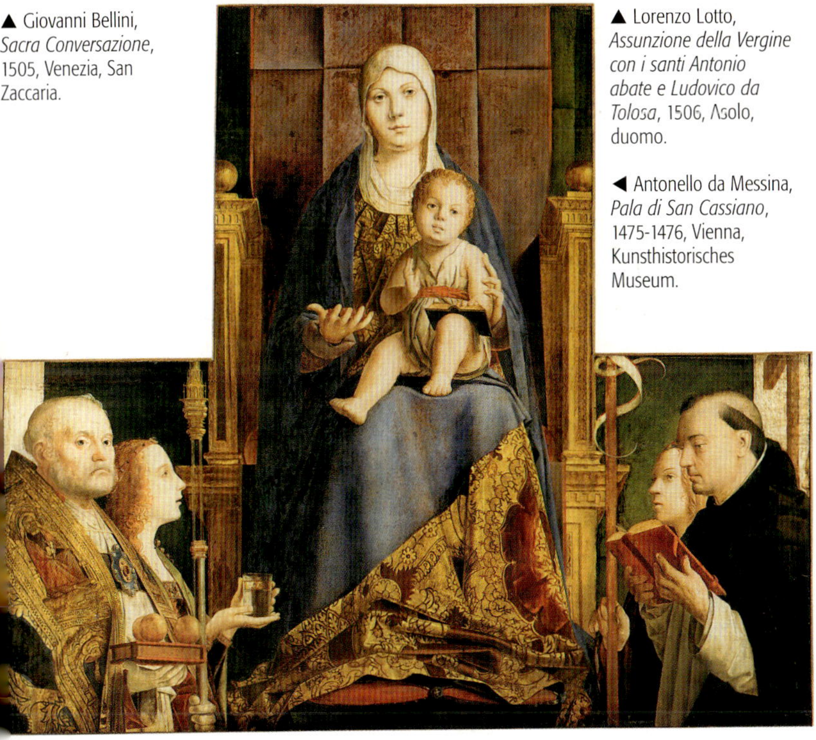

▲ Lorenzo Lotto, *Assunzione della Vergine con i santi Antonio abate e Ludovico da Tolosa*, 1506, Asolo, duomo.

◀ Antonello da Messina, *Pala di San Cassiano*, 1475-1476, Vienna, Kunsthistorisches Museum.

Artisti lombardi a Venezia

La vocazione cosmopolita di Venezia si esprime anche nella disponibilità ad accogliere comunità straniere i cui membri si riuniscono nelle cosiddette "Scuole piccole", confraternite devozionali fondate da veneziani e forestieri allo scopo di garantire la mutua assistenza dei soci, i quali esercitavano specifiche attività professionali o commerciali. La Scuola dei lombardi aveva sede in un edificio eretto verso la fine del Quattrocento presso la chiesa dei Frari e presumibilmente a essa facevano riferimento gli artisti di questa nazionalità trasferiti a Venezia, fra i quali primeggiavano, se non altro dal punto di vista quantitativo, gli scultori e gli scalpellini. All'inizio dell'ultimo decennio del Quattrocento sono attivi in città due artisti lombardi, Andrea Solario e Giovanni Agostino da Lodi. Il primo arriva al seguito del fratello, lo scultore Cristoforo, ed esegue qui due piccole opere di soggetto sacro. Il secondo, considerato il primo divulgatore del leonardismo a Venezia, esegue per la chiesa muranese di San Pietro Martire la *Pala dei barcaioli*. Prima della fine del secolo Marco d'Oggiono, già collaboratore di Leonardo, porta a termine una serie di tele per la Scuola dei lombardi. Pur senza doverne necessariamente presumere l'esecuzione *in loco*, è indubbio che le tele, oggi perdute, contribuissero a diffondere i modi leonardeschi. Nel 1501 è registrata a Venezia la morte di Francesco Napoletano, un altro discepolo di Leonardo. Si prepara così un clima che farà sentire i suoi effetti sulle opere di Giorgione.

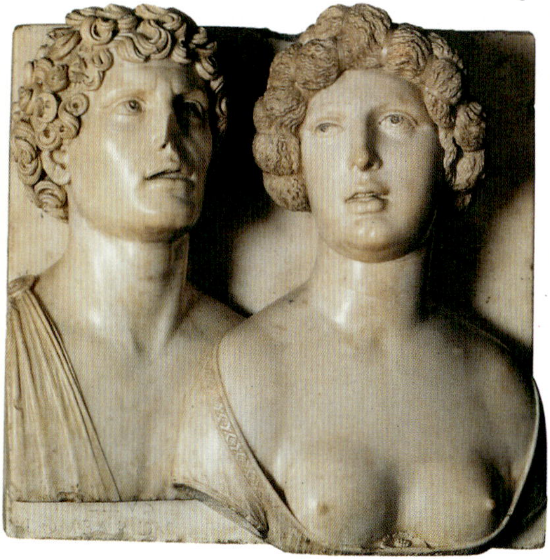

◄ Tullio Lombardo, *Doppio ritratto*, fine del XV-inizio del XVI secolo, Venezia, Galleria Franchetti alla Ca' d'Oro. È un precedente per il ritratto psicologico e allegorico giorgionesco.

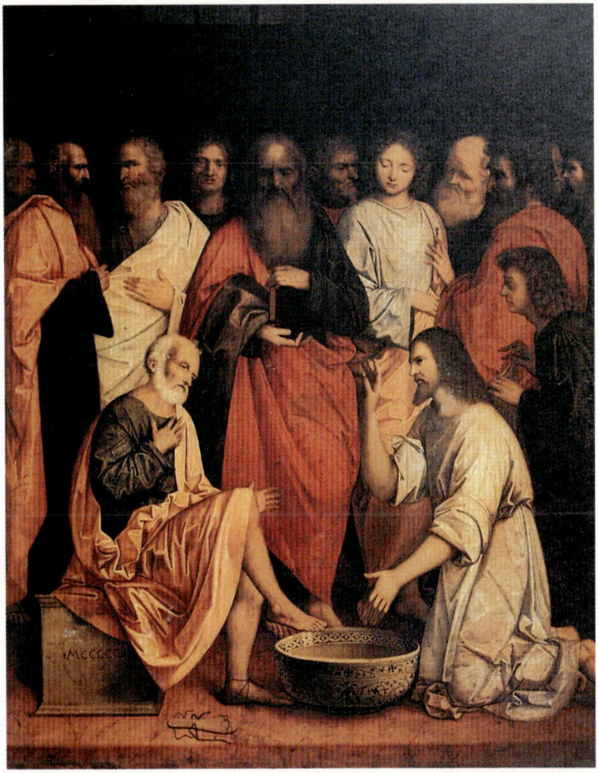

◀ Giovanni Agostino da Lodi, *Cristo lava i piedi agli apostoli*, 1500, Venezia, Accademia. È stato osservato come Giorgione si dimostri sensibile all'influsso di questa tavola, forse eseguita a Venezia, della quale compaiono citazioni nel *Ragazzo con la freccia* di Vienna, nella *Sacra Famiglia* di Washington e nelle *Tre età dell'uomo* della Galleria Palatina.

◀ Francesco Napoletano, *Madonna col Bambino*, 1500 c., Milano, Brera. Forse l'artista accompagnò Leonardo a Venezia, lasciandovi o eseguendovi questa tavola.

▼ Andrea Solario, *Ritratto di giovane*, 1500 c., Milano, Brera.

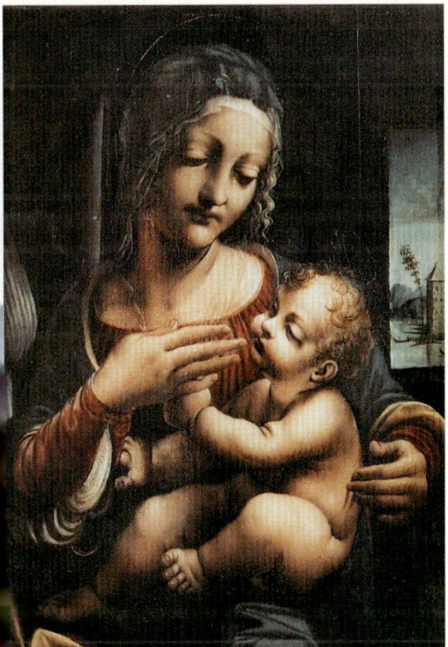

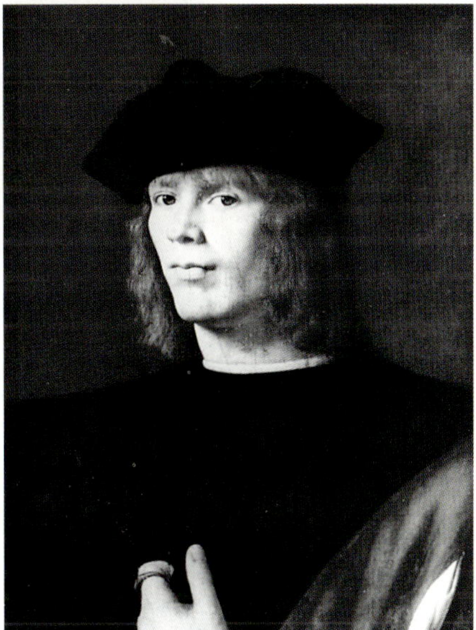

Giorgione e Leonardo

La fugace e a mala pena documentata presenza di Leonardo a Venezia nel marzo del 1500 è un evento denso di significative conseguenze sulla pittura veneziana in generale e su Giorgione in particolare. Vasari, il primo ad avere notato il rapporto tra Leonardo e la "maniera" di Giorgione, non lo attribuisce tuttavia a un diretto contatto tra i due e non fa menzione di un viaggio di Leonardo a Venezia, testimoniato invece da Luca Pacioli, che forse accompagnò l'artista in città per approntare insieme la stampa della *Divina proportione*, trattato completato da Pacioli nel 1498 e corredato da disegni riferibili a prototipi leonardeschi. Il silenzio di Vasari è comprensibile perché l'arrivo di Leonardo non ha niente a che vedere con ragioni di natura artistica ma pertiene a un altro aspetto della sua multiforme attività, quello di ingegnere e di scienziato. Forse Leonardo, lasciata Milano da poco caduta in mano ai francesi, riceve l'incarico di compiere ispezioni militari nel territorio veneto, per aiutare la Repubblica nella difesa contro i turchi. Ciò nonostante anche l'ambiente artistico è influenzato da questa visita perché è più che verosimile che egli avesse con sé alcune opere e disegni, oltre al cartone per il ritratto di Isabella d'Este. Nei ritratti degli artisti veneziani della nuova generazione cinquecentesca si notano subito una maggiore ampiezza e vivacità derivanti da Leonardo. L'approfondimento psicologico e la sensibilità verso gli effetti luminosi, in altre parole l'attenzione ai "moti dell'animo" e lo "sfumato" rappresentano la grande eredità di Leonardo, subito accolta da Giorgione e sviluppata nei dipinti a lui attribuibili.

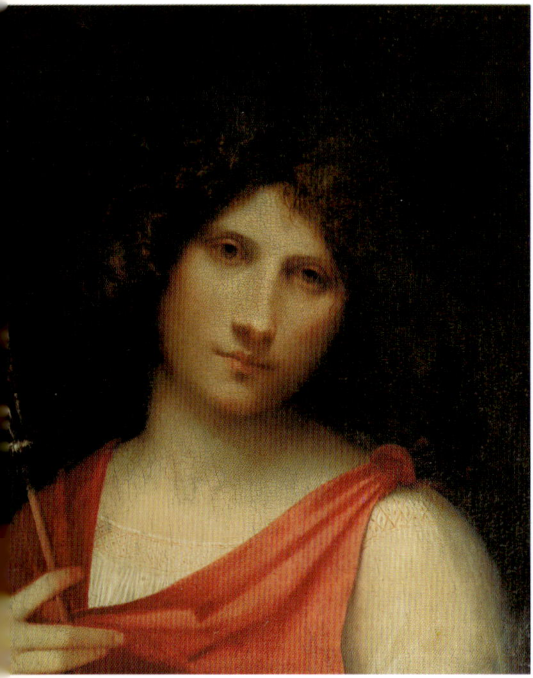

◀ Giorgione (?), *Ragazzo con la freccia*, 1500 c., Vienna, Kunsthistorisches Museum.

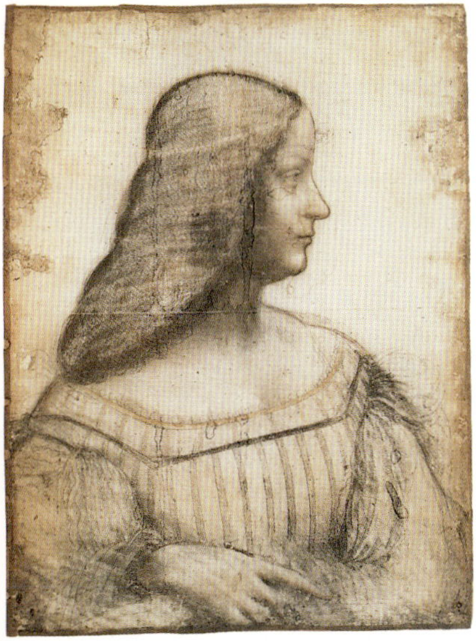

▲ Leonardo, *Isabella d'Este*, 1500 c., Parigi, Louvre. A Venezia Leonardo mostra il cartone all'agente di Isabella d'Este, il quale rassicura la marchesa sulla qualità del ritratto.

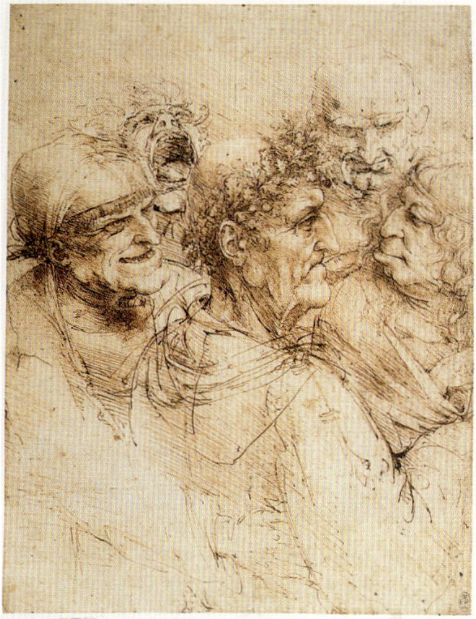

▲ Leonardo, *Cinque teste grottesche*, 1494 c., Windsor Castle, Royal Collection.

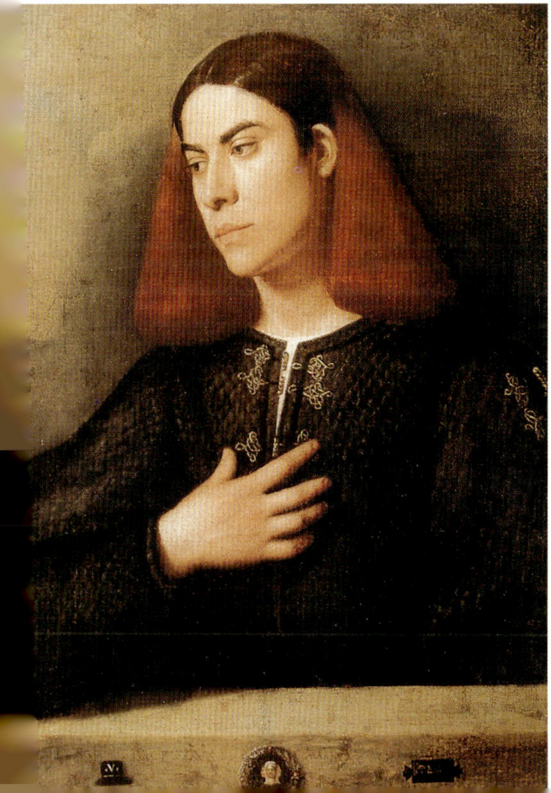

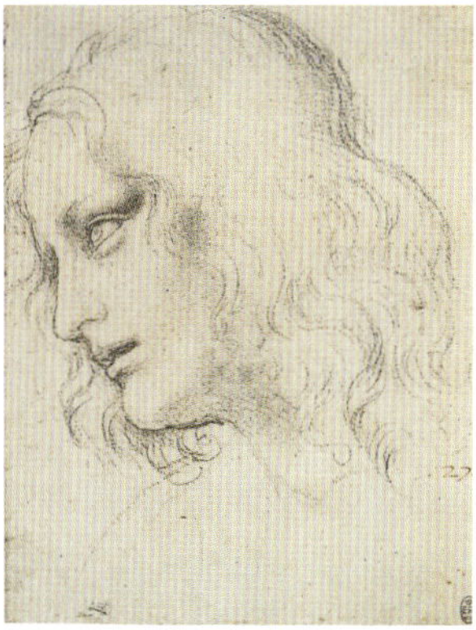

▲ Leonardo, *Studio per l'apostolo Filippo*, 1495 c., Windsor Castle, Royal Collection.

◀ Giorgione, *Ritratto di giovane*, 1500 c., Budapest, Szépmüvészeti Múzeum.

I centri del potere: le corti

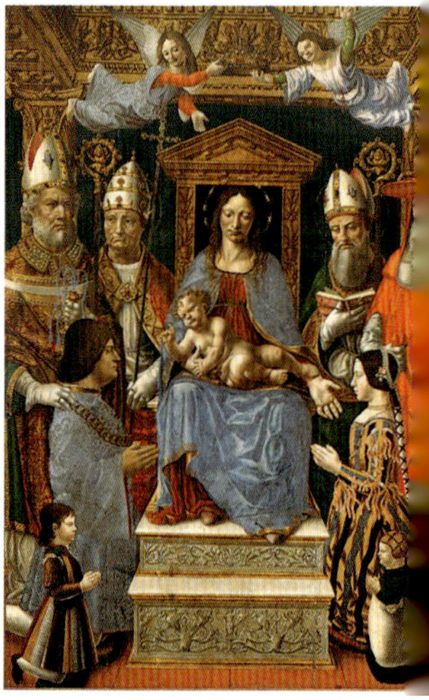

Mentre le grandi monarchie nazionali assumono il controllo delle vicende europee, in Italia i giochi di potere si svolgono all'interno delle corti, nel tentativo di conservare un margine di autonomia. I cinque maggiori principati sono Milano, Venezia, Firenze, Roma, Napoli ma nella loro orbita si consolidano o si sgretolano i domini di famiglie regnanti su stati di modesta entità territoriale. Allo scarso rilievo sul piano politico e alle alterne fortune in campo militare corrisponde da parte di alcune dinastie una notevole capacità di incidere profondamente nell'elaborazione e nella diffusione dell'arte e del pensiero rinascimentali. In questo modo il prestigio di una corte è proporzionale alla lungimiranza e al buon gusto del signore, alla sua abilità nell'attirare a sé gli ingegni più brillanti in tutti i settori della cultura, nel farsi celebrare da poeti e pittori, nell'assicurare per le sue collezioni le opere più meravigliose. Piccole signorie come Urbino, Ferrara, Mantova, sedi di una cultura di corte aristocratica e raffinata, vengono prese a modello dai monarchi di tutta Europa, i quali, calati in Italia per depredarla, vengono a loro volta conquistati dagli ideali di vita italiani.

▲ Maestro della Pala Sforzesca, *La Vergine col Figlio, i dottori della Chiesa e la famiglia di Ludovico il Moro*, 1494 c., Milano, Brera.

▼ Lorenzo Costa, *Isabella d'Este nel regno di Armonia*, 1506, Parigi, Louvre.

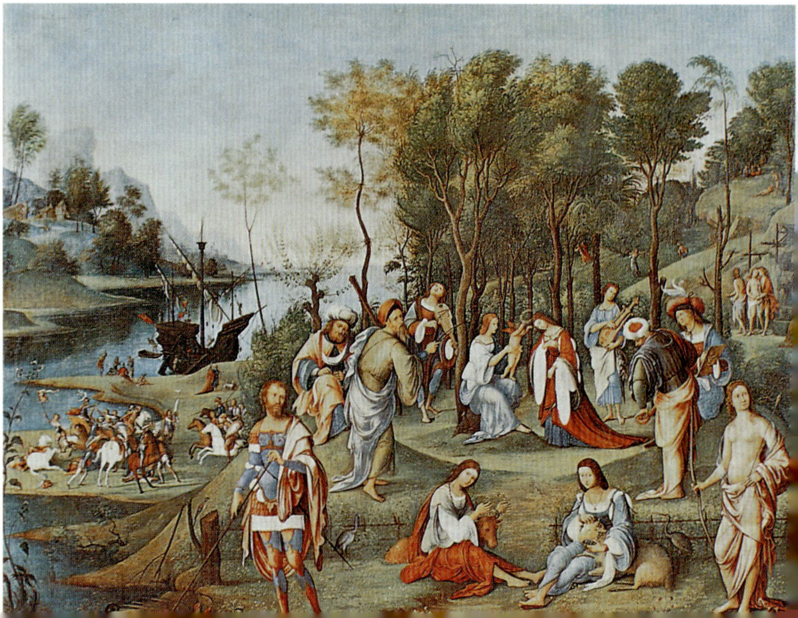

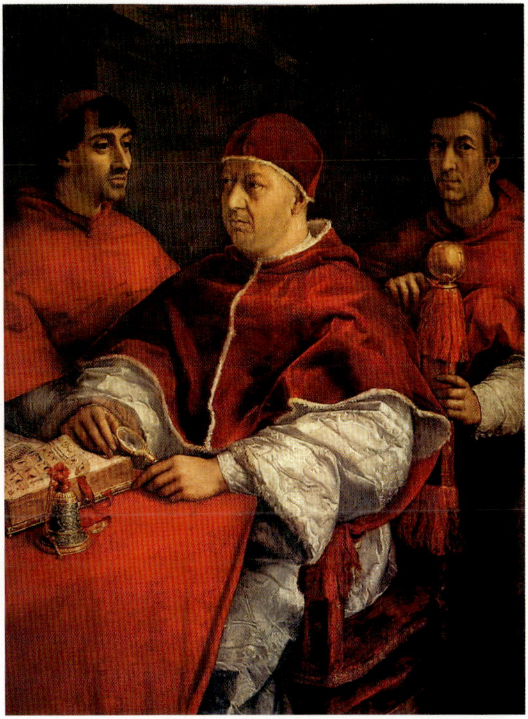

◀ Raffaello, *Leone X*, 1518-1519, Firenze, Uffizi. Figlio di Lorenzo il Magnifico, trasferisce nella corte pontificia l'accorta politica e la vocazione al mecenatismo e al collezionismo dei Medici.

▼ Michelangelo, *Tomba di Giuliano de' Medici*, 1520-1534, Firenze, Sacrestia Nuova di San Lorenzo. Fra il *Giorno* e la *Notte* è seduto Giuliano, duca di Nemours, terzogenito del Magnifico, morto precocemente nel 1516. Divenuto papa Leone X, la famiglia tenta di riunire in un solo stato Piacenza, Reggio, Parma e Modena sotto la signoria di Giuliano, ma è un sogno di breve durata.

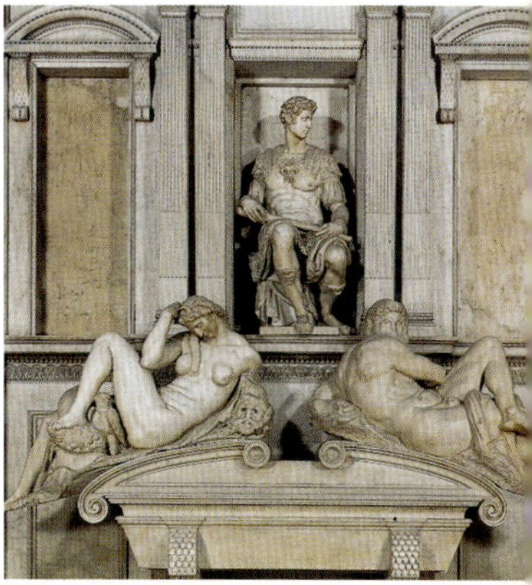

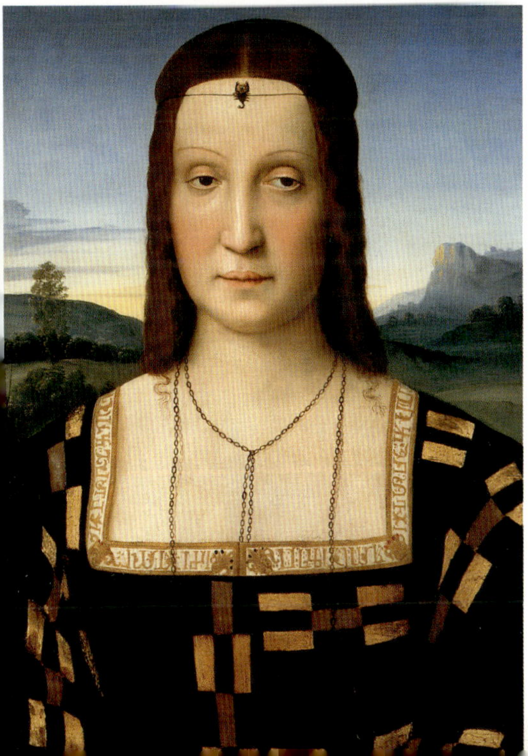

◀ Raffaello, *Elisabetta Gonzaga*, 1504-1505, Firenze, Uffizi. Nella sua corte, a Urbino, Baldassarre Castiglione ambienta il *Cortegiano*.

Il cortegiano

▼ Giorgione (?), *Doppio ritratto*, 1500-1510 c., Roma, Museo di Palazzo Venezia. La critica non è concorde circa la paternità giorgionesca del dipinto. L'espressione malinconica dei volti ha suggerito, come per il ritratto alla pagina accanto, una interpretazione legata alle discussioni sull'amore promosse dagli *Asolani* del Bembo (1505).

All'interno del microcosmo rappresentato dalla corte, nasce un modello ideale di uomo, il *cortegiano*. Si tratta di un individuo di nobile discendenza e di ancor più nobili costumi, cavaliere coraggioso ed elegante ma anche uomo di cultura, amante della bellezza e dell'arte. L'umanesimo quattrocentesco aveva proposto come esempio di perfetto individuo l'*uomo integrale*, che alle doti sopra citate univa l'impegno civile. Nella corte cinquecentesca quest'ultima virtù non ha più occasione di essere esercitata, l'intellettuale deve rinunciare a modellare la società secondo i suoi ideali. In cambio della sicurezza economica, si adatta a servire un mecenate, cercando conforto nella cultura, che in questo periodo esprime una tendenza all'evasione, un allontanamento dal reale verso l'ideale. La dura e concreta realtà contraddice il mondo sereno e armonioso creato dall'arte. Emblematico è il destino di Ludovico Ariosto, al servizio prima del cardinale Ippolito d'Este e poi del di lui fratello Alfonso, duca di Ferrara. Costretto a svolgere per i suoi padroni poco gradite missioni diplomatiche, si libera delle strette vesti di cortigiano per entrare nell'universo incantato del suo *Orlando Furioso*. Il rovescio della medaglia è che non è immaginabile, al di fuori della corte, il fiorire dei tanti capolavori che caratterizzano questa felice stagione dell'arte. Nel territorio veneziano, nella cittadina di Asolo, ha sede la corte di Caterina Cornaro, detronizzata regina di Cipro, che raduna un esclusivo circolo di intellettuali e artisti di cui non è improbabile abbia fatto parte lo stesso Giorgione.

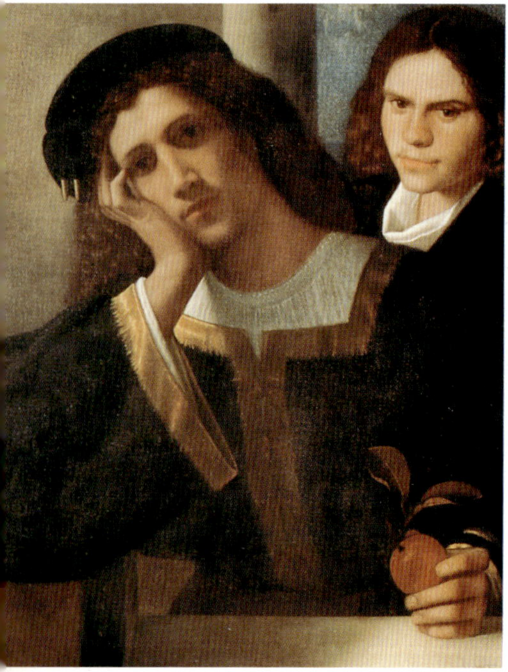

▶ Gentile Bellini, *Caterina Cornaro regina di Cipro*, 1500 c., Budapest, Szépmüvészet Múzeum.

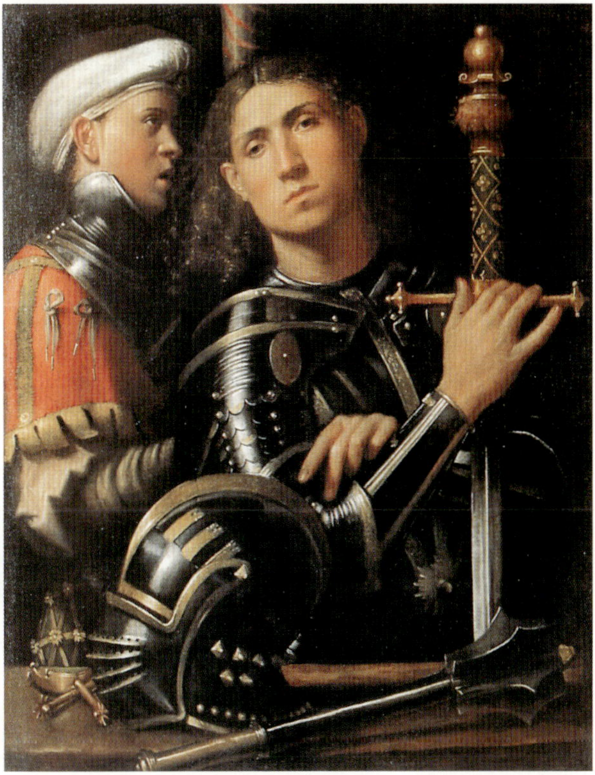

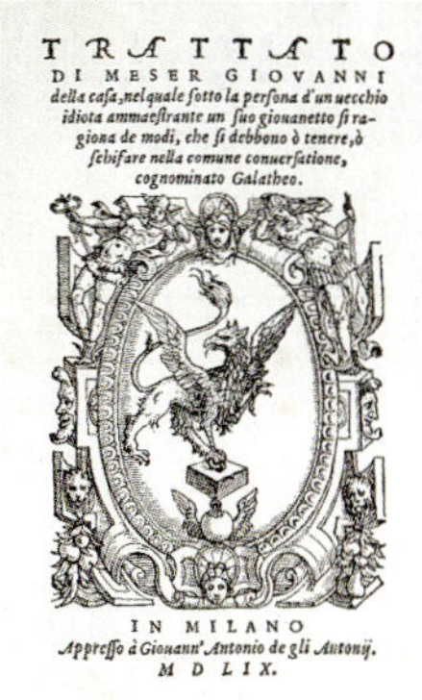

TRATTATO
DI MESER GIOVANNI
della caſa, nel quale ſotto la perſona d'un uecchio
idiota ammaeſtrante un ſuo giouanetto ſi ra-
giona de modi, che ſi debbono ò tenere, ò
ſchifare nella comune conuerſatione,
cognominato Galatheo.

IN MILANO
Appreſſo à Giouann'Antonio de gli Antonij.
M D L I X.

▲ Frontespizio dell'edizione 1559 del *Galateo*, scritto da Giovanni della Casa nell'abbazia di Nervesa, nella Marca Trevigiana.

◀ Giorgione (?), *Ritratto di armato col suo scudiero*, 1500-1510 c., Firenze, Uffizi.

▼ Tiziano, *Il cardinale Pietro Bembo*, 1540 c., Washington, National Gallery of Art.

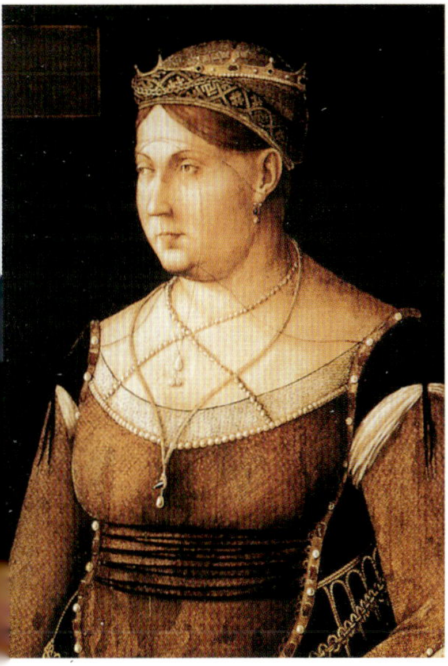

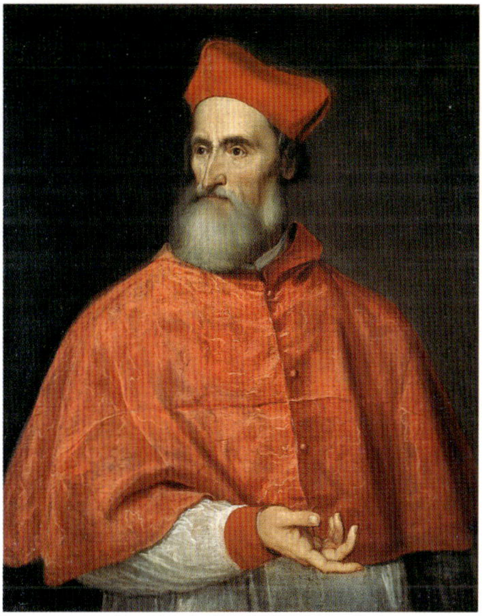

I collezionisti di Giorgione

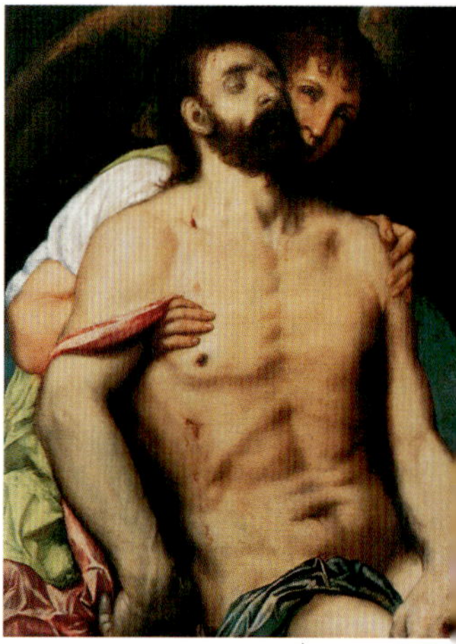

▲ Artista veneto del XVI secolo (atelier di Tiziano?), *Cristo morto con l'angelo*, Princeton, Barbara Piasecka Johnson Collection. Ormai espunta dal catalogo di Giorgione dalla maggior parte della critica, questa tela era stata identificata con "El Christo morto sopra el sepolcro ... fo de man de Zorzi da Castelfranco da Tiziano", citato dal Michiel nella collezione di Gabriele Vendramin.

Nel 1510 Isabella d'Este la più appassionata e avida collezionista del tempo, cerca invano di procurarsi una *Notte* di Giorgione, nel frattempo deceduto. La marchesa viene informata che due versioni dell'opera sono in possesso rispettivamente del nobiluomo Taddeo Contarini e del cittadino Vittorio Bechario e che nessuno dei due è disposto a separarsene, avendola commissionata per proprio piacere personale. Si desume da tale vicenda che le opere di Giorgione erano rare e ambite e che i suoi clienti intervenivano nella scelta dei soggetti, fatto questo normale anche per un grande artista. Molti collezionisti di Giorgione ci sono noti grazie all'elenco delle opere conservate presso dimore private veneziane e padovane compilato da Marcantonio Michiel, tra il 1525 e il 1543. Ad allungare la lista con citazioni di estimatori contribuiscono altri documenti, che fanno luce su un ambiente di raffinati conoscitori, che coltivano interessi umanistici, partecipi del rinnovamento culturale in atto a Venezia. Malgrado sia giunta a noi una certa mole di attendibili informazioni sulla diffusione di dipinti giudicati di mano di Giorgione in anni prossimi alla sua morte, i tentativi di associare i titoli e le descrizioni forniti da Michiel piuttosto che da Paolo Pino o da Vasari a dipinti conservati in musei di tutto il mondo raramente trovano la critica concorde.

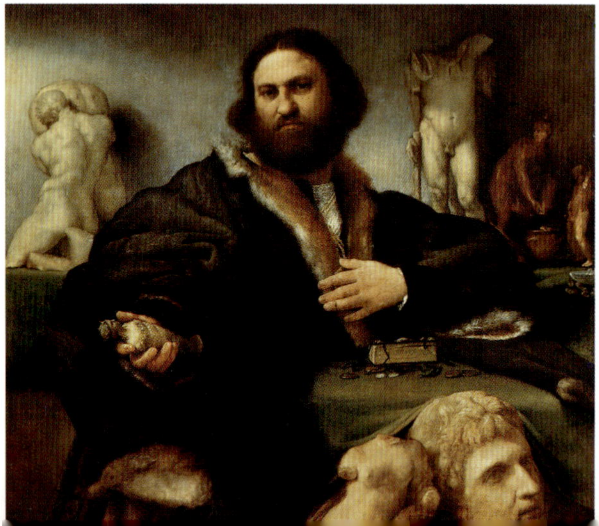

◀ Lorenzo Lotto, *Andrea Odoni*, 1527, Hampton Court, Royal Collection. Nella casa di questo ricco mercante, Michiel vede la copia di un dipinto di Giorgione con san Gerolamo nel deserto "al lume della luna".

▶ Giorgio Vasari e collaboratori, *Studiolo di Francesco I de' Medici*, 1570-1579, Firenze, Palazzo Vecchio.

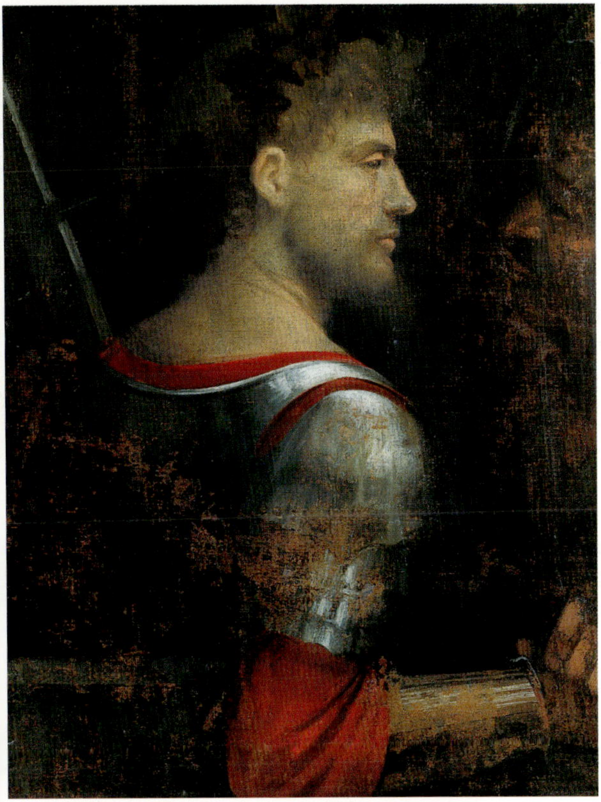

◀ Giorgione (?) *Ritratto d'uomo in armi*, 1500-1510, Vienna, Kunsthistorisches Museum. Ancora sulla scorta delle *Notizie* del Michiel, questa tela è stata letta come il ritratto di Girolamo Marcello, oppure di Giovanni Antonio Venier. La contrapposizione tra il giovane gentiluomo e il laido personaggio appena visibile sulla destra è stata ricondotta al disegno di Leonardo con *Cinque teste grottesche* (cfr. p. 53).

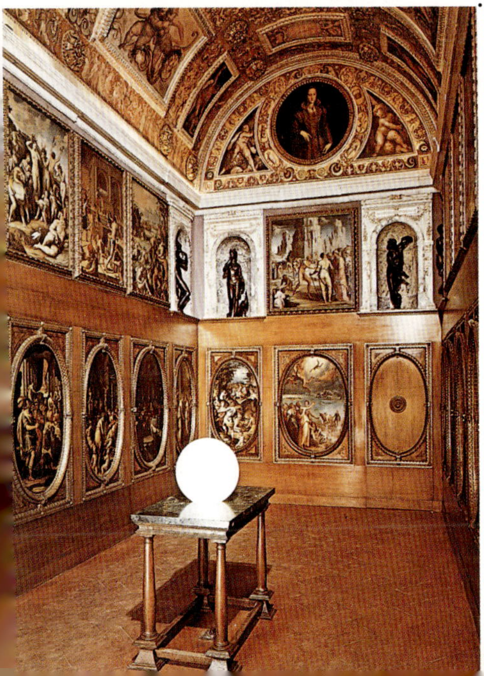

Il camerino

Nel Cinquecento si formano i nuclei di collezioni che nei secoli successivi, direttamente o seguendo le tortuose vie del mercato dell'arte, andranno a formare gallerie e musei pubblici. L'acquisto, la ricerca, lo scambio di oggetti non è motivato da scopi di devozione religiosa o di arredo domestico, bensì esclusivamente dall'amore per l'arte, dalla spinta a radunare dipinti, vasi, gemme, monete in un ambiente riservato alla contemplazione privata. Derivato dallo studio dell'umanista, dalla metà del secolo lo *studiolo* o *camerino*, si evolve nelle raccolte enciclopediche di oggetti rari, preziosi o semplicemente insoliti.

1500-1505

Le tre età dell'uomo

È il titolo seicentesco della tavola oggi a Firenze, Galleria Palatina (62 × 77 cm), nota anche come *Lezione di canto* e *Educazione del giovane Marco Aurelio*. Oltre che sul soggetto, la critica non ha raggiunto un accordo circa l'autore e la data.

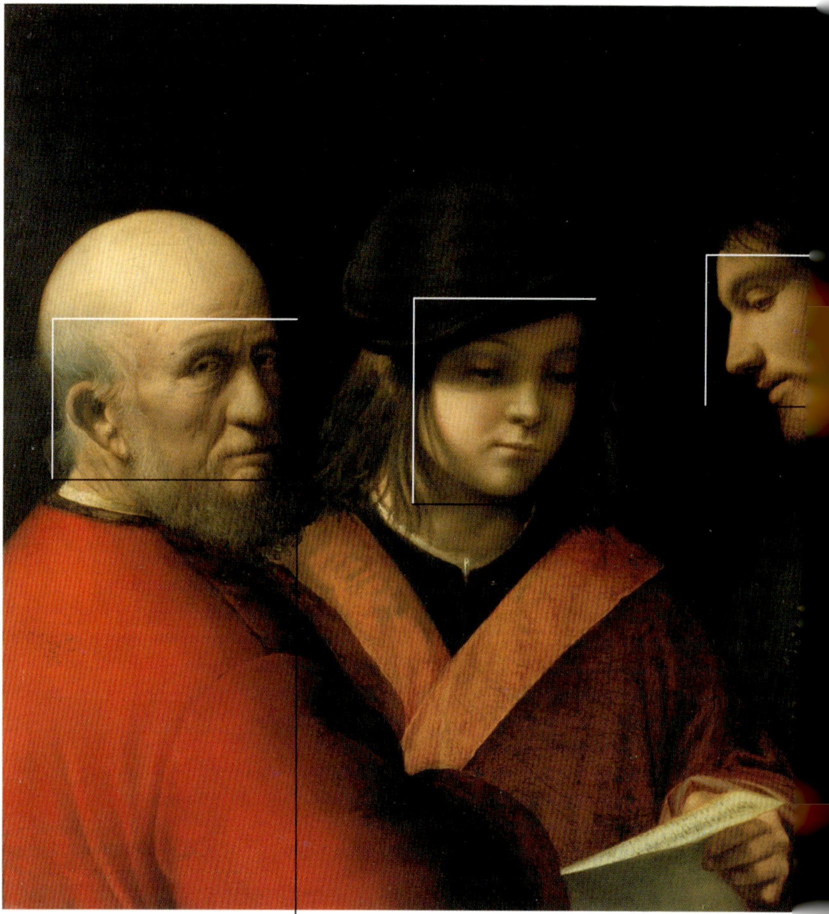

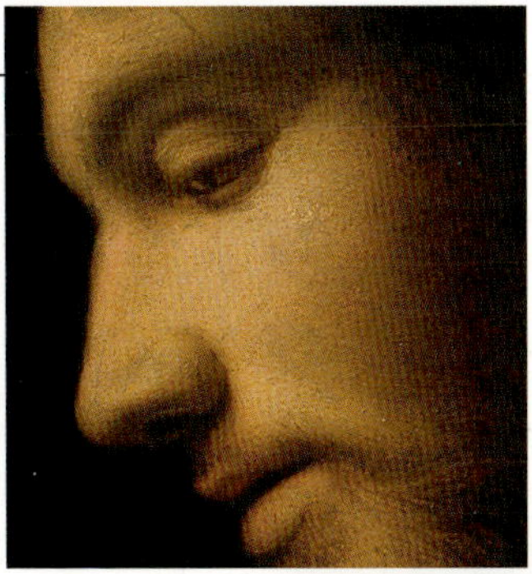

◀ La derivazione da disegni di Leonardo o da opere leonardesche fa propendere per un'esecuzione del dipinto verso l'inizio del XVI secolo.

▼ I tre personaggi sono la personificazione dell'età giovanile, adulta e matura ma non si esclude un ulteriore significato della scena.

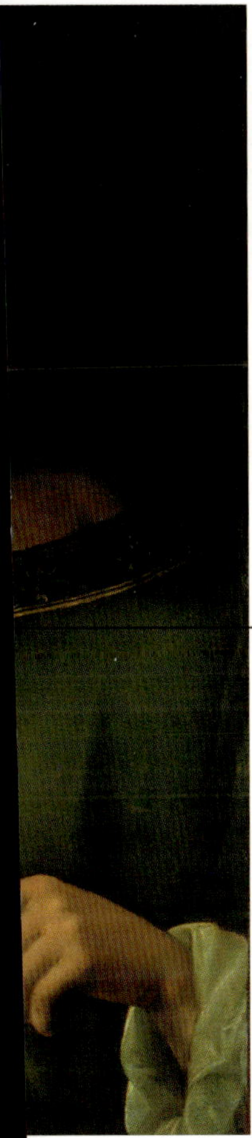

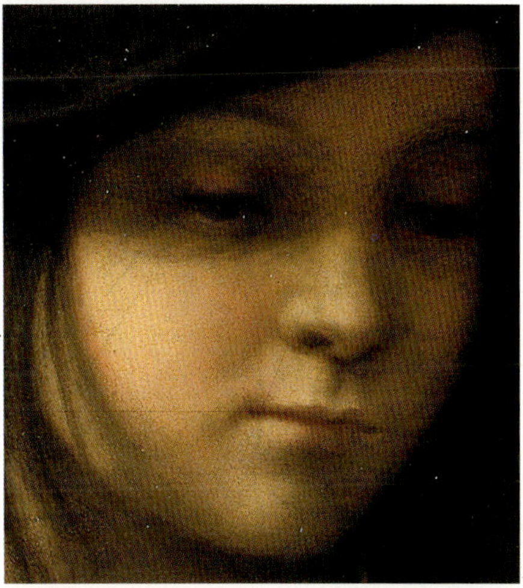

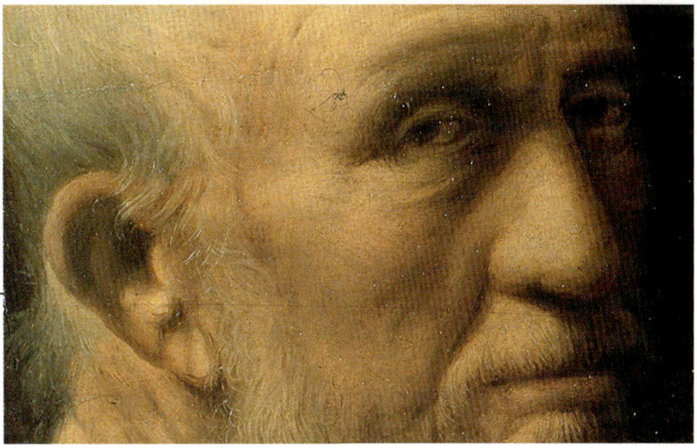

▶ Anche nella stesura pittorica, a velature sottili, è evidente la lezione di Leonardo.

La musica

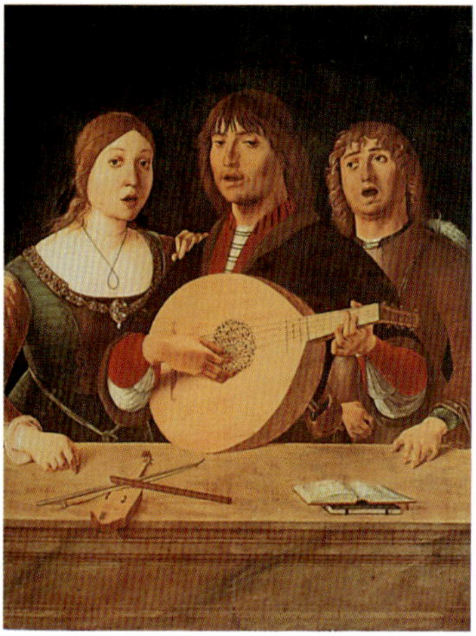

▲ Lorenzo Costa, *Concerto*, 1488 c., Londra, National Gallery.

Fra le arti la musica occupa nel Rinascimento un posto di primissimo piano: partecipa ai riti religiosi e all'azione teatrale, allieta i conviti ed è complemento indispensabile all'educazione aristocratica. Nel 1501 il veneziano Ottavio Petrucci inventa la tipocomposizione a stampa per le partiture musicali, contribuendo alla diffusione dei vari stili musicali. Dopo la morte di Leone X (1521), con la dispersione dei cantori della Cappella Sistina, la supremazia nel campo della polifonia passerà a Venezia, dove arriva Adriano Willaert, celeberrimo maestro di cappella di San Marco. Anche la musica profana è soggetta a un notevole sviluppo e i musicisti, compositori ed esecutori ma anche i cantanti, sono tenuti in grande considerazione. Come Giorgione, non di rado i pittori sono buoni musicisti: questi artisti gentiluomini, cultori di diverse discipline, guadagnano per la loro professione una stima senza precedenti, tale che un'attività classificata fra le arti meccaniche assurge al rango di quelle liberali. La pratica e la teoria musicale sono riconducibili a principi neoplatonici sull'armonia e la perfezione, a speculazioni che hanno origine a Firenze ma vengono divulgate a Venezia da numerose pubblicazioni tardoquattrocentesche. In maniera diretta o mediata Giorgione partecipa a queste riflessioni, traendone ispirazione e stimolo per i suoi dipinti.

◄ Gian Girolamo Savoldo, *Ritratto di giovane con flauto*, Brescia, Pinacoteca Tosio-Martinengo.

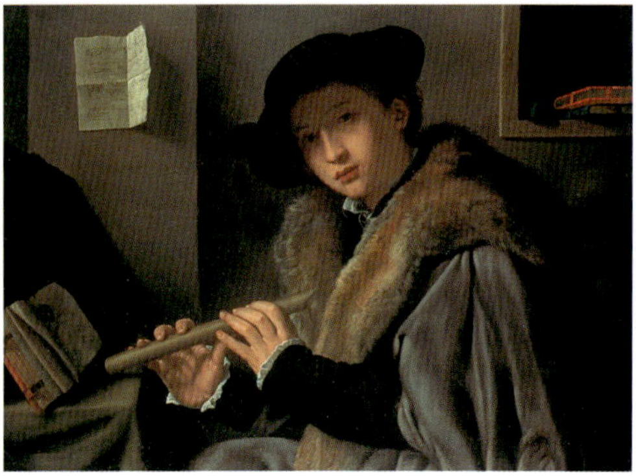

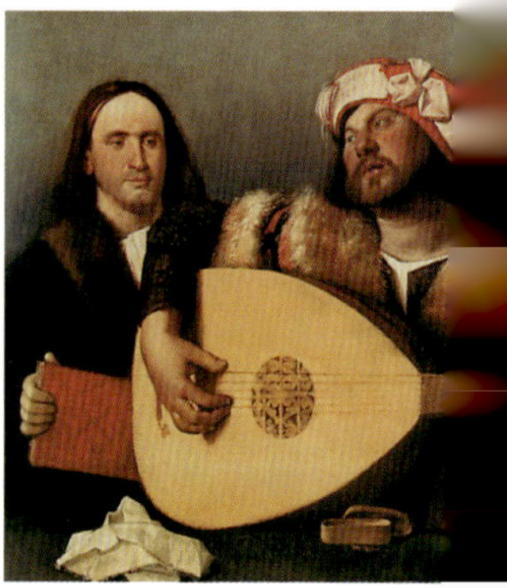

▶ Giorgione (?), *Pastorello con flauto*, 1500-1510 c., Hampton Court, Royal Collection. In molte opere di Giorgione o a lui vicine compaiono musici. È un soggetto particolarmente caro all'artista, ricordato quale suonatore di liuto e cantore mirabile. Attribuito a Giorgione dal XVIII secolo, questo dipinto è stato assegnato anche a Tiziano in base alle caratteristiche del disegno soggiacente emerso ai raggi infrarossi.

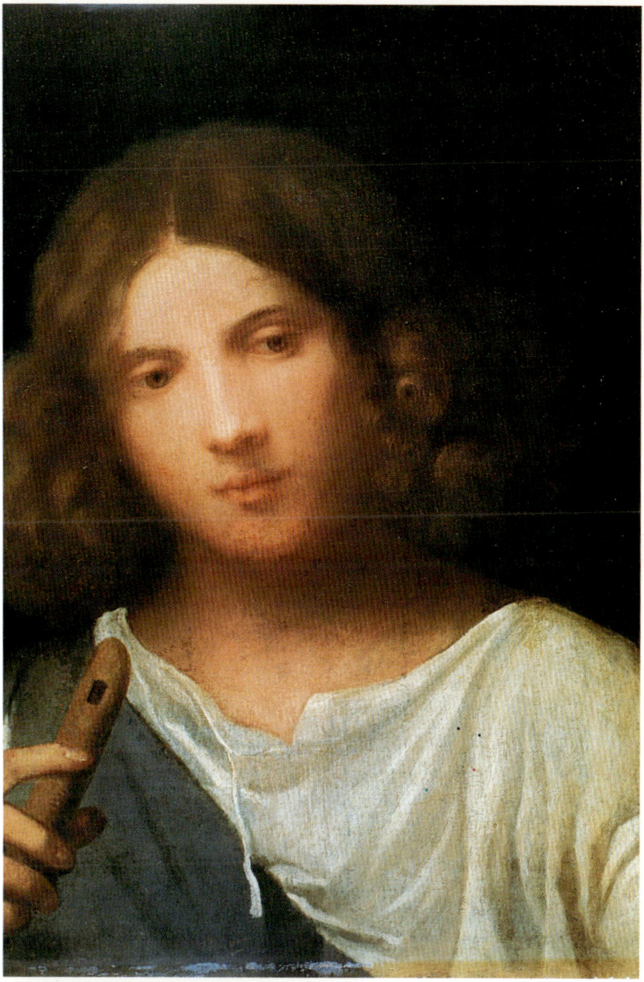

▼ Giovanni Cariani, *Concerto*, 1510-1515 c., New York, collezione privata. Potrebbe rappresentare il momento della ripresa del concerto, quando il suonatore, sostituita la corda del liuto, ricrea un'armonia che è il riflesso di quella universale. Accanto a lui, un cantore sta per intervenire mentre il giovane a destra coinvolge lo spettatore.

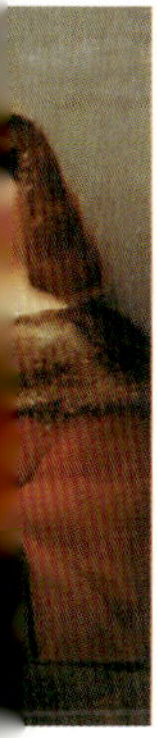

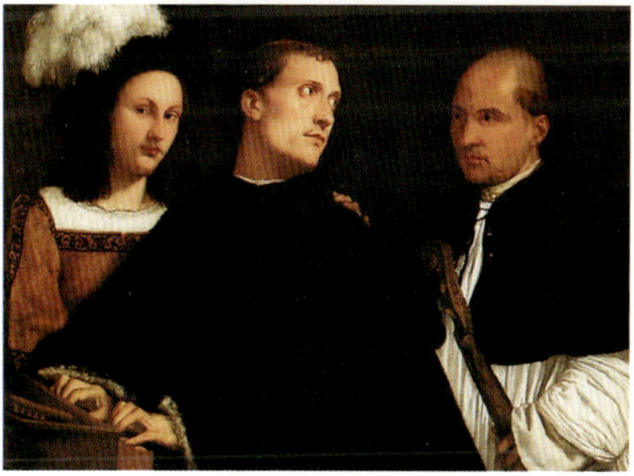

◀ Tiziano, *Concerto*, 1512 c., Firenze, Galleria Palatina. Fra il clavicembalista e il compagno che regge una viola si crea una corrente di scambio spirituale che passa attraverso l'esperienza musicale.

Il paragone delle arti

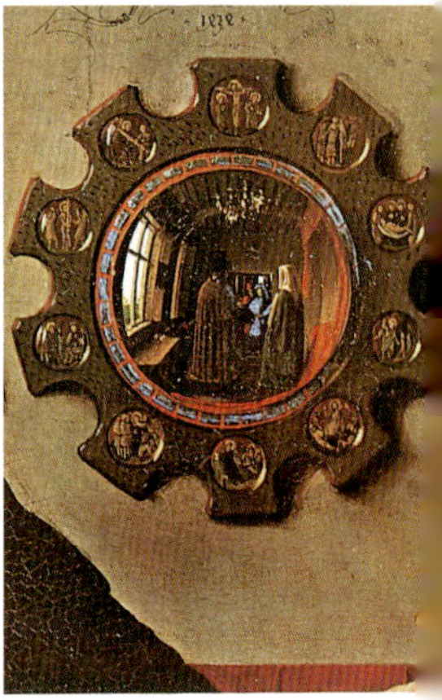

▲ Jan van Eyck, *I coniugi Arnolfini*, particolare, 1435 c., Londra, National Gallery. Nel 1456 Bartolomeo Fazio ricordava un perduto dipinto di Van Eyck raffigurante donne al bagno nel quale, attraverso uno specchio, era possibile vedere le figure di fronte e di tergo. È probabile che questa descrizione avesse ispirato agli artisti veneti una serie di immagini speculari del medesimo nudo femminile.

Il dibattito sul "paragone delle arti" che impegna intellettuali e artisti del Rinascimento si svolge sulla scorta degli antichi. A partire dal XV secolo gli aneddoti sciorinati da Plinio il Vecchio (24/25 - 79 d.C.) nella sua *Naturalis historia* erano diventati la base per il codificarsi di alcune norme estetiche, tra le quali l'esaltazione dell'abilità mimetica della pittura, capace di rivaleggiare con la scultura nella resa di immagini viste da ogni lato. Anche Giorgione si sarebbe cimentato nella sfida lanciata da alcuni scultori. Per dimostrare che in pittura "senza avere a camminare attorno" è possibile raffigurare "tutte le sorti delle vedute", Giorgione dipinge un giovane nudo di spalle, le cui fattezze anteriori compaiono in una pozza d'acqua, i lati in una corazza e in uno specchio. Non sappiamo se l'opera sia mai esistita, ma simili esempi di virtù pittorica non mancheranno nel XVI secolo. Negli ambienti artistici e intellettuali dell'Italia settentrionale l'annosa questione è di grande attualità e da Milano Leonardo, il "genio in tutte le arti versato", ha l'autorità per proclamare la supremazia della pittura anche sulla musica e la poesia. Il pittore, afferma Leonardo, si pone al servizio di una causa più nobile perché imita le opere della natura – per lui imitare equivale a ricreare – con più aderenza alla realtà di quanto non faccia il poeta.

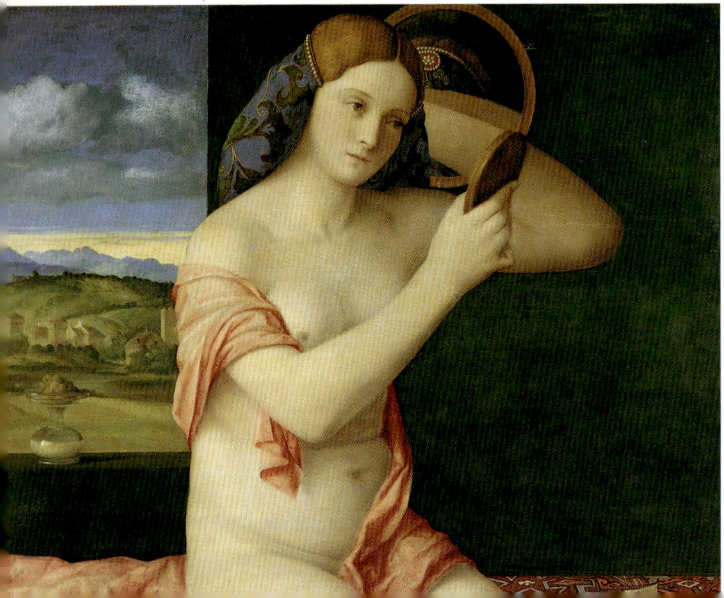

◀ Giovanni Bellini, *Donna allo specchio*, 1515, Vienna, Kunsthistorisches Museum.

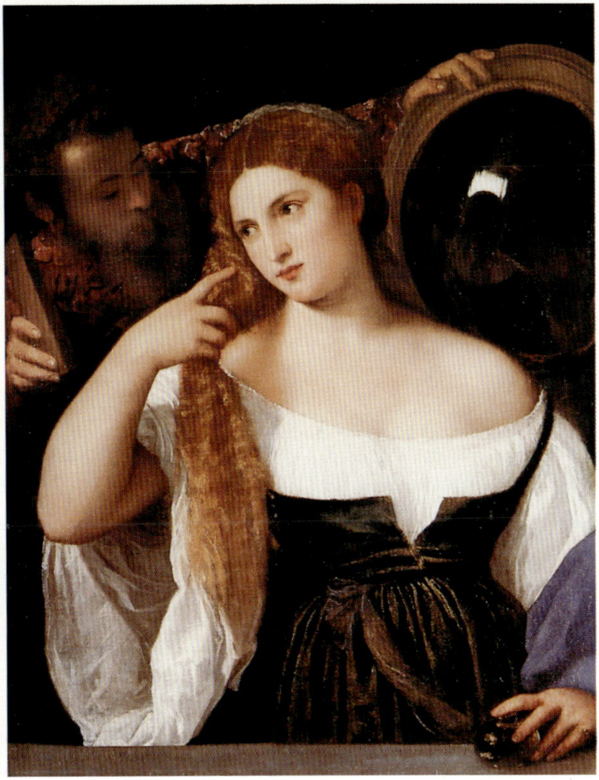

◀ Tiziano, *Donna allo specchio*, 1514-1515 c., Parigi, Louvre.
Gli specchi che l'amante regge in ciascuna mano permettono alla donna, e allo spettatore, di ammirare la sua bellezza frontalmente e posteriormente. Tiziano interpreta il tema giorgionesco della bellezza femminile ideale intensificandone la carica erotica e sensuale, assente invece nella pensosa *Donna allo specchio* di Bellini, alla pagina accanto.

▼ Jacopo de' Barbari, *Vittoria e Fama*, 1490-1500, Brema, Kunsthalle, Kupferstichkabinett.

▼ Lorenzo Lotto, *Triplice ritratto di orafo*, Vienna, Kunsthistorisches Museum. È stato messo in rapporto con un disegno di Leonardo, il cosiddetto *Triplice ritratto di Cesare Borgia*, databile tra il 1499 e il 1500, che Leonardo avrebbe potuto avere con sé a Venezia.

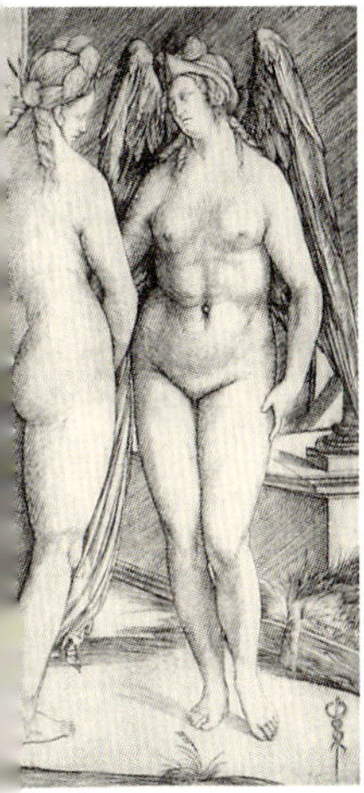

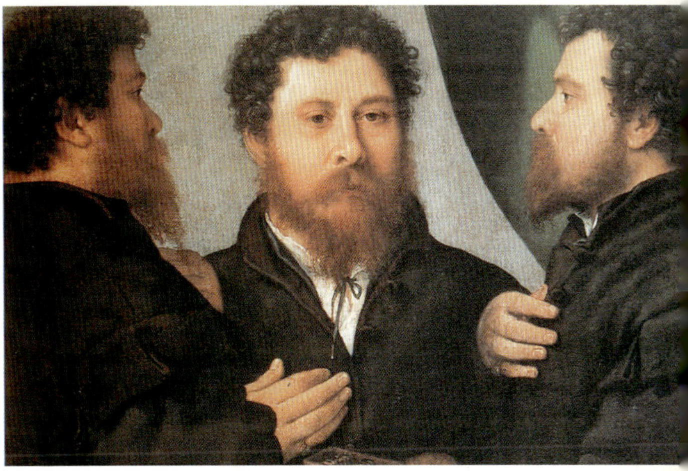

1505-1508

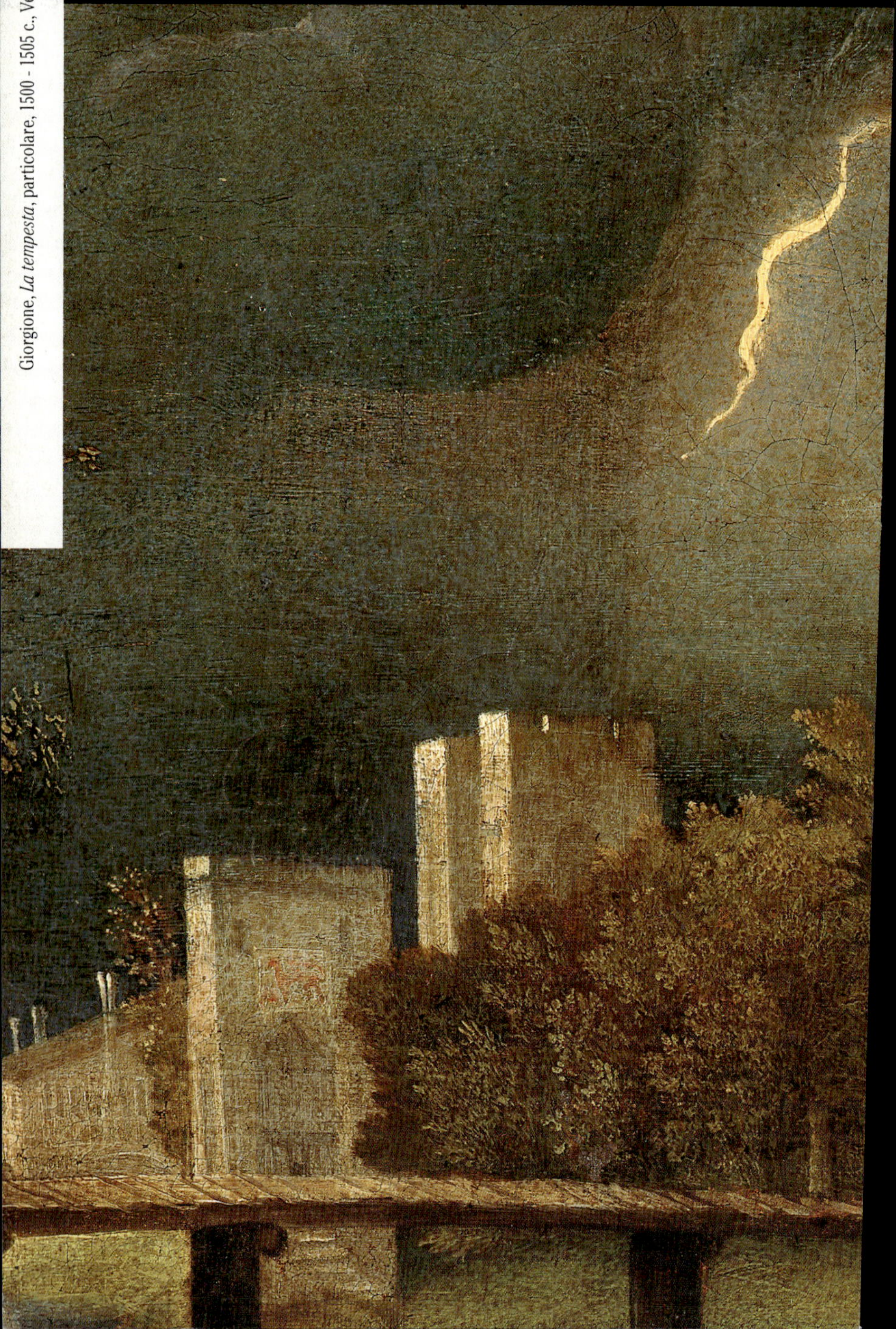

Giorgione, *La tempesta*, particolare, 1500 - 1505 c., Venezia, Accademia.

Verso la maniera moderna

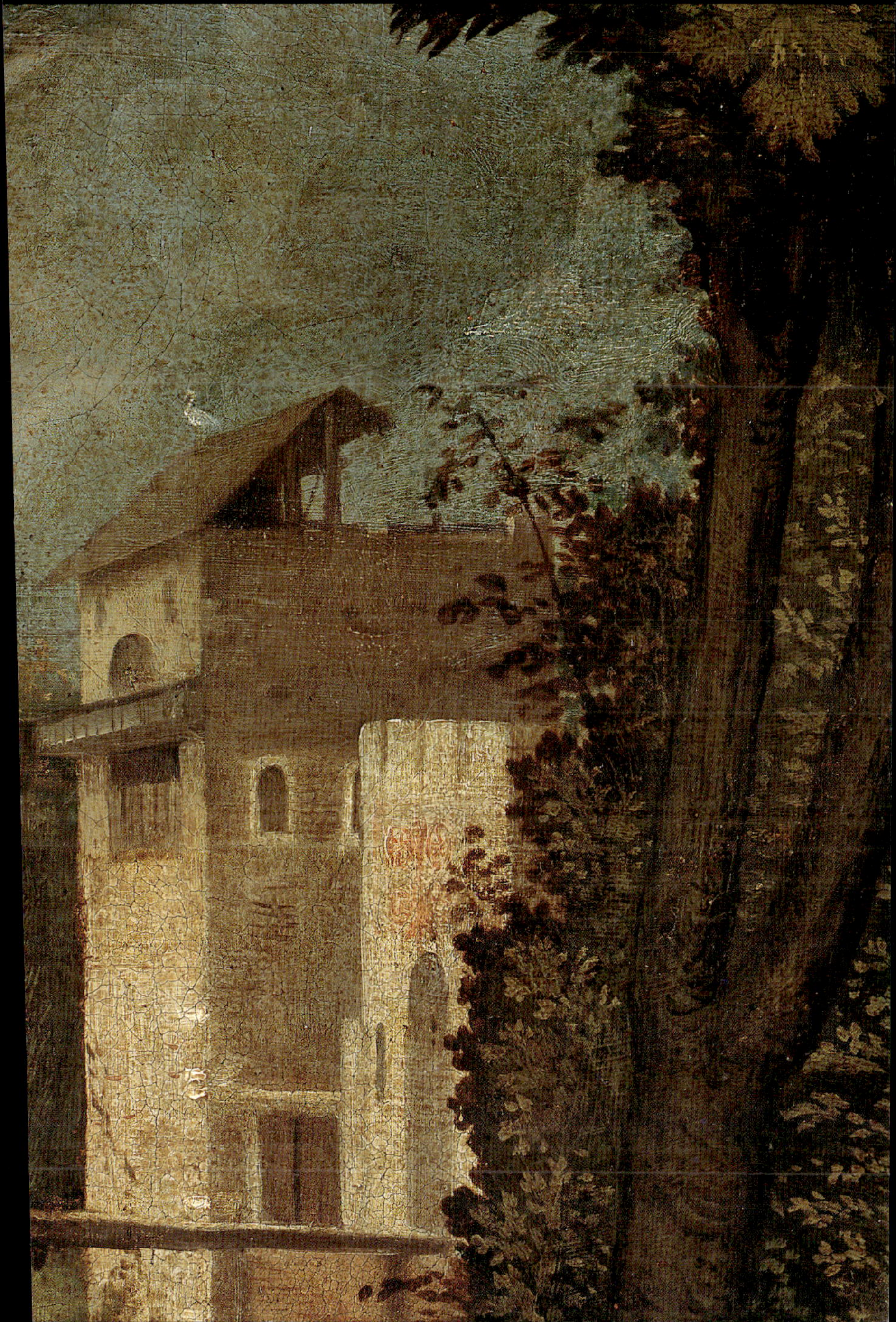

Il sentimento della natura

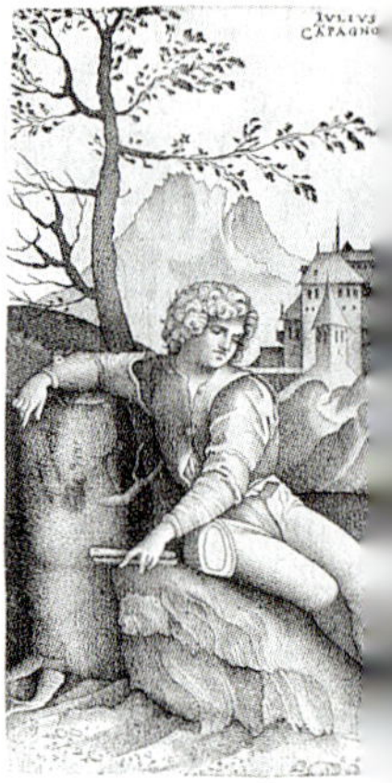

▲ Giulio Campagnola, *Giovane pastore*, inizio XVI secolo, Parigi, Louvre. Anche nella produzione grafica il paesaggio bucolico è un soggetto assai praticato.

Nei primi anni del Cinquecento, a Venezia ma non solo, si fa strada una nuova concezione del paesaggio dipinto. Il sentimento della natura intesa come luogo di armonica convivenza tra uomo e ambiente che lo circonda è una scoperta del Rinascimento e pittoricamente si traduce in dipinti e disegni in cui la presenza umana è segnalata da figure di modeste dimensioni che agiscono o meditano sullo sfondo di un panorama carico di suggestioni. La forza espressiva di queste immagini si fonda sul bagliore di un tramonto, sull'esplosione di un lampo, sulla quiete di una radura ombrosa, quasi relegando a un ruolo secondario i personaggi, che pure non devono mancare in qualità di protagonisti di una storia, per quanto cifrata se non indecifrabile possa essere. È inevitabile associare gli studi sul paesaggio innanzitutto al nome di Leonardo da Vinci, acuto osservatore dei fenomeni atmosferici, indagati attraverso disegni dal vero e riproposti pittoricamente nel digradare dello sfumato. Anche Albrecht Dürer è conquistato dal multiforme e cangiante mondo animale e vegetale e cerca di fermarlo sulla carta e sulla tela. Sempre dal Nord, dagli artisti della scuola danubiana, provengono piccole tavole in cui si manifesta l'empatia con un paesaggio aspro e misterioso, popolato da enigmatiche figurette, che presenta analogie con dipinti di ambito veneto e anche con opere attribuite a Giorgione o a lui riferibili.

▼ Albrecht Dürer, *Laghetto in un bosco al tramonto*, 1495-1497, Londra, British Museum. Il non finito dell'acquarello rimanda a uno studio dal vero, iniziato al tramonto e interrotto per l'avanzare del buio.

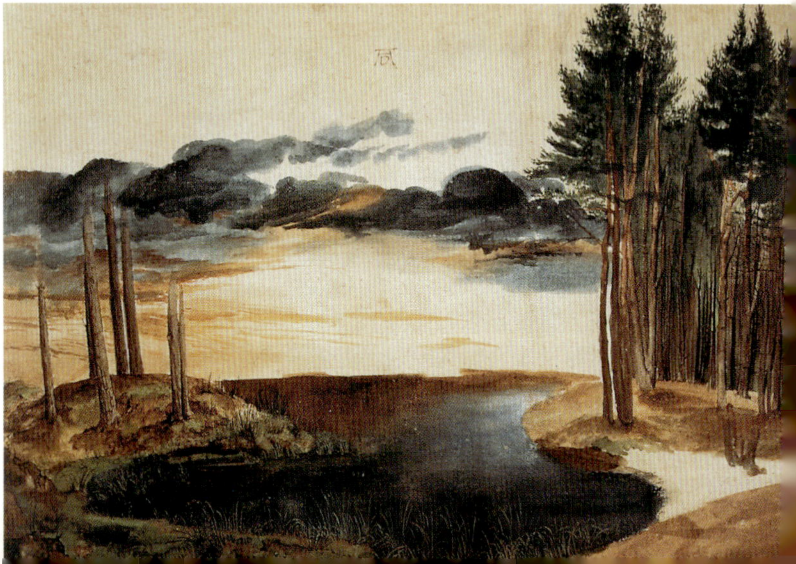

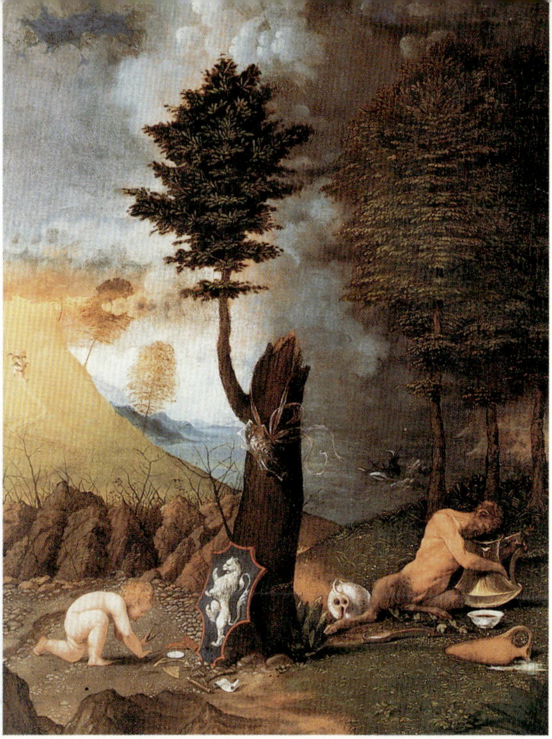

◀ Lorenzo Lotto, *Allegoria della virtù e del vizio*, 1505, Washington, National Gallery of Art, Samuel H. Kress Collection. Insieme alla *Tempesta* di Giorgione è fra le prime opere nell'arte veneta in cui si manifesta una nuova interpretazione del paesaggio.

▼ Paris Bordon, *San Girolamo in un paesaggio*, 1520-1522, Filadelfia, Philadelphia Museum of Art, John G. Johnson Collection. Il tramonto sullo sfondo viene ricondotto ad esempi giorgioneschi e tizianeschi, ma anche alla pittura di area alpino-danubiana.

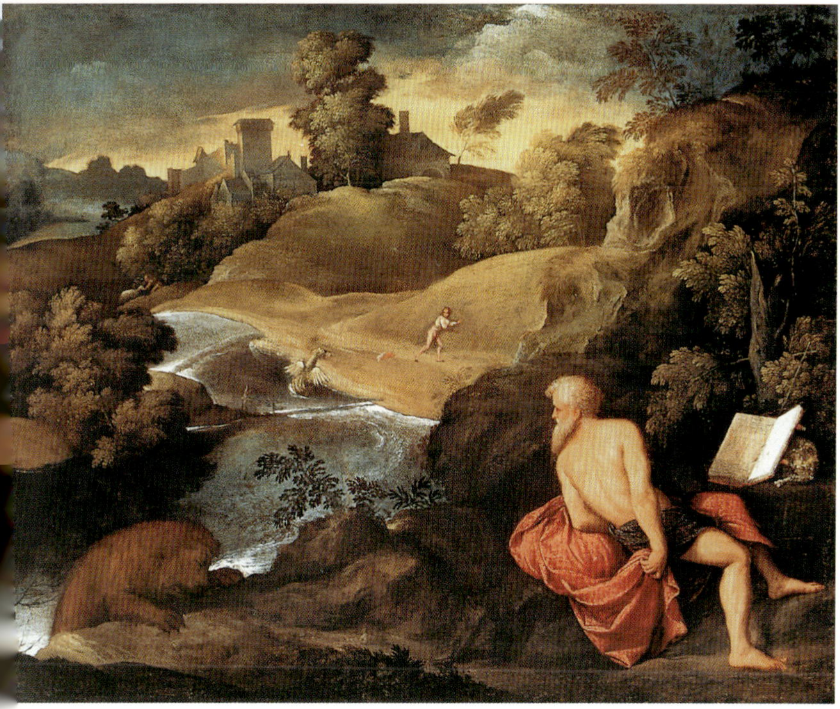

1505-1508

La tempesta

Capolavoro assoluto della storia dell'arte, questa piccola tela (82 × 73 cm), conservata alle Gallerie dell'Accademia di Venezia e datata fra il 1500 il 1505 circa, basterebbe da sola a giustificare la fama di Giorgione quale grande innovatore.

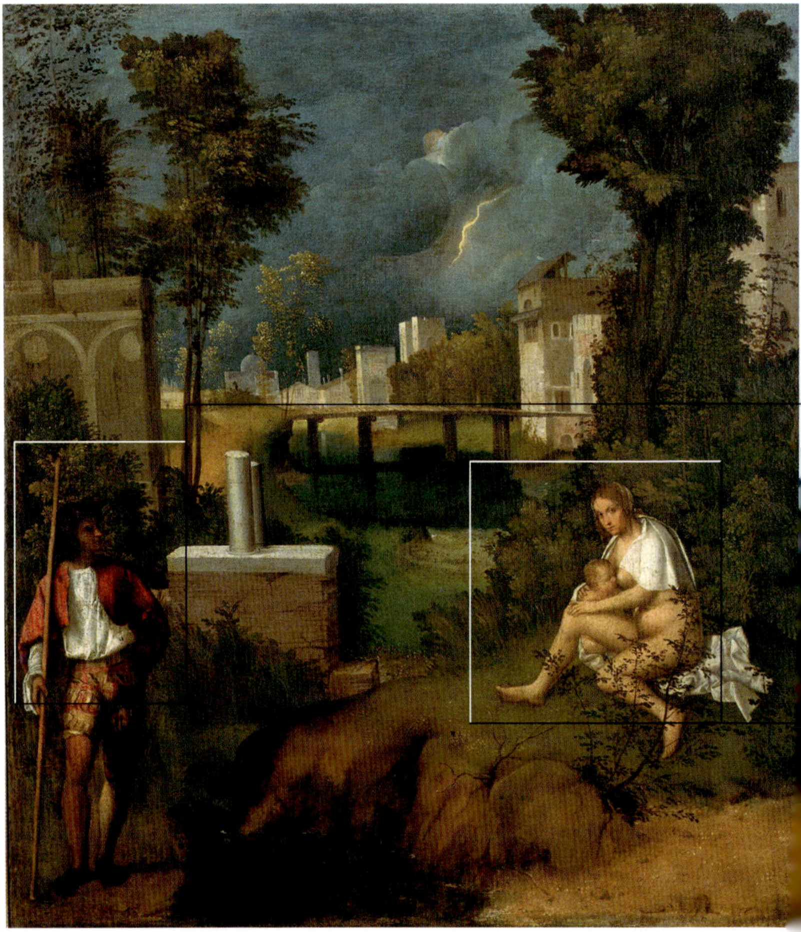

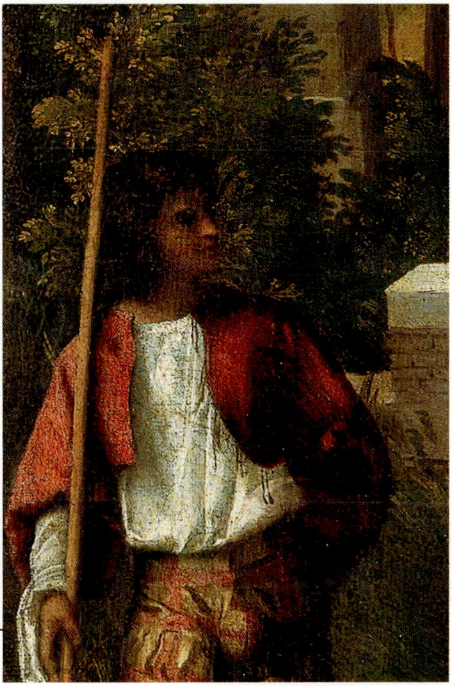

◀ Tra le numerose interpretazioni, ha preso forza quella che inserisce la *Tempesta* all'interno del nuovo genere veneziano delle *poesie*, ovvero scene nate dalla lirica e personale rielaborazione di fonti letterarie e iconografiche diverse – una delle quali, per questo dipinto, è stata rintracciata nell'*Hypnerotomachia Poliphili* – , da parte dell'artista per suscitare nel fruitore una risposta emozionale, e lasciargli nel contempo aperte differenti possibilità di lettura di un concetto complesso. In questo caso l'intento di Giorgione potrebbe essere illustrare l'armonia come incontro e fusione degli opposti.

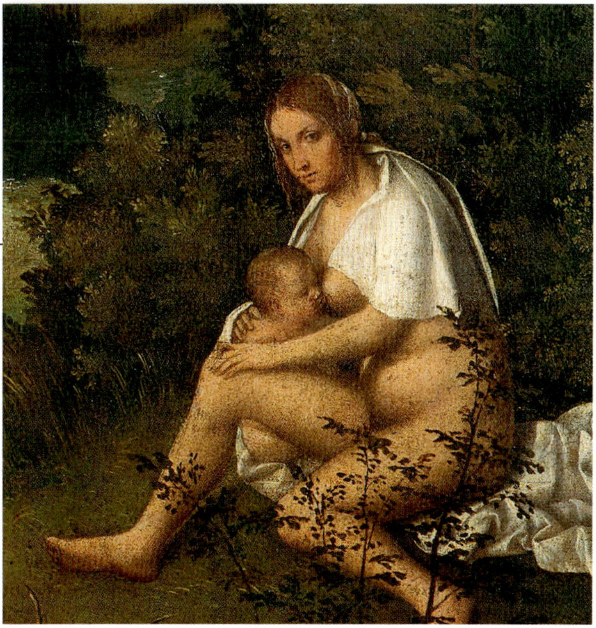

▶ Nel 1530 Marcantonio Michiel cita un "Paesetto in tela con la tempesta con la cigana e il soldato, fu de man de Zorzi de Castelfranco", nella dimora di Gabriele Vendramin, probabile committente. Se l'autografia giorgionesca è incontestata, la decifrazione del significato del dipinto è tutt'altro che univoca.

I paesetti e il paesaggio bucolico

Il "catalogo ragionato" di Giorgione è soggetto a continue discussioni, nel tentativo da parte degli studiosi di assegnargli o contestargli la paternità di opere che indubbiamente risentono della sua influenza. La *querelle* attributiva riguarda per esempio quattro piccole tavole verosimilmente costituenti i lati di un mobile o di un cofanetto, conservate al Museo Civico di Padova e in due musei di Washington. Oltre a quello del maestro di Castelfranco – secondo alcuni ravvisabile in questi "paesetti" al suo ancora immaturo debutto – e sempre rimanendo nell'ambito di artisti a lui legati, sono stati proposti vari nomi, tali comunque da permettere di qualificare Giorgione come il principale tramite per la diffusione del genere del paesaggio bucolico nella pittura veneta del Cinquecento. Si tratta di un tema che risente della voga letteraria introdotta nell'ultimo quindicennio del Quattrocento dall'*Arcadia* di Jacopo Sannazaro, opera di straordinario successo divulgata a Venezia attraverso sessanta edizioni cinquecentesche, a cominciare da quella pirata del 1502, che precede la versione definitiva pubblicata nel 1504. Gli scenari silvani della mitica terra dell'età e della poesia pastorale sono rievocati anche negli *Asolani* di Pietro Bembo, apparsi nel 1505 per i tipi di Aldo Manuzio. Nei paesaggi dipinti da Giorgione e dai suoi seguaci assistiamo alla trasposizione di questo ideale poetico per cui uomo e natura si specchiano l'uno nell'altra.

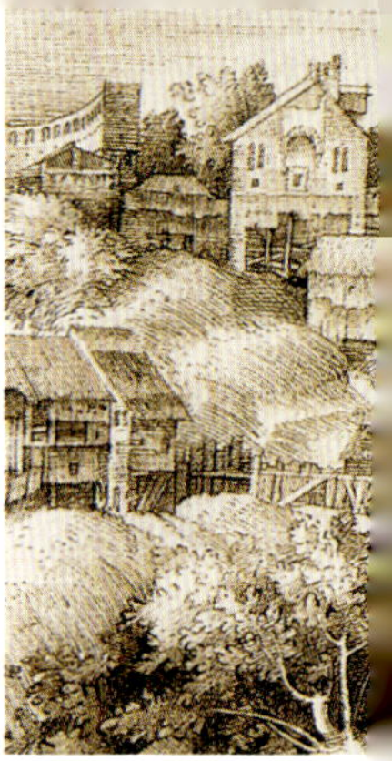

▲ Artista veneto del XVI secolo, *Paesaggio con due uomini al limite di un bosco*, Parigi, Louvre.

◀ Artista veneto del XVI secolo, *Idillio campestre*, Padova, Museo Civico.

▼ Artista veneto del XVI secolo, *Leda col cigno*, Padova, Museo Civico.

▼ Artista veneto del XVI secolo, *L'astrologo (Orfeo e il tempo)*, Washington, Phillips Memorial Gallery. Alla National Gallery di Washington si trova la quarta tavoletta che condivide le oscillazioni attributive delle tre sottostanti.

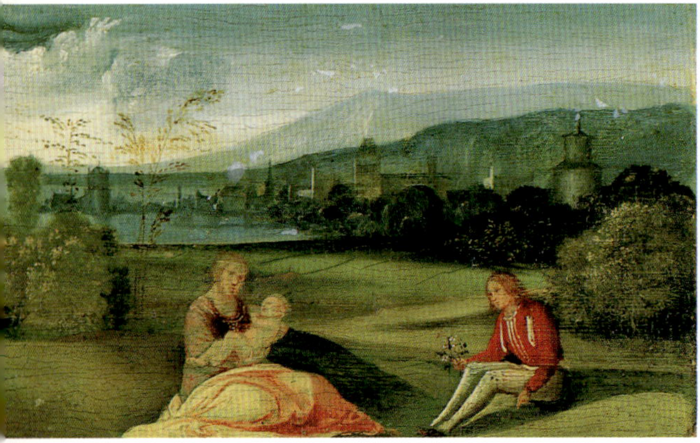

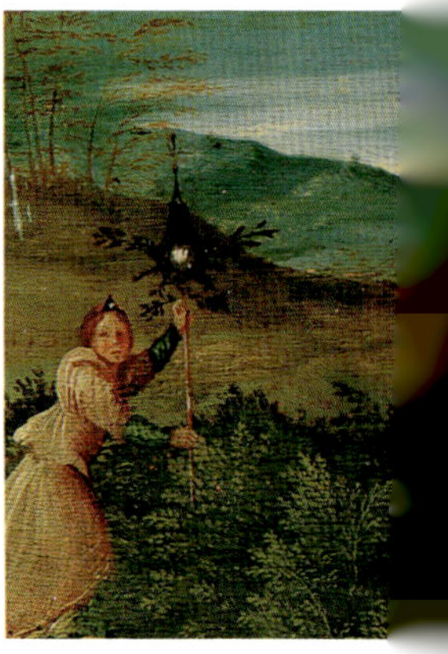

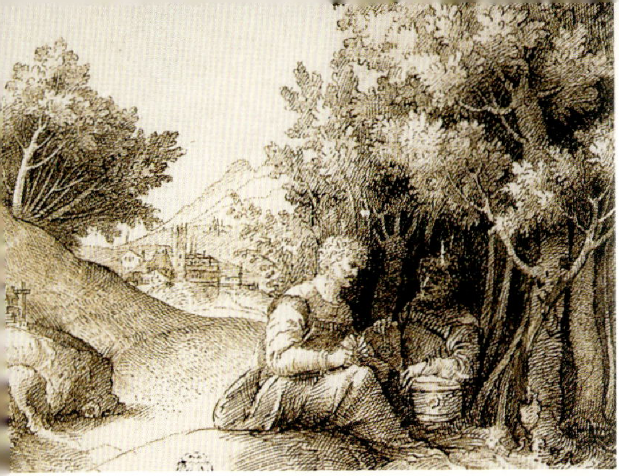

▼ Giorgione, *Veduta del castello di San Zeno a Montagnana*, Rotterdam, Museum Boymans-Van Beuningen. Questa sanguigna è l'unico disegno unanimemente ascritto a Giorgione sulla base delle analogie col paesaggio della *Tempesta*.

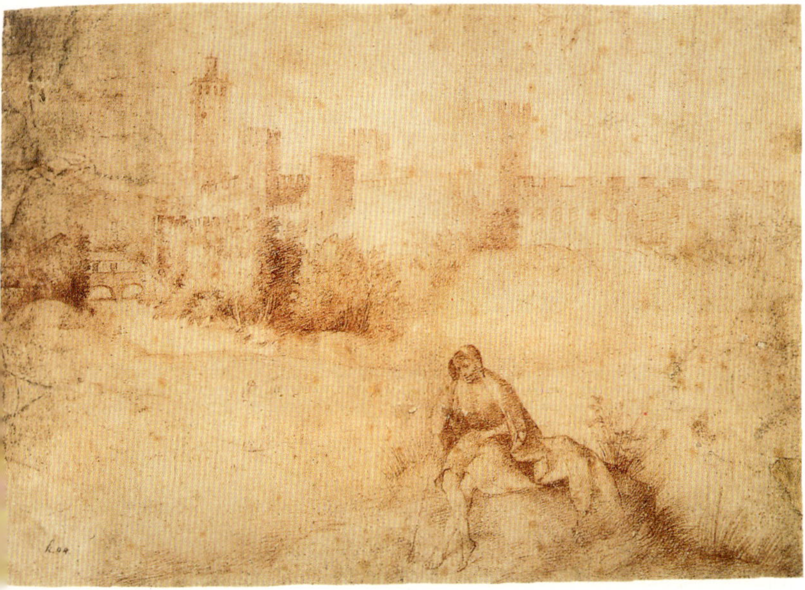

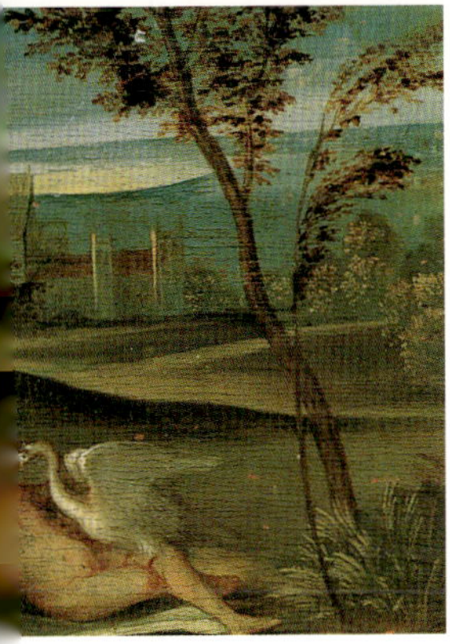

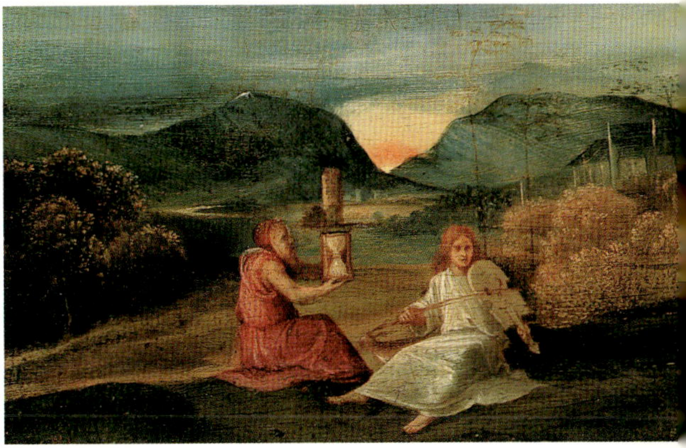

1505-1508

Tramonto

Questo *Paesaggio con i santi Rocco, Giorgio e Antonio eremita* (73,3 × 91,5 cm) è conservato alla National Gallery di Londra.

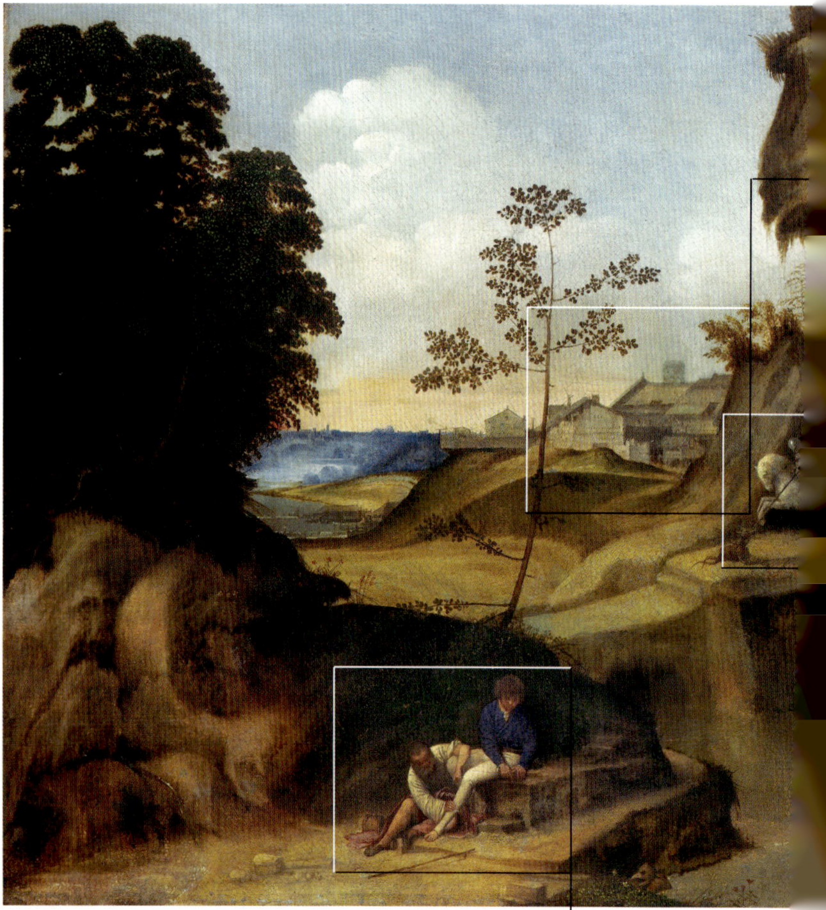

▶ In uno scenario arcadico compaiono elementi tipici dell'immaginario nordico. Strani esseri – il volatile

▶ Negli anni trenta del XX secolo il dipinto è stato ribattezzato con il poetico titolo di *Tramonto* in considerazione della calda luce dorata che invade l'orizzonte e bagna il paesaggio.

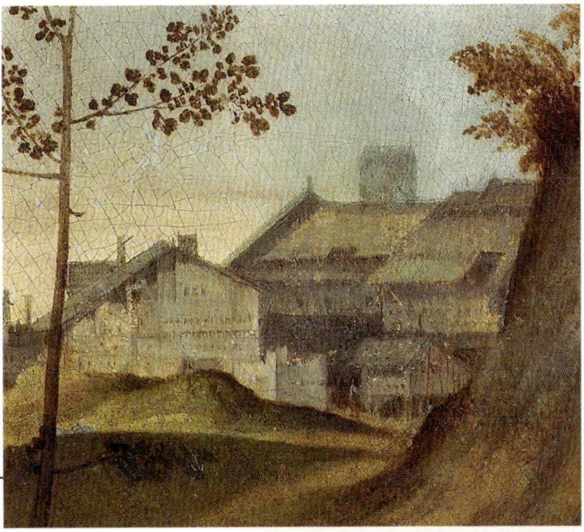

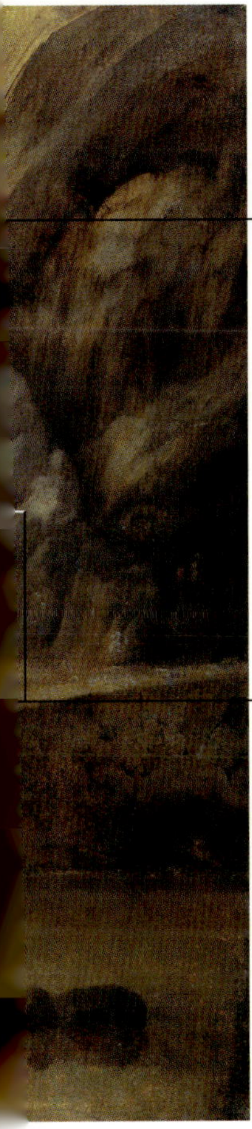

▶ Nel *Tramonto*, che probabilmente risale alla seconda metà del decennio 1500-1510, sono raffigurati due santi simbolo della vittoria sul male: san Giorgio e sant'Antonio abate. I due personaggi in primo piano invece fanno forse riferimento ai poteri taumaturgici di sant'Antonio.

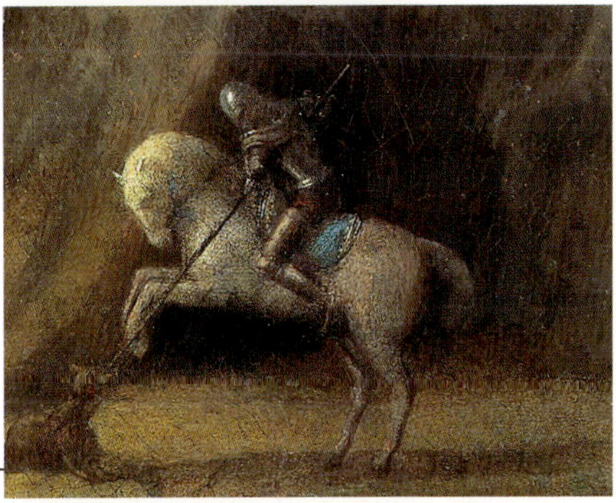

dal grande becco aperto e il goffo animale nell'acqua fangosa – e le forme del paesaggio fanno pensare a Bosch.

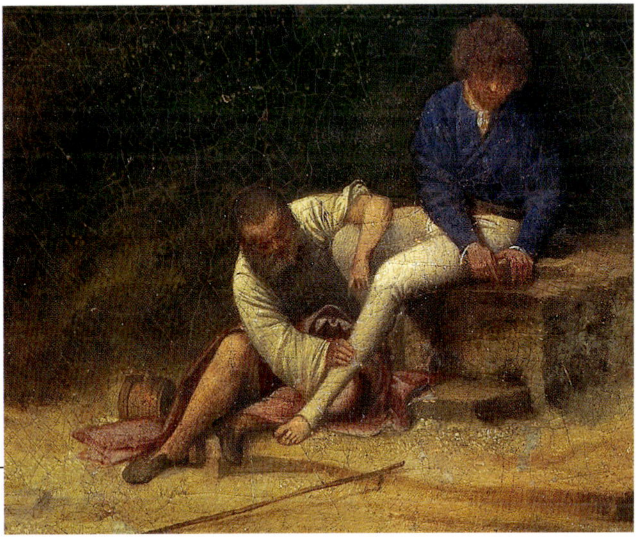

Scienza e sapienza

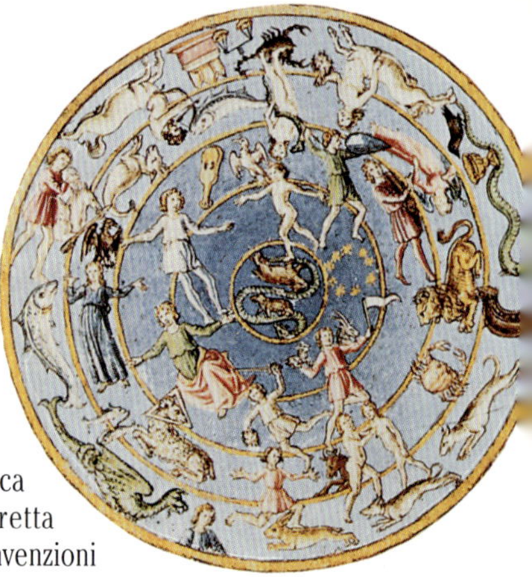

▲ Sfera celeste con lo zodiaco e le costellazioni in una miniatura del XVI secolo.

Lo spirito indagatore con cui l'uomo rinascimentale si applica allo studio del mondo naturale ha come diretta conseguenza una lunga serie di scoperte e invenzioni e soprattutto lo scardinamento di una concezione del cosmo persistente da tempo immemorabile. Norme dogmatiche ritenute inconfutabili vengono per la prima volta scalfite dal trattato *De docta ignorantia* (1440), del filosofo e umanista tedesco Nicola Cusano, le cui idee sono accolte da pensatori successivi come Leonardo, Copernico, Giordano Bruno. Gradualmente si afferma il principio della priorità dell'esperienza diretta sulla speculazione astratta e sull'accettazione di modelli precostituiti. Questo pragmatismo è solo la premessa della scienza intesa in senso moderno perché lo "scienziato" rinascimentale cerca ancora le segrete e metafisiche corrispondenze tra gli elementi, senza per esempio avvertire contraddizione alcuna tra l'ampliarsi delle conoscenze sui corpi celesti e il dilagante interesse per l'astrologia. Allo stesso modo il chimico è sostanzialmente un alchimista, convinto dell'intima connessione della natura terrestre, dall'uomo al mondo minerale, con quella più ampia dell'universo. Sulla commistione di alchimia e magia si fonda il mito dell'epoca: la ricerca della pietra filosofale capace di trasformare un metallo vile in oro, riproducendo il processo con cui la natura stessa isola l'oro dalle sostanze meno pure.

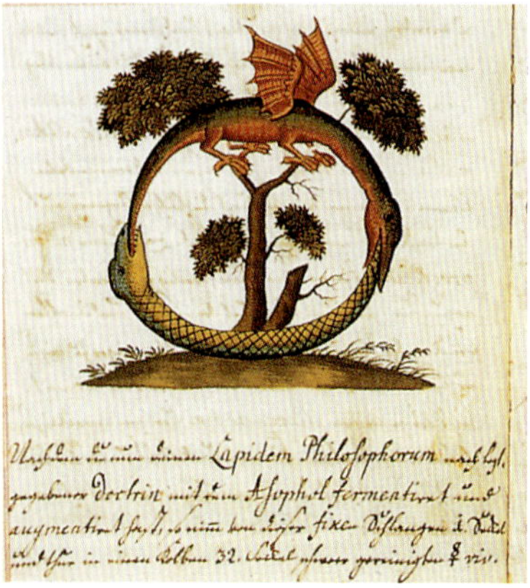

◄ L'uomo-sole (oro) è posato su un corpo di drago dai diversi colori (soluzione a più componenti) in un manoscritto del XVII secolo, Roma Biblioteca dell'Accademia Nazionale dei Lincei.

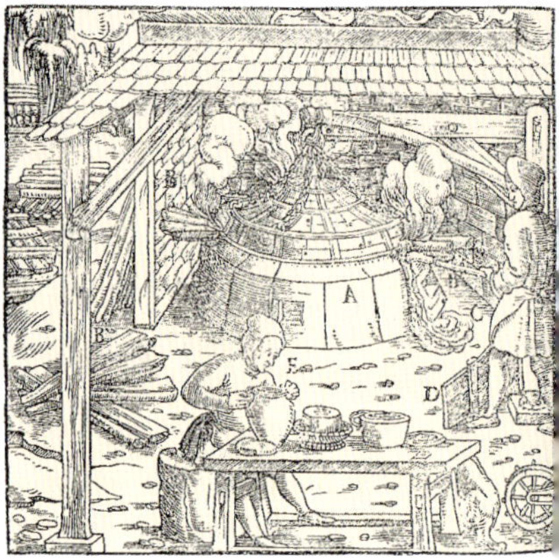

▼ La purificazione dell'argento nell'edizione del 1561 del *De re metallica, libri XII* di G. Agricola.

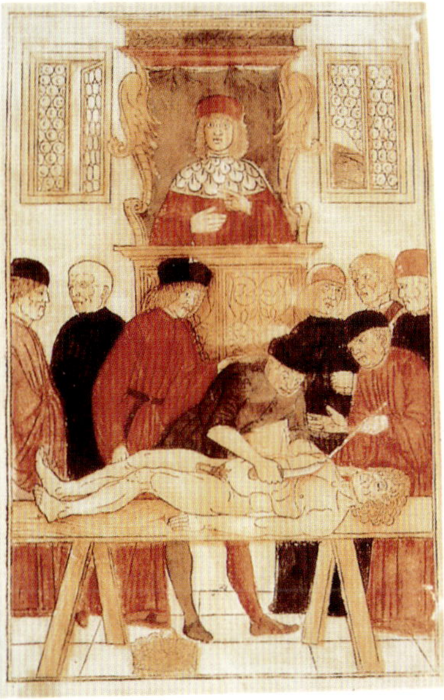

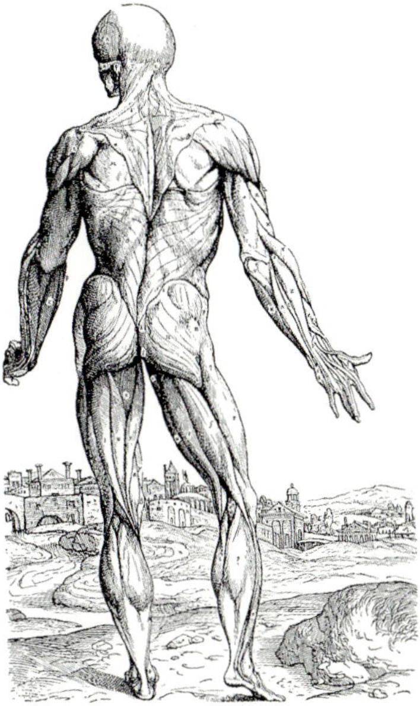

▲ La lezione di anatomia dal *Fasciculus medicinae* di Johannes de Ketham, Venezia, 1493.

▼ Bartolomeo Passarotti (?), *Michelangelo che insegna l'anatomia*, 1570 c., Roma, Galleria Borghese.

▲ Tavola muscolare da Andrea Vesalio, *De humani corporis fabrica libri septem*, Basilea, 1543. Docente di chirurgia nell'ateneo di Padova, il fiammingo è autore del massimo trattato anatomico del XV secolo.

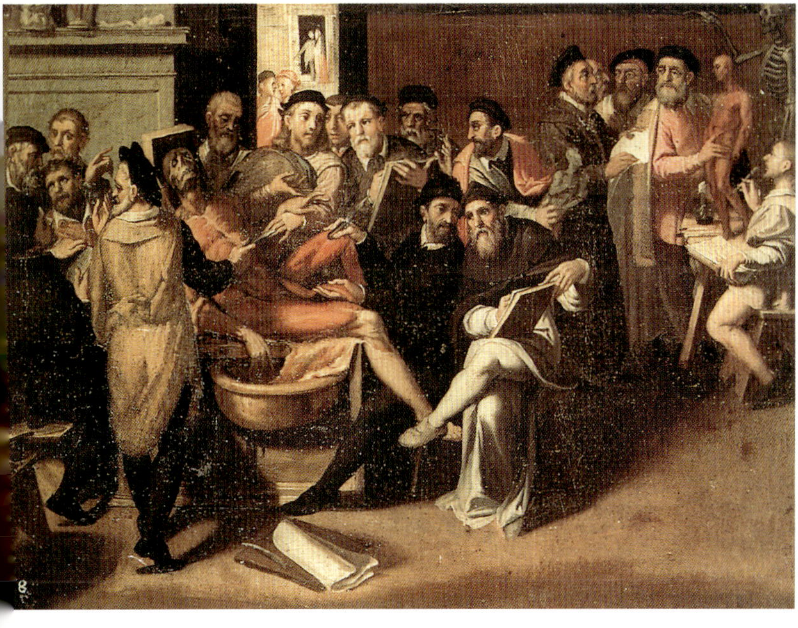

I tre filosofi

La tela con *I tre filosofi* (123,5 × 144,5 cm) oggi a Vienna, al Kunsthistorisches Museum, nasce su richiesta di Taddeo Contarini, che affida a Giorgione l'interpretazione di questo soggetto dalla complessa iconografia negli anni intorno al 1505.

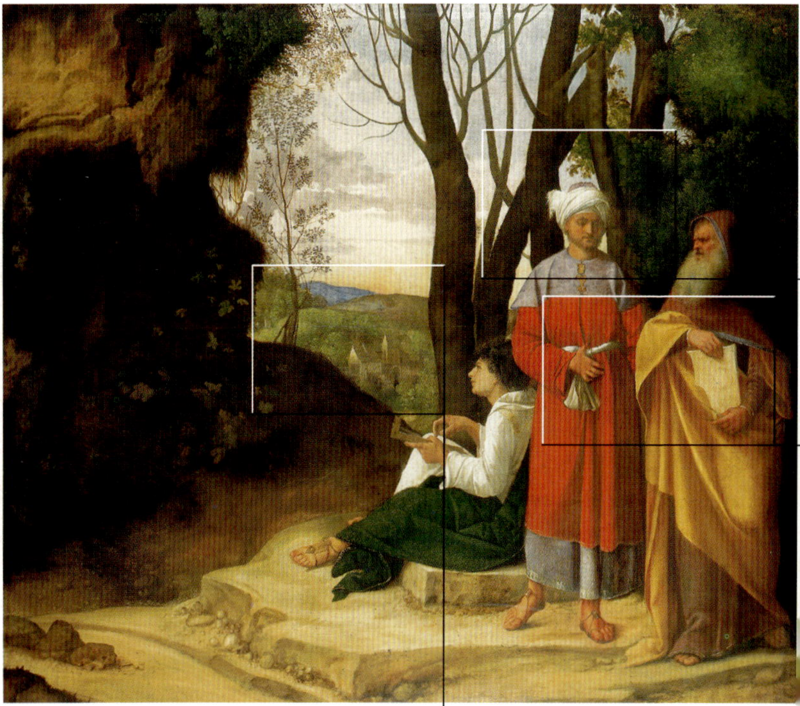

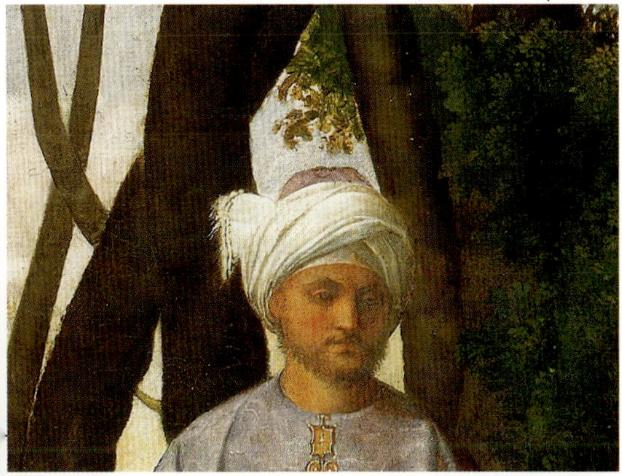

◀ Gli antichi commentatori del dipinto descrivevano i tre protagonisti come filosofi, astronomi o matematici ma in seguito sono stati visti come i tre Re Magi. L'iconografia sofisticata si contrappone alla semplicità della composizione spaziale: le figure sono ancorate sul lato destro da una fitta vegetazione, oltre la quale si allarga un panorama giocato sui contrasti di luce e ombra.

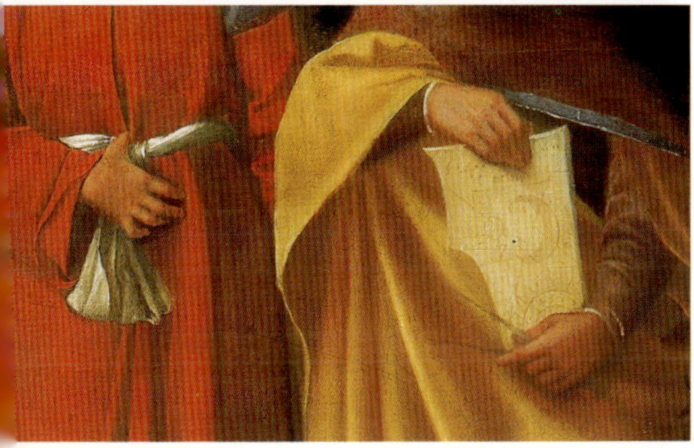

◀ Il personaggio più anziano mostra un foglio coperto di calcoli astronomici. Sappiamo che Taddeo Contarini prendeva in prestito libri di astronomia e filosofia antica dalla biblioteca veneziana del cardinale Bessarione e questi interessi del committente avvalorano l'identificazione dei tre come antichi sapienti.

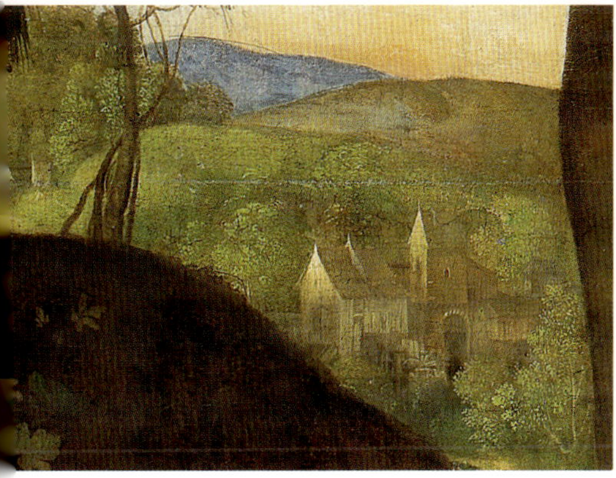

◀ Radiografie e riflettografie hanno evidenziato una serie di pentimenti nel corso dell'esecuzione. Giorgione ha dipinto direttamente sulla preparazione della tela, senza preventivamente delineare l'insieme della composizione, con un procedimento che giustifica la descrizione vasariana di Giorgione pittore "senza disegno".

1505-1508

La pittura tonale

Lo splendore cromatico della pittura veneziana ha radici lontane, rintracciabili nei mosaici bizantini di San Marco. Le gamme brillanti delle tessere musive ritornano sulle tavolozze dei pittori, che proprio a Venezia trovano i pigmenti di migliore qualità, importati insieme alle merci più preziose. La letteratura artistica cinquecentesca, creando la nota contrapposizione tra scuola veneta fondata sul colore e scuola toscana fondata sul disegno ha fornito una chiave di lettura per comprendere lo sviluppo della pittura tonale, da Bellini a Tintoretto. Nei dipinti del secondo Quattrocento, si nota già l'abbandono dei contorni incisivi e delle forme nettamente delineate mentre la costruzione dell'immagine è affidata a una calcolata orchestrazione delle campiture cromatiche. Allo stesso tempo l'adozione di una tecnica per velature sovrapposte di strati colorati permette di ottenere tonalità intense e sature anche nelle zone più scure. Un uso sempre più creativo del colore, favorito dall'impiego dell'olio come legante, porta a un chiaroscuro morbido e avvolgente, che annulla i passaggi bruschi tra luce e ombra. Sfumando delicatamente i toni, Giorgione smorza gli effetti timbrici e accorda tutto il dipinto sulla stessa intensità cromatica. Attraverso contrasti più decisi, Tiziano infonde dinamismo alla superficie pittorica che si accende di bagliori; arrivando a impastare i colori direttamente sulla tela perviene a una pittura di inedita modernità.

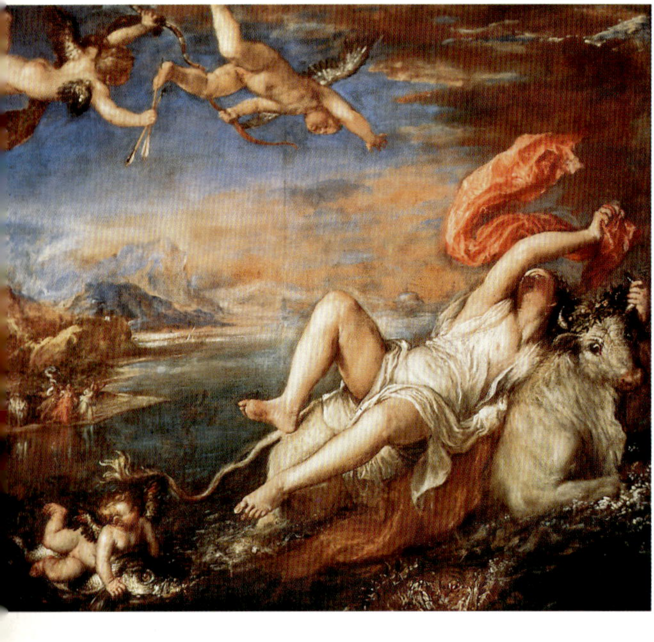

◄ Tiziano, *Ratto di Europa*, 1559, Boston, Isabel Stewart Gardner Museum.

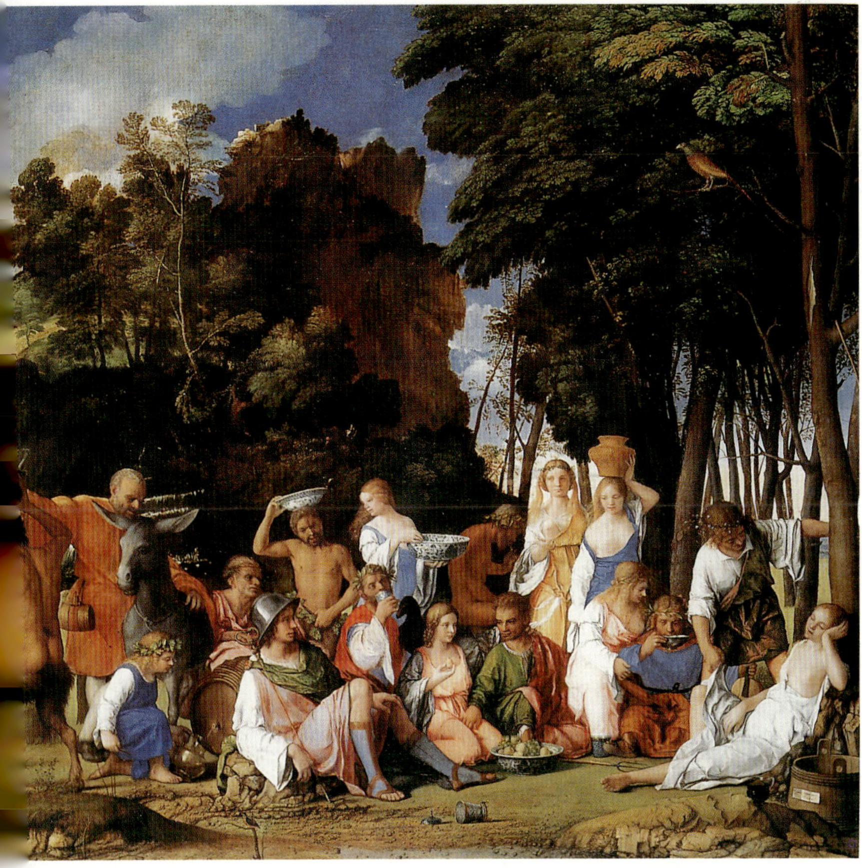

▲ Giovanni Bellini, *Festino degli dei*, 1514, Washington, National Gallery of Art.

Commissionato a Bellini dal duca di Ferrara, fa parte di un ciclo completato da Tiziano.

▼ Tiziano, *Sepoltura di Cristo*, 1525 c., Parigi, Louvre.

▼ Jacopo Tintoretto, *Trasporto del corpo di san Marco*, 1562-1563, Venezia, Accademia.

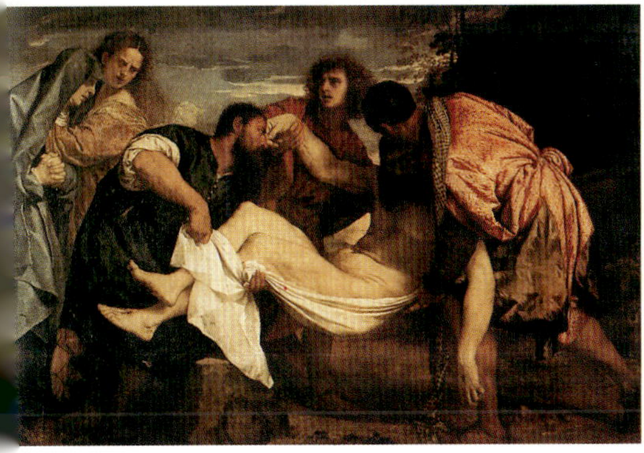

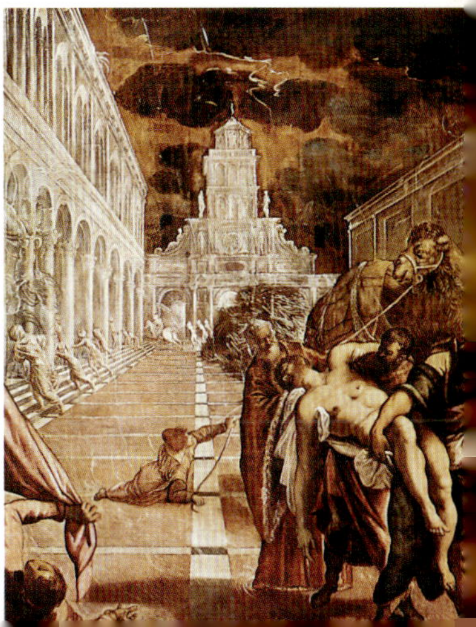

Laura

Questo *Ritratto di giovane donna*, dipinto su una tela incollata su tavola (41 × 33,5 cm), è conservato al Kunsthistorisches Museum di Vienna. Un'iscrizione sul retro consente di attribuirlo con sicurezza a Giorgione e di datarlo al 1506.

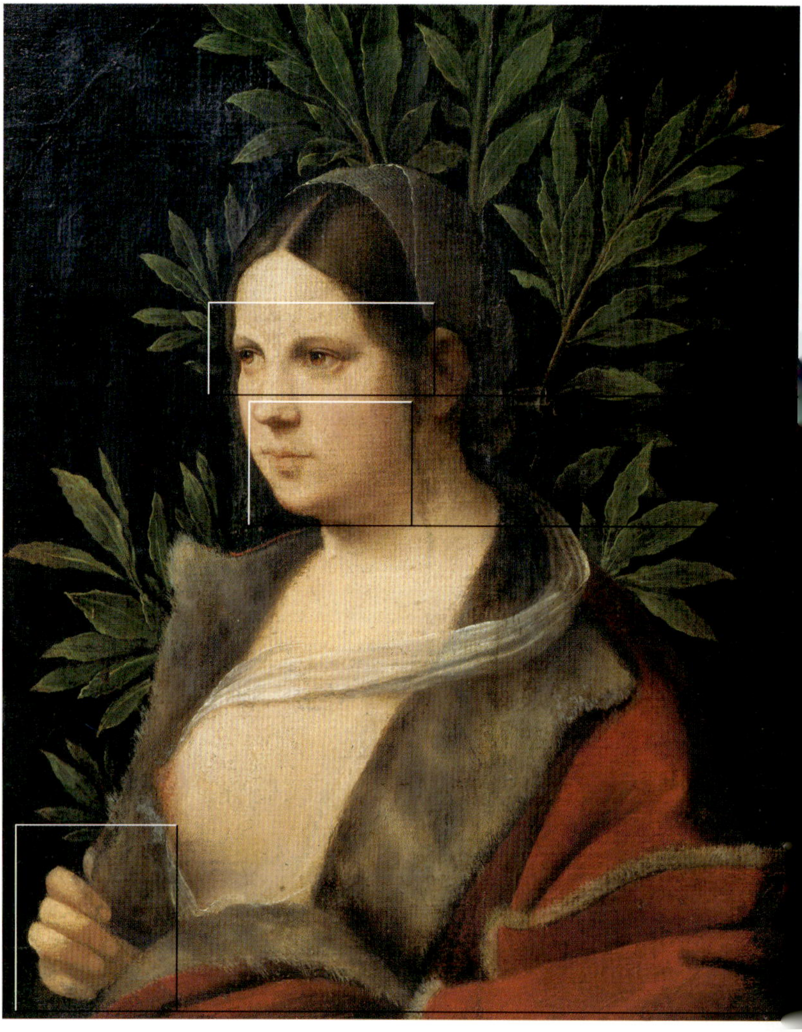

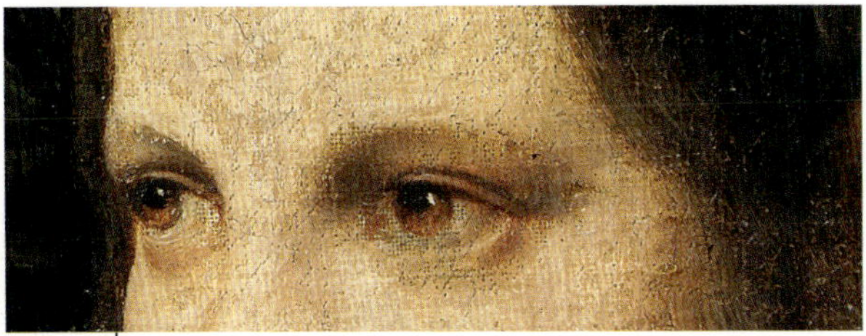

◀ L'effigiata prende il nome dall'alloro che compare alle sue spalle. L'immagine si presta a interpretazioni diverse: allegoria matrimoniale ma anche ritratto emblematizzato di una cortigiana.

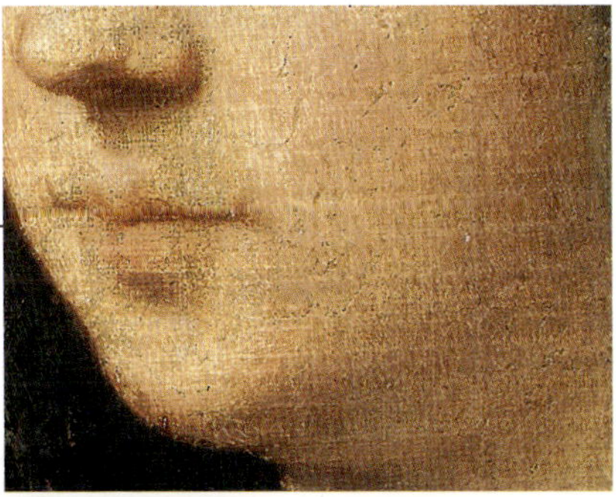

◀ A Venezia, nella collezione di Bernardo Bembo, era disponibile il più immediato riferimento per la *Laura*, la *Ginevra de' Benci* di Leonardo, anch'essa emergente sul verde scuro di una pianta simbolica.

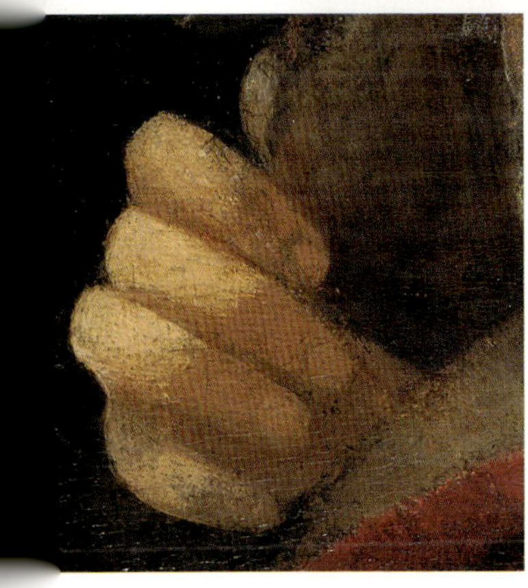

◀ La pennellata di Giorgione, larga e materica, ha una libertà di movimenti e di direzioni che differenziano nettamente la sua applicazione del colore da quella dei suoi predecessori, uniforme e meticolosa.

1505-1508

Il ritratto femminile

Dopo Giorgione il tema della mezza figura femminile interpretata in chiave allegorica trova un largo seguito. Né per *Laura*, né per la *Vecchia* è stata finora possibile l'identificazione della personalità storica e la stessa difficoltà di verifica sembra accomunare la maggior parte delle figure femminili nei dipinti commissionati a Venezia, dove il ritratto è un genere tenuto nella più alta considerazione, poiché a esso è affidata la celebrazione, in vita e *post mortem*, dell'effigiato. Il primo ritratto femminile della pittura veneziana dove compare il nome della protagonista è quello di Caterina Cornaro, del 1500 circa, oggi a Budapest (cfr. p. 57). La regina di Cipro ricopriva un ruolo politico che giustifica questo onore, e Gentile Bellini passa in rassegna i suoi difetti fisici con un realismo privo di indulgenza. Le "belle donne" raffigurate in tanti dipinti successivi rimangono invece anonime sconosciute – anche se sono state congetturate varie identità – e sono piuttosto qualificabili come ritratti ideali o idealizzati, sul genere di quello, perduto, eseguito da Gentile per Pietro Bembo, il quale desiderava un'immagine della donna amata sulla falsariga della Laura cantata da Petrarca e dipinta da Simone Martini, anch'essa perduta. Fuori da Venezia si immortalano le sembianze di gentildonne e sovrane; Leonardo per esempio è incaricato del ritratto di Isabella d'Este marchesa di Mantova, di cui rimane il cartone (cfr. p. 53) e porta a termine quello della bellissima Cecilia Gallerani, amante di Ludovico il Moro. A Venezia non si registrano quasi nomi di dame degne di figurare in un dipinto. Un caso eccezionale è la misteriosa gentildonna ritratta da Lotto, Lucrezia Valier, paragonata all'eroina romana per alludere alla sua virtù coniugale.

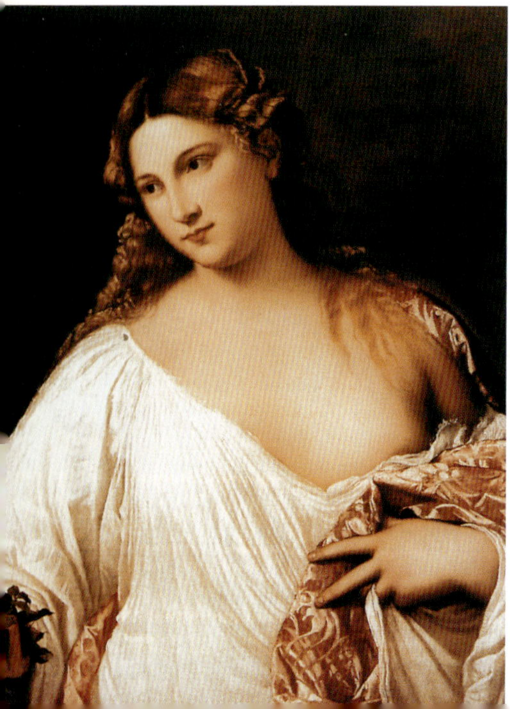

◀ Tiziano, *Flora*, 1514-1516 c., Firenze, Uffizi. È il tipo canonico della bellezza cinquecentesca.

▶ Lorenzo Lotto, *Gentildonna in veste di Lucrezia*, 1533 c., Londra, National Gallery.

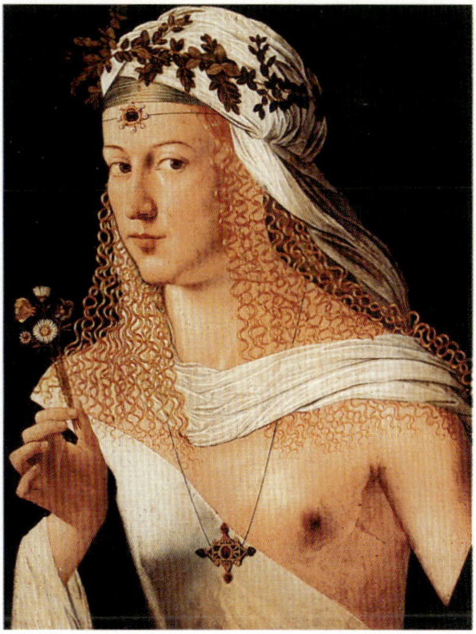

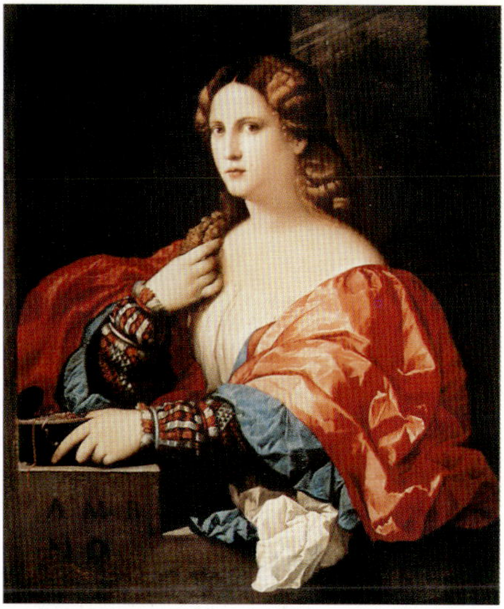

▲ Bartolomeo Veneto, *Flora*, 1507-1508, Francoforte, Städelsches Kunstinstitut. Lo schema dipende da quello adottato da Giorgione nella cosiddetta *Laura* di Vienna.

▲ Jacopo Palma il Vecchio, *La Bella*, 1520-1525 c., Madrid, collezione Thyssen-Bornemisza.

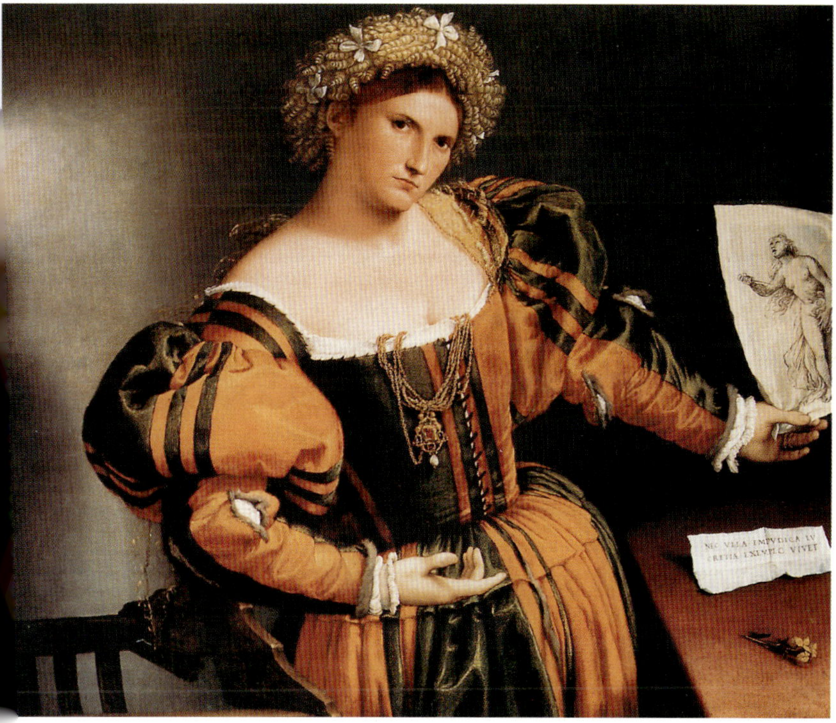

La donna nella società veneziana

Una spiegazione della rarità dei ritratti di dame veneziane risiede nell'ordinamento politico della città e nel conseguente ruolo riservato alle donne nell'ambito della società veneziana. Qui come altrove il ritratto era ovviamente il genere deputato alla celebrazione di personaggi illustri, ma in questa "repubblica aristocratica" non era prevista l'esaltazione del singolo per i suoi meriti individuali, né tantomeno quella di una dinastia. Il potere era di pochi, ma non si trasmetteva per via ereditaria e in un ritratto veniva messo in risalto esclusivamente il ruolo pubblico di cittadino veneziano. Nessuna meraviglia quindi che le donne, escluse dall'esercizio del potere e depositarie dei valori famigliari privati di una casata non comparissero non solo nei dipinti, ma nemmeno nei memoriali. Ciò non toglie che per le donne di rango la vita a Venezia non fosse piacevole: prima del matrimonio erano praticamente costrette in casa ma dopo sposate partecipavano agli eventi mondani e in occasione di feste e cerimonie pubbliche sfoggiavano un'eleganza che lo stato cercava di frenare imponendo invano norme limitative. Una categoria femminile particolare era costituita dalle "cortigiane honorate", la cui compagnia era ricercata da sovrani e potenti di tutta Europa. Celebrate per la loro cultura oltre che per il fascino, intrattenevano rapporti con letterati e artisti e loro stesse si distinguevano nelle lettere e nella musica.

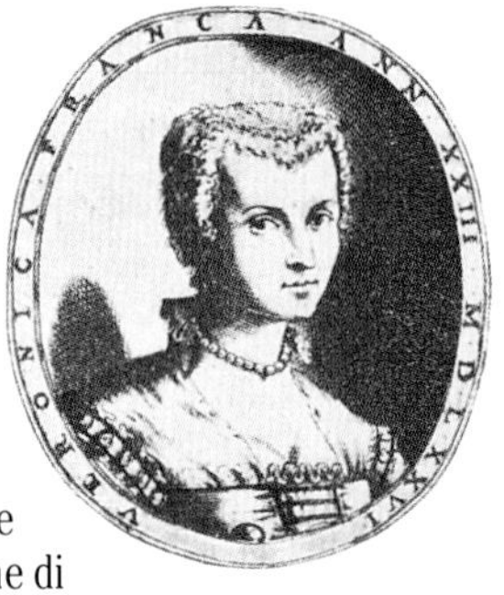

▲ Questo ritratto di Veronica Franco, celebre cortigiana e poetessa veneziana doveva servire per l'antiporta, poi soppressa, alle sue *Terze rime* (1576) che vertono soprattutto sul tema dell'amore. Molti ritratti del XVI secolo hanno per protagoniste delle cortigiane, le cui fattezze vengono trasposte in immagini ideali di bellezza femminile.

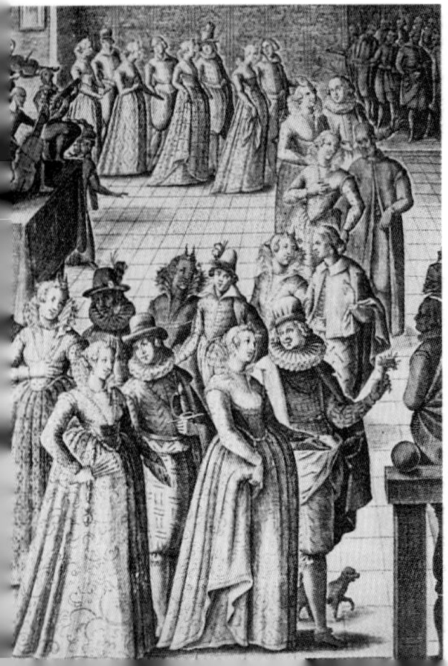

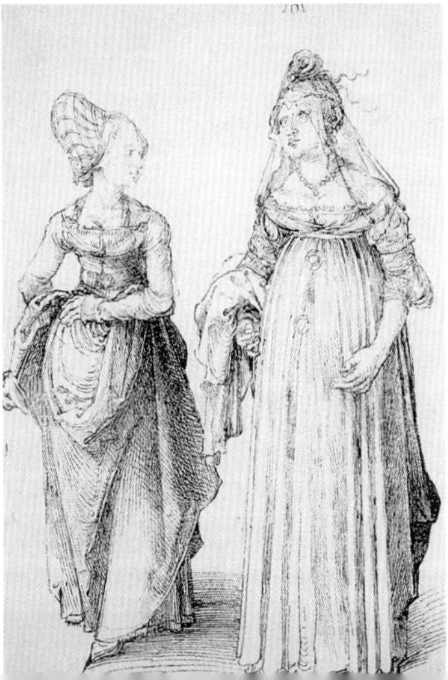

◄ Albrecht Dürer, *Norimberghese e veneziana*, 1495, Francoforte, Städelsches Kunstinstitut. La donna veneziana, più imponente perché calza alti zoccoli, è vestita e acconciata secondo la moda in voga poco prima del 1500.

◄ Giacomo Franco, *Le feste o balli*, dal volume *Habiti d'huomini et donne venetiane*, Venezia, 1570 c.

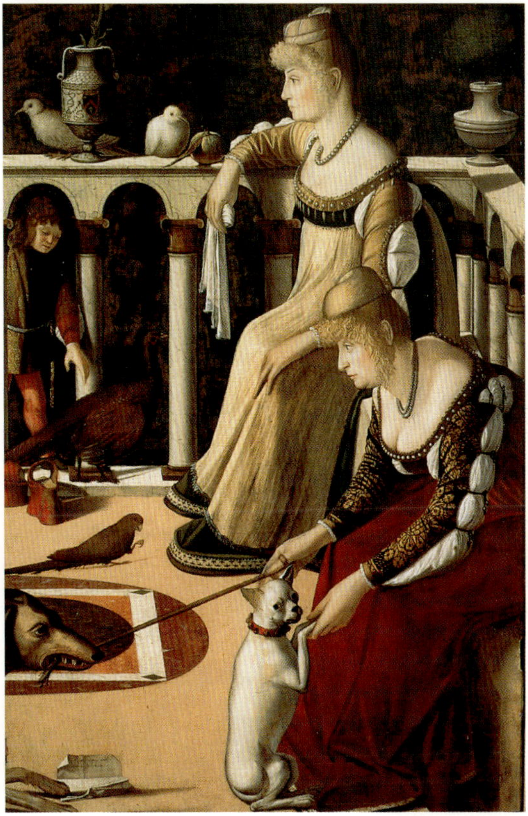

◀ Vittore Carpaccio, *Due dame*, 1493-1495 c., Venezia, Museo Correr. Per lungo tempo si è ritenuto che Carpaccio avesse ritratto due cortigiane e solo recentemente, dopo che una tavola con una *Caccia in valle* (Los Angeles, The J. Paul Getty Museum) è stata ricollegata a questa, si è provveduto a correggerne il titolo. Un'approfondita lettura iconografica ha avvalorato che si tratta di due gentildonne che attendono il ritorno dei loro compagni dalla caccia.

▶ Albrecht Dürer, *Ritratto di giovane donna veneziana*, 1505, Vienna, Kunsthistorisches Museum. Riferibile al secondo soggiorno veneziano di Dürer e ispirato ai moduli della ritrattistica belliniana e giorgionesca, questo dipinto di intensa espressività raffigura forse una fanciulla veneziana, come stanno a indicare la foggia dell'ambito e della pettinatura con le bande laterali di riccioli che incorniciano il volto.

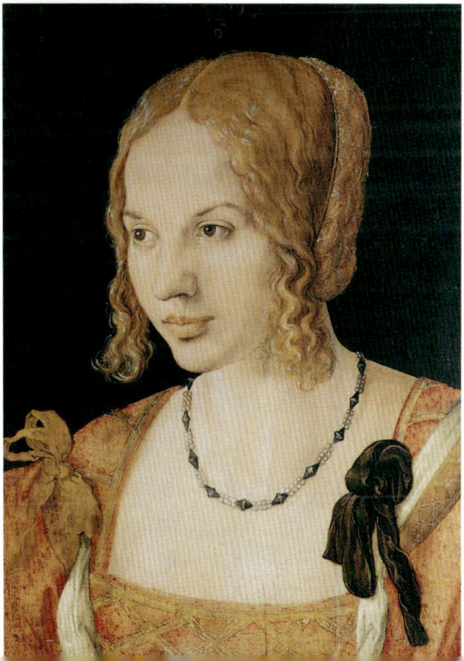

1505-1508

La vecchia

Esposta alle Gallerie dell'Accademia di Venezia nella cornice originale, la tela (68 × 59 cm), menzionata in un inventario del 1569 come "retrato de la madre de Zorzon de man de Zorzon", era dotata di una copertura con un ritratto d'uomo.

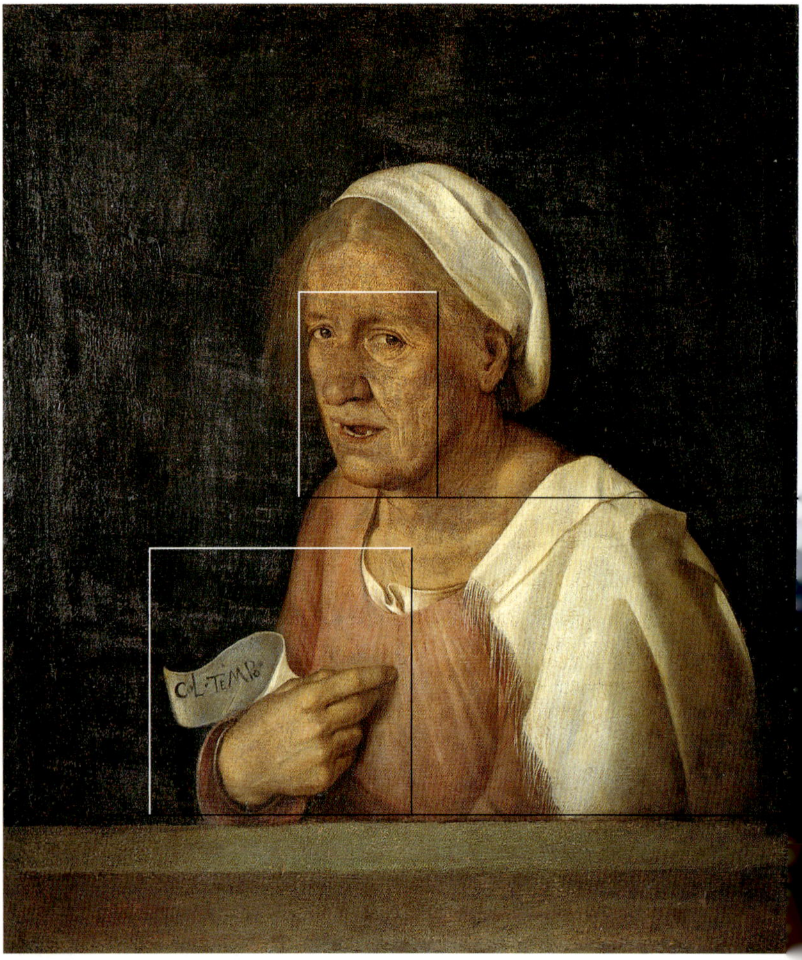

▶ Quinten Massys (?), *Ritratto grottesco di donna anziana*, 1525 c., Londra, National Gallery.
Il ritratto, ricollegabile a disegni di Leonardo, va inteso come una satira dell'atteggiamento ridicolo e vanesio dell'effigiata.

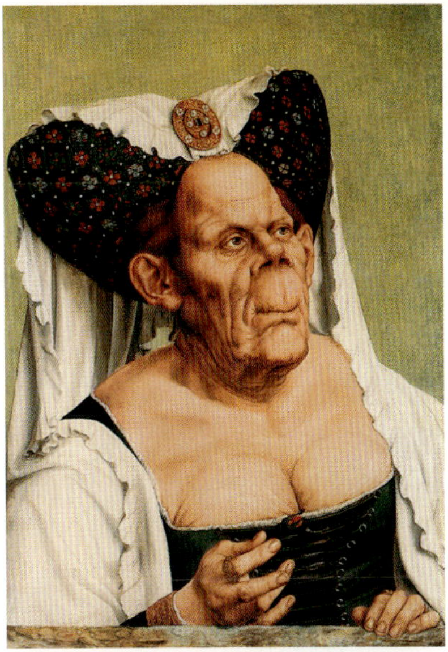

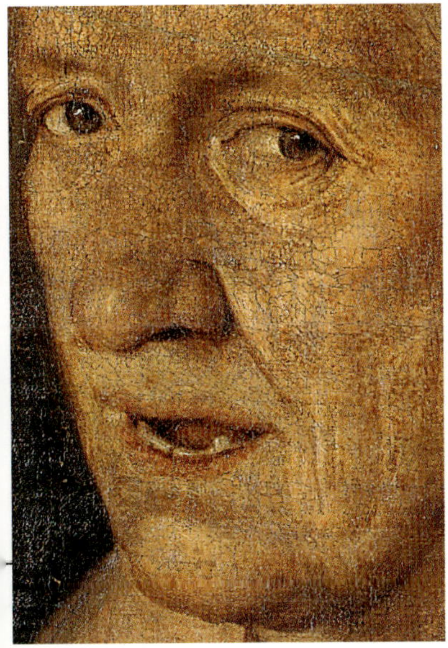

▲ La dipendenza della *Vecchia* di Giorgione da quella di Dürer rafforzerebbe una datazione verso il 1508.

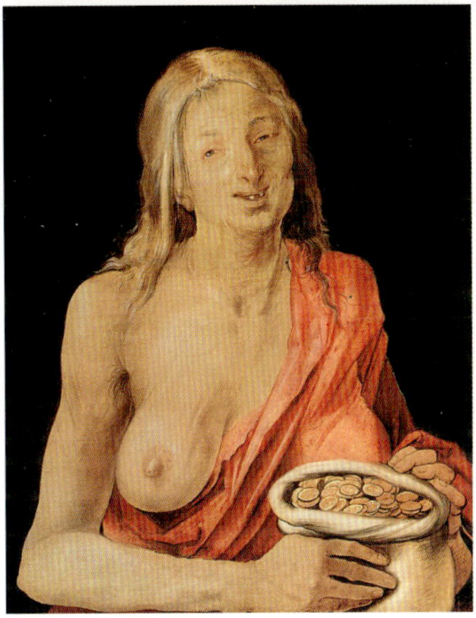

▲ Albrecht Dürer, *Vecchia con i denari* (*Vanitas*), 1507, Vienna, Kunsthistorisches Museum.

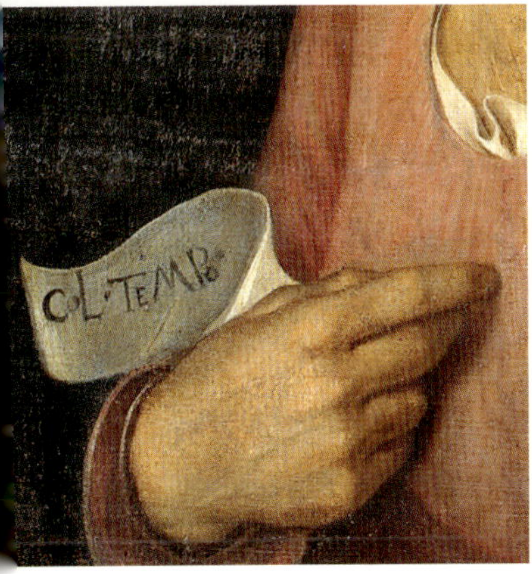

◀ Il motto è suscettibile di interpretazioni opposte: il tempo porta con sé la devastazione fisica ma anche la saggezza.

1505-1508

Riflessioni sul tempo

Il tema della bellezza e dell'amore che appassiona i circoli culturali come quello asolano e che Giorgione interpreta con penetrante poesia ha come corrispettivo l'amara constatazione della loro fugacità. L'immagine della *Vecchia* ammonisce lo spettatore circa la transitorietà della vita, gli ricorda che di fronte alla prospettiva della senescenza e della morte "tutto è vanità". Il motivo della *Vanitas* è rappresentato in molti dipinti attraverso la presenza di oggetti simbolici come clessidre, orologi, crani, specchi. La *Donna allo specchio* di Tiziano (p. 65), ad esempio, è un'allegoria dell'amore minacciato dal tempo. Nelle *Tre età dell'uomo*, concependo le tre stagioni della vita in termini di coppie amorose – soltanto il vecchio è solo e ha accanto a sé due teschi, ricordo del tempo trascorso e di ciò che lo attende – Tiziano ricorre a uno schema di origine antichissima (l'enigma di Edipo): per rappresentare il futuro con l'infanzia, il presente con l'età adulta, il passato con la vecchiaia. Ma è nell'*Allegoria della prudenza* che il maestro escogita il più cifrato e simbolico utilizzo di questa triade.

▶ Giovanni Bellini, *Allegoria della vanità*, 1490 c., Venezia, Accademia. Il volto nello specchio è quello dello spettatore. Indicandolo, la donna lo invita a conoscere se stesso e a riflettere sulla vanità delle cose terrene. Secondo alcuni, questa tavoletta è invece un'allegoria della prudenza o della verità.

▼ Dosso Dossi, 1518-1525, *Le tre età della vita*, New York, The Metropolitan Museum of Art.

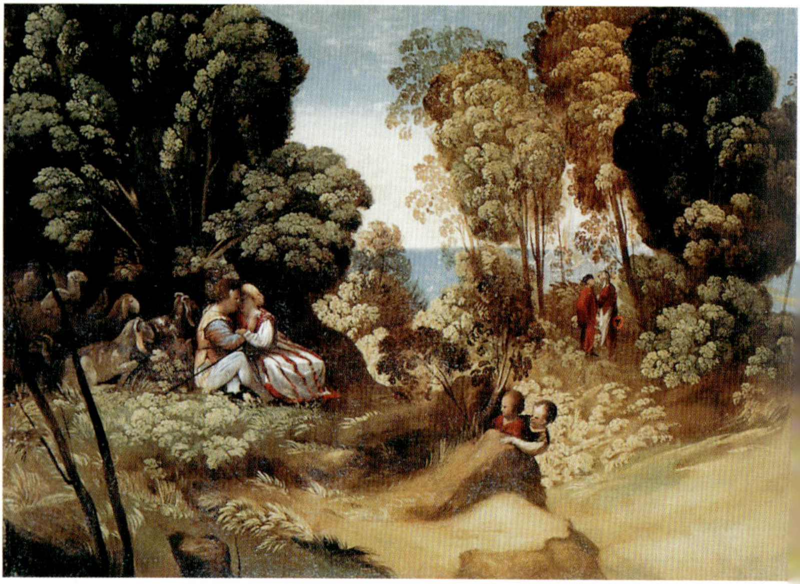

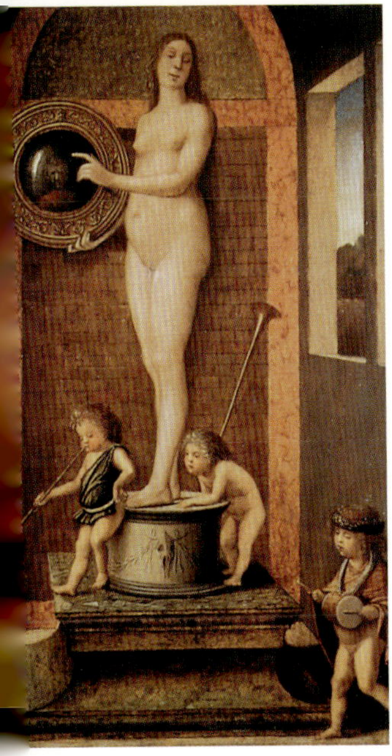

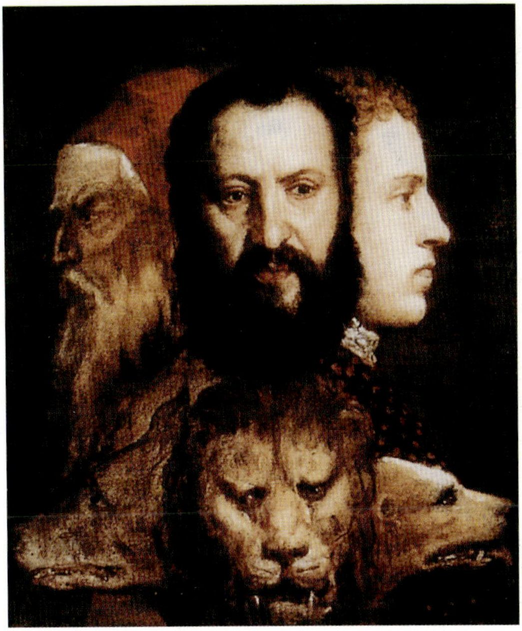

▼ Tiziano, *Le tre età dell'uomo*, 1513-1515, Edimburgo, National Gallery of Scotland. All'interpretazione allegorica è stata aggiunta un'altra lettura del quadro che narrerebbe il mito degli amanti Dafni e Cloe, abbandonati bambini dai genitori, cresciuti separati e riuniti da adulti mentre il vecchio padre di Dafni piange la morte dei due figli più grandi.

▲ Tiziano, *Allegoria della prudenza*, 1560-1570, Londra, National Gallery. I tre volti e l'animale a tre teste simboleggiano i tre momenti del tempo ma anche le tre facoltà psicologiche che costituiscono la prudenza: la memoria che impara dal passato; l'intelligenza che giudicando agisce nel presente; la preveggenza che anticipandolo provvede pro o contro il futuro.

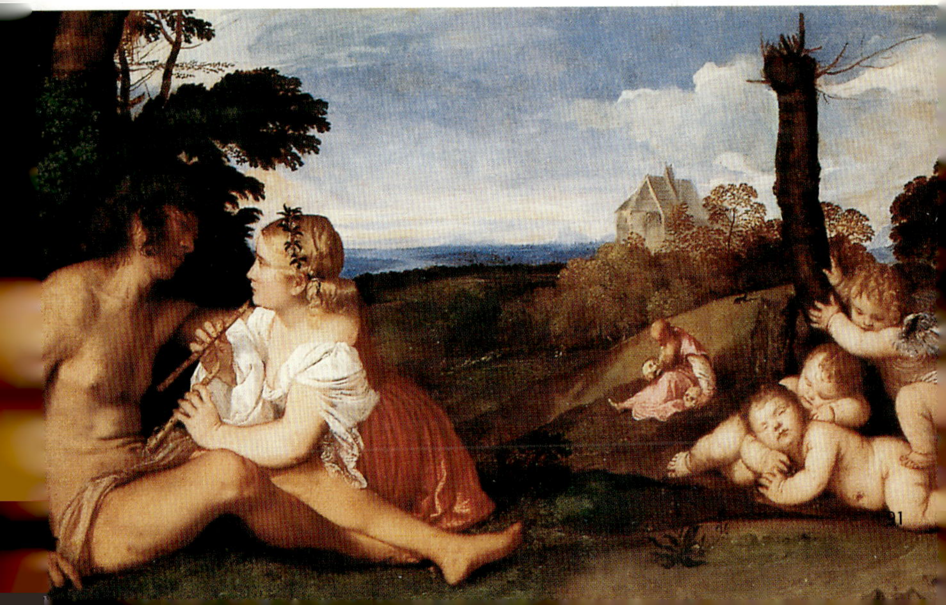

1505-1508

Giovanni Bellini

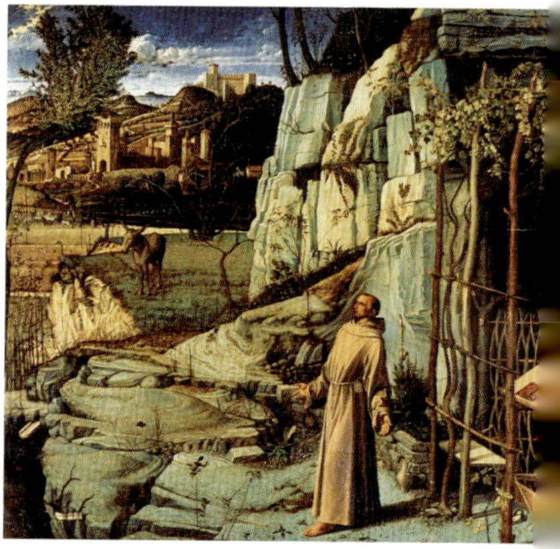

▲ Giovanni Bellini, *San Francesco*, 1477-1479, New York, Frick Collection. Figurava nella collezione Contarini e per l'ambiguità dell'iconografia (il santo che riceve le stimmate, oppure che intona il *Cantico*...), è stato definito l'equivalente cristiano dei dipinti filosofici di Giorgione.

Giovanni Bellini, nume di almeno due generazioni di pittori, è considerato l'ideale se non il diretto maestro di Giorgione e Tiziano i quali, come avevano fatto i suoi coetanei dalla seconda metà del Quattrocento, guardano a lui per apprendere la serena visione della natura e il sonoro colorismo che contraddistinguono l'arte veneta. Già verso il 1470 è stimato il più importante pittore della città, autore delle principali pale d'altare e di opere devozionali di formato minore. Dalla sua bottega, che verso il 1500 ha assunto un prestigio e dimensioni enormi, fatica a soddisfare le richieste che piovono da Venezia e dal resto della penisola. Reagirà alla nuova pittura inaugurata da Giorgione e Tiziano con la consueta disponibilità ad assecondare proposte eterogenee senza tradire il proprio temperamento profondamente religioso. In un soggetto come la *Madonna col Bambino*, ripetuto in innumerevoli esemplari, si coglie la sua evoluzione da uno stile "secco", lineare, a una maniera più morbida e dolce. Non diversamente dai suoi giovani eredi, verso la fine della carriera l'anziano artista – muore nel 1516 –, che ha rapporti con antiquari e umanisti, affronta con successo tematiche allegoriche, sacre e profane.

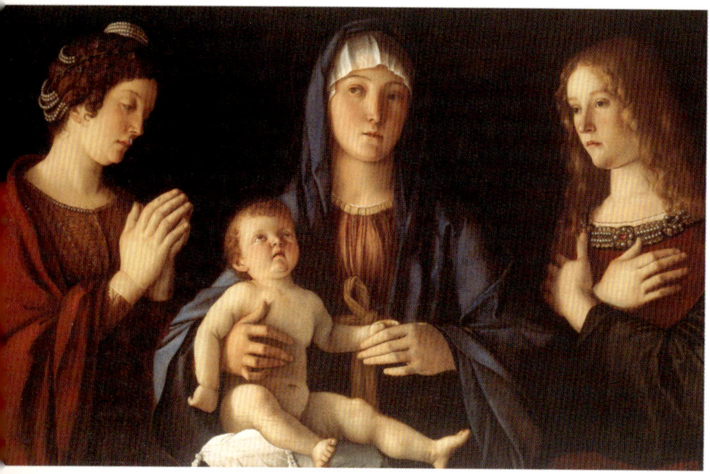

◄ Giovanni Bellini, *Madonna col Bambino tra le sante Caterina e Maddalena*, 1500 c., Venezia, Accademia. Questa Sacra Conversazione in cui le figure affiorano dall'oscurità riecheggia le indicazioni di Leonardo sulle condizioni atmosferiche necessarie per la buona riuscita di un ritratto, che dovrebbe essere ambientato nella penombra di uno spazio poco illuminato.

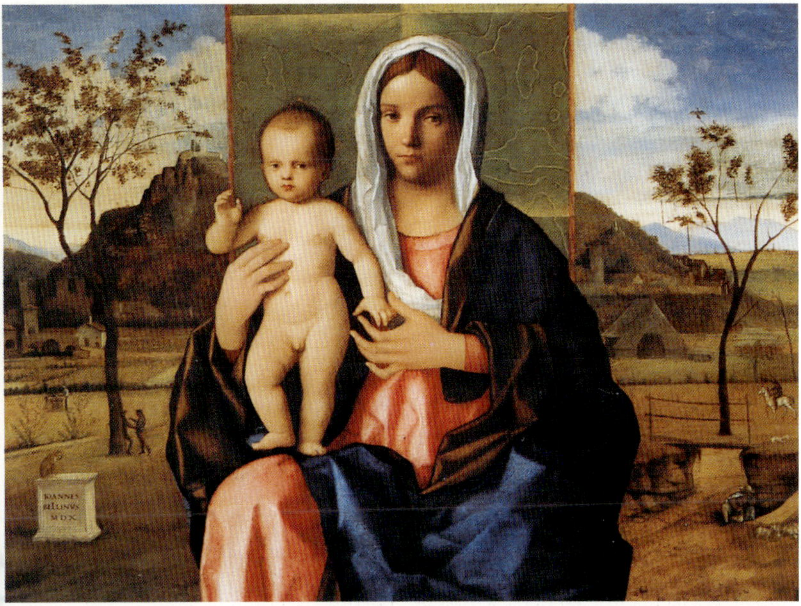

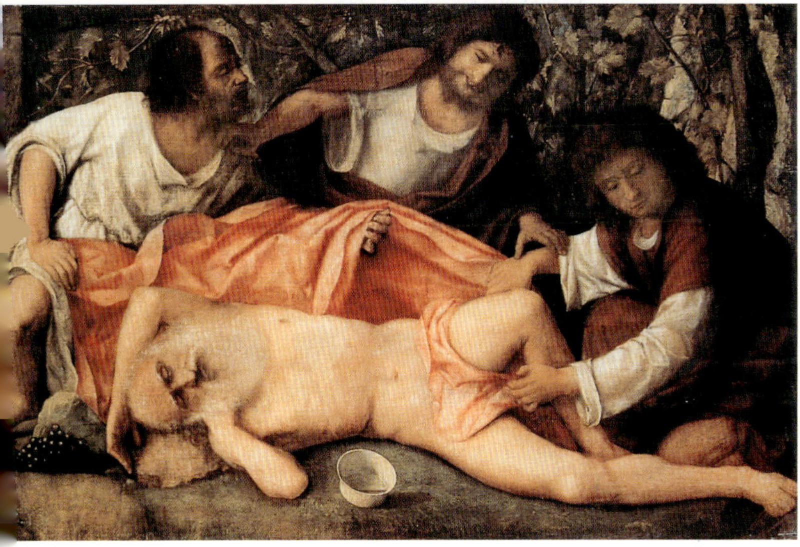

. Giovanni Bellini, *'adonna col Bambino*, ;10, Milano, Brera.

▲ Giovanni Bellini, *Noè e i suoi figli*, 1515 c., Besançon, Musée des Beaux-Arts. Nei volti è stata notata l'influenza giorgionesca, forse derivata da certe "teste di carattere" attribuite all'ultimo Giorgione, che porta Bellini a intensificare e diversificare l'espressione di ciascun personaggio.

Il ritratto maschile

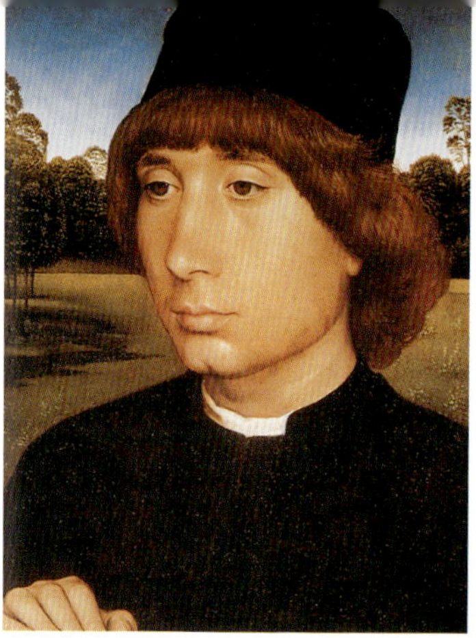

Nel Cinquecento la ritrattistica è un genere consolidato e in questo secolo la produzione di ritratti si fa quanto mai abbondante, diffondendosi presso categorie che precedentemente non godevano di un privilegio riservato a monarchi, aristocratici, principi della Chiesa. Da strumento di affermazione ed esibizione pubblica il ritratto diventa oggetto di contemplazione privata e come tale è spesso dotato di una copertura. A Venezia l'evoluzione, sia nello stile sia nella destinazione, è più lenta che altrove, e l'incremento del genere è dovuto non tanto all'affermazione dell'individuo quanto all'orgoglio famigliare, all'identificazione con l'ordine sociale e politico dominante, per cui si avverte una certa reticenza nell'esprimere la personalità e l'emotività. Nella seconda metà del Quattrocento il ritrattista più celebre è Gentile Bellini, che nel 1480 raffigura Maometto II (cfr. p. 16) in un'aulica posa di profilo. Suo fratello Giovanni sarà tra i primi ad adottare una posa di tre quarti ma come il cognato Andrea Mantegna non annulla la distanza tra spettatore ed effigiato, che volge lo sguardo verso un punto lontano. Negli anni del suo soggiorno veneziano Antonello da Messina fa il contrario e seguendo l'esempio dei fiamminghi dipinge personaggi che non solo ci guardano ma reagiscono con un cenno o un sorriso.

▲ Hans Memling, *Ritratto di giovane*, 1480 c., Venezia, Accademia. È l'opera che potrebbe avere ispirato a Giorgione il *Ritratto di giovane* di Berlino (cfr. p. 9).

▶ Andrea Mantegna, *Il cardinale Ludovico Trevisan*, 1459-1460, Berlino, Gemäldegalerie. È uno dei primi ritratti di tre quarti della pittura italiana.

▶ Antonello da Messina, *Ritratto d'uomo*, 1476, Torino, Museo Civico. La posa di tre quarti e la caratterizzazione del volto sono di origine fiamminga.

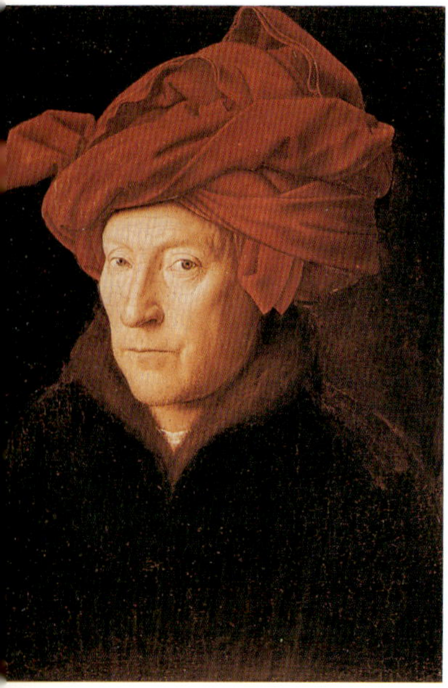

◀ Jan van Eyck, *Uomo col turbante*, 1433, Londra, National Gallery. Forse si tratta dell'autoritratto del pittore, che con orgoglio presenta se stesso al mondo.

▶ Giorgione , *Ritratto d'uomo Terris*, 1505 c., San Diego, Fine Arts Gallery. In questo volto che invade la superficie della tavola Giorgione infonde una forza comunicativa senza precedenti. Sul retro è inscritta una data indecifrabile ma il vivido realismo del ritratto induce ad accostarlo al secondo soggiorno veneziano di Dürer, nel 1505, mentre la sua monumentale presenza fisica, così efficacemente contrastante con la dolce tristezza dello sguardo, lo avvicina alle figure affrescate qualche anno dopo nel Fondaco dei tedeschi.

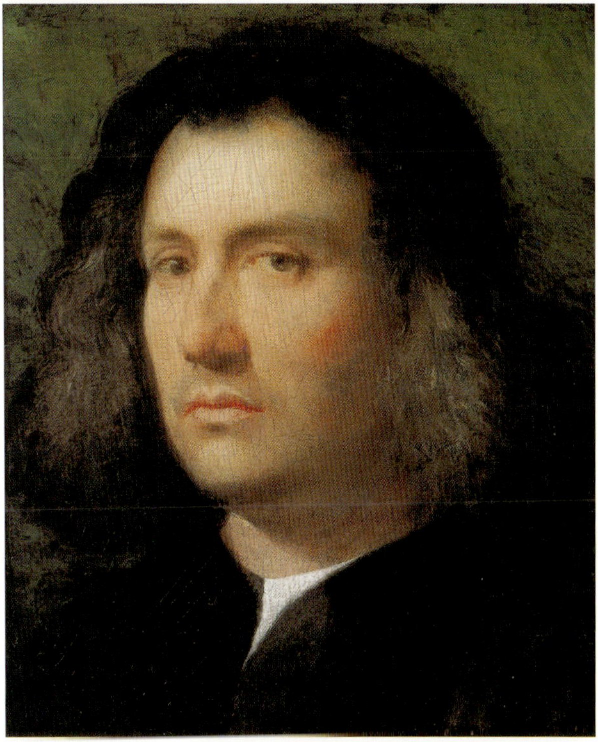

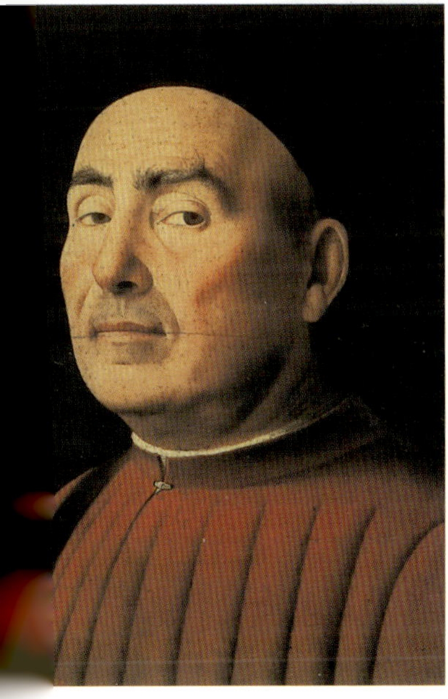

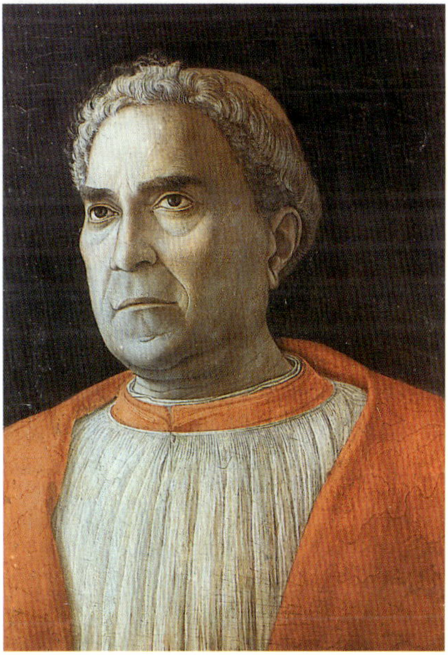

Tutti contro Venezia

L'apertura di nuove rotte in seguito alla scoperta dell'America e alla circumnavigazione dell'Africa alla fine del Quattrocento significa per Venezia la perdita del dominio sui mari. Con il nuovo secolo incombono ulteriori minacce che gradualmente indeboliranno il suo peso politico. Nel 1503 diventa papa Giulio II, che subito manifesta la sua ostilità verso la Repubblica Serenissima "nemica di ogni pace" e si fa promotore occulto di una lega antiveneziana, con al vertice il regno di Francia e l'impero d'Austria, sancita a Cambrai nel 1508. Il vero *annus horribilis* è il 1509, quando, sconfitta ad Agnadello dalle truppe francesi, Venezia perde l'entroterra lombardo e veneto. Bastano pochi mesi perché i territori occupati si sollevino e Venezia passi al contrattacco. Dopo avere invano cercato l'aiuto del sultano di Costantinopoli e del re d'Inghilterra, è tuttavia costretta ad accettare la resa. A questo punto però Giulio II, placata la sua ira nei confronti di Venezia, si rivolge contro la Francia. Tuonando "fuori i barbari", il pontefice diventa condottiero e solo la morte, nel 1513, lo ferma nel suo disegno di consolidare il potere temporale della Chiesa. Ancora una volta è un succedersi di battaglie che sembrano segnare la vittoria dei francesi, al cui fianco è tornata Venezia, allo scopo di ripristinare i confini perduti.

▼ Raffaello, *Giulio II*, 1511-1512, Firenze, Uffizi. Il pontefice vuole ostacolare l'espansione veneziana nelle Marche e in Romagna, ma in molti temono una possibile egemonia di Venezia e così anche gli Sforza e gli Estensi, i Gonzaga e i Savoia, le repubbliche di Genova e Firenze aderiscono alla Lega di Cambrai.

▼ Giovanni Bellini, *Il doge Leonardo Loredan*, 1501 c., Londra, National Gallery. Secondo la testimonianza di Vasari, anche Giorgione avrebbe dipinto un ritratto del doge Loredan, in carica dal 1501 al 1521.

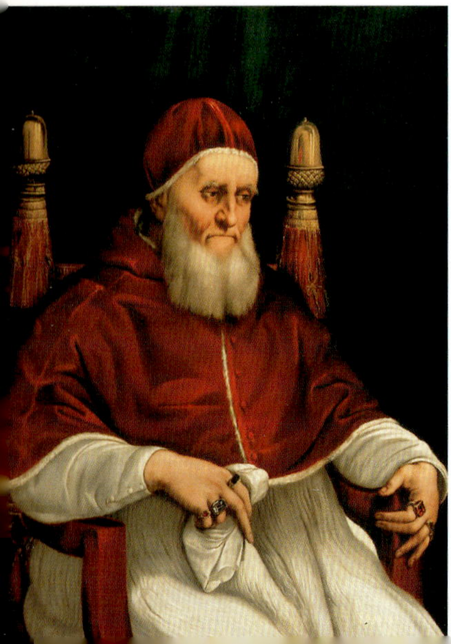

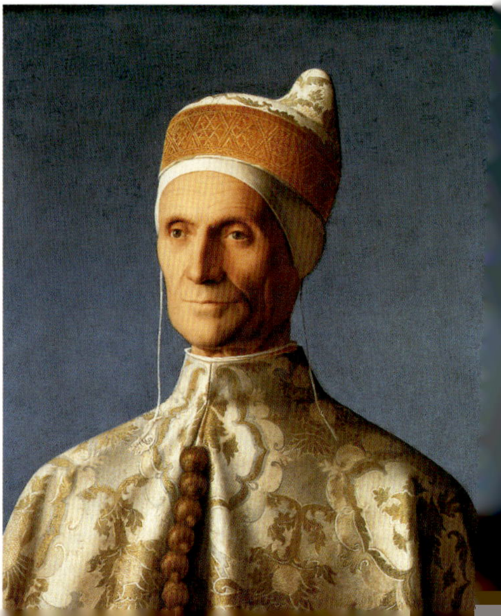

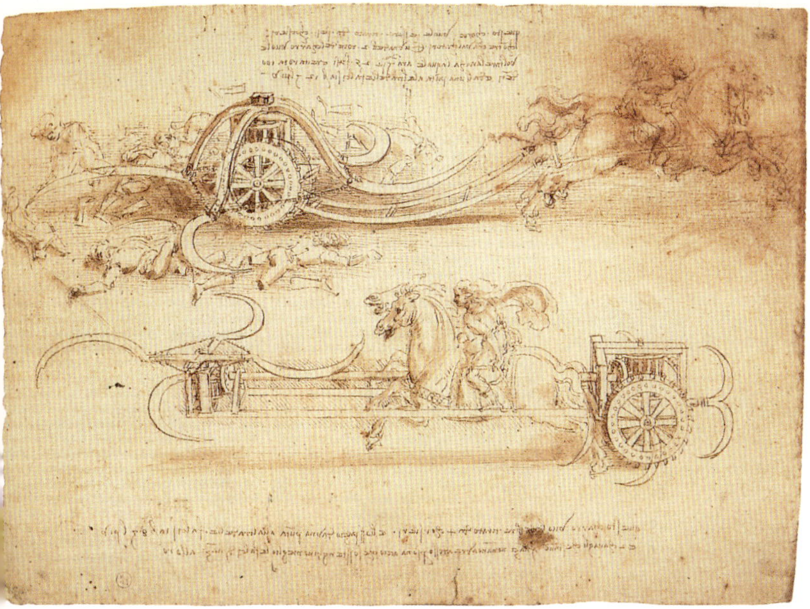

▲ Leonardo, *Studi di carri falcati*, 1485 c., Torino, Biblioteca Reale. Le fantastiche macchine da guerra di Leonardo non trovano un'effettiva applicazione, tuttavia gli studi e le innovazioni militari caratterizzano questo periodo storico.

▼ Albrecht Dürer, *Massimiliano I*, 1519, Vienna, Kunsthistorisches Museum. Nelle corso delle vicende belliche, l'imperatore, massima autorità d'Europa, tiene un comportamento ambiguo e temporeggiatore.

▼ Andrea Solario, *Charles d'Amboise*, 1507, Parigi, Louvre. Dal 1509 al 1513 assistiamo a clamorosi voltafaccia: prima il papa alleato di Francia e Germania contro Venezia, quindi Papato e Venezia uniti contro la Francia e infine Francia e Venezia avversarie del papa. Charles d'Amboise comanda le truppe francesi di Luigi XII e sta quasi per ottenere la vittoria su Giulio II, a sua volta a capo di un esercito, quando acconsente alla resa.

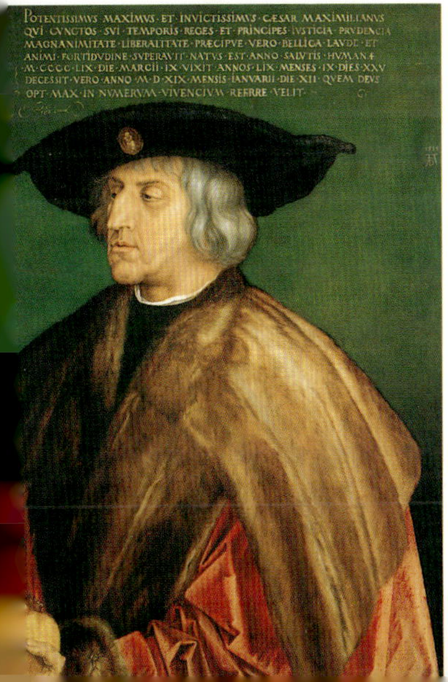

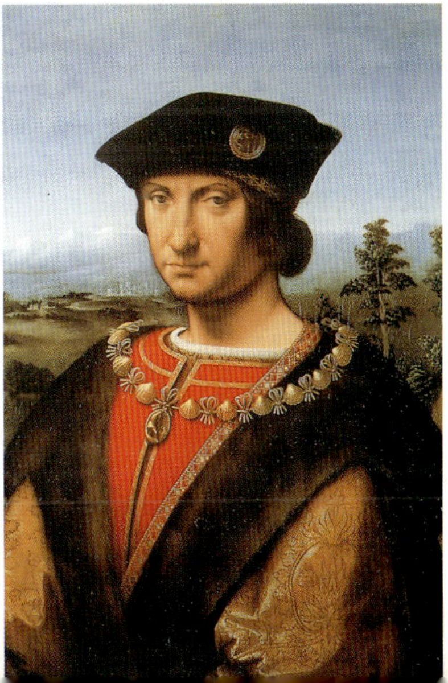

1508 - 1510

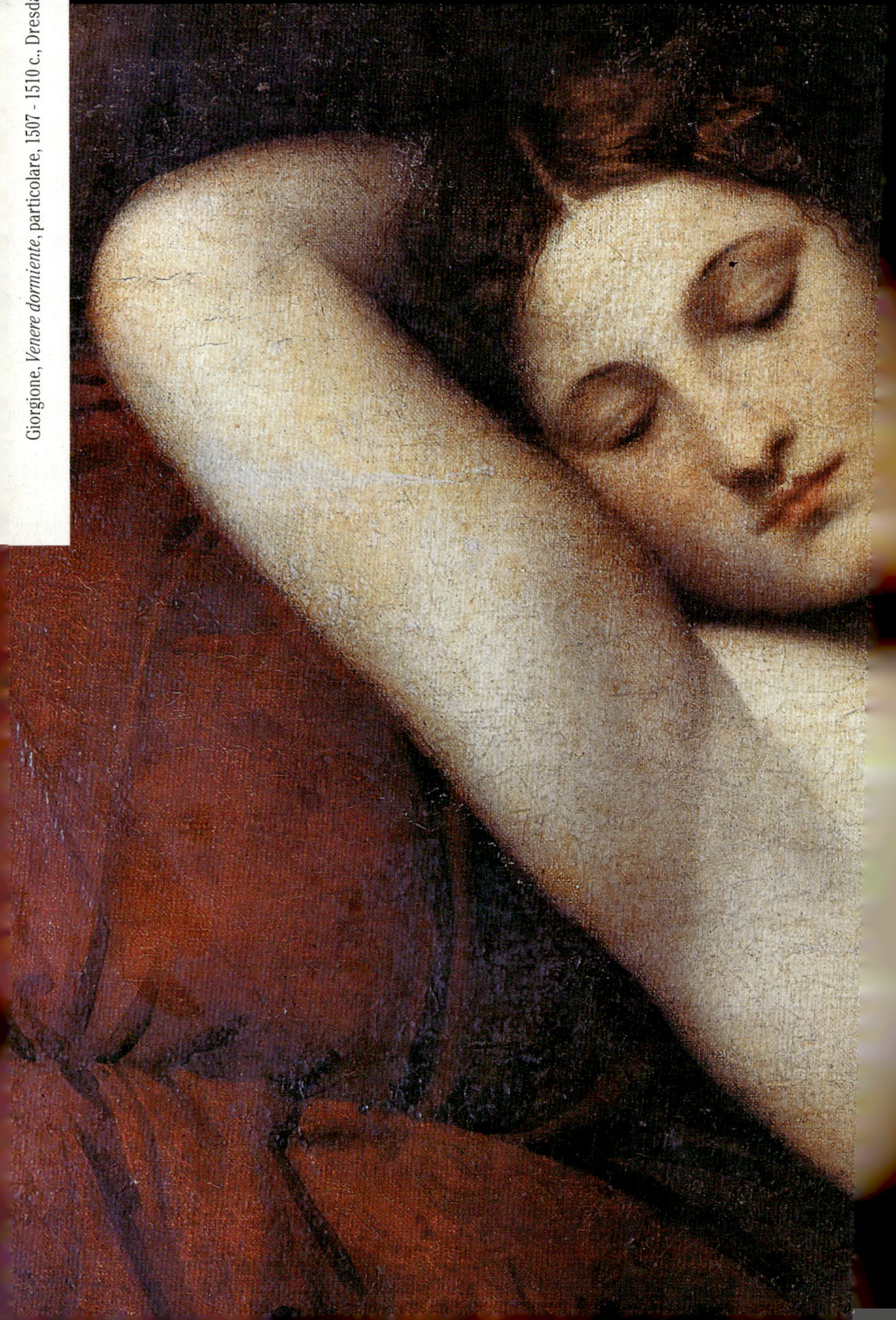

Giorgione, *Venere dormiente*, particolare, 1507 - 1510 c., Dresda, Gemäldegalerie.

La maniera moderna

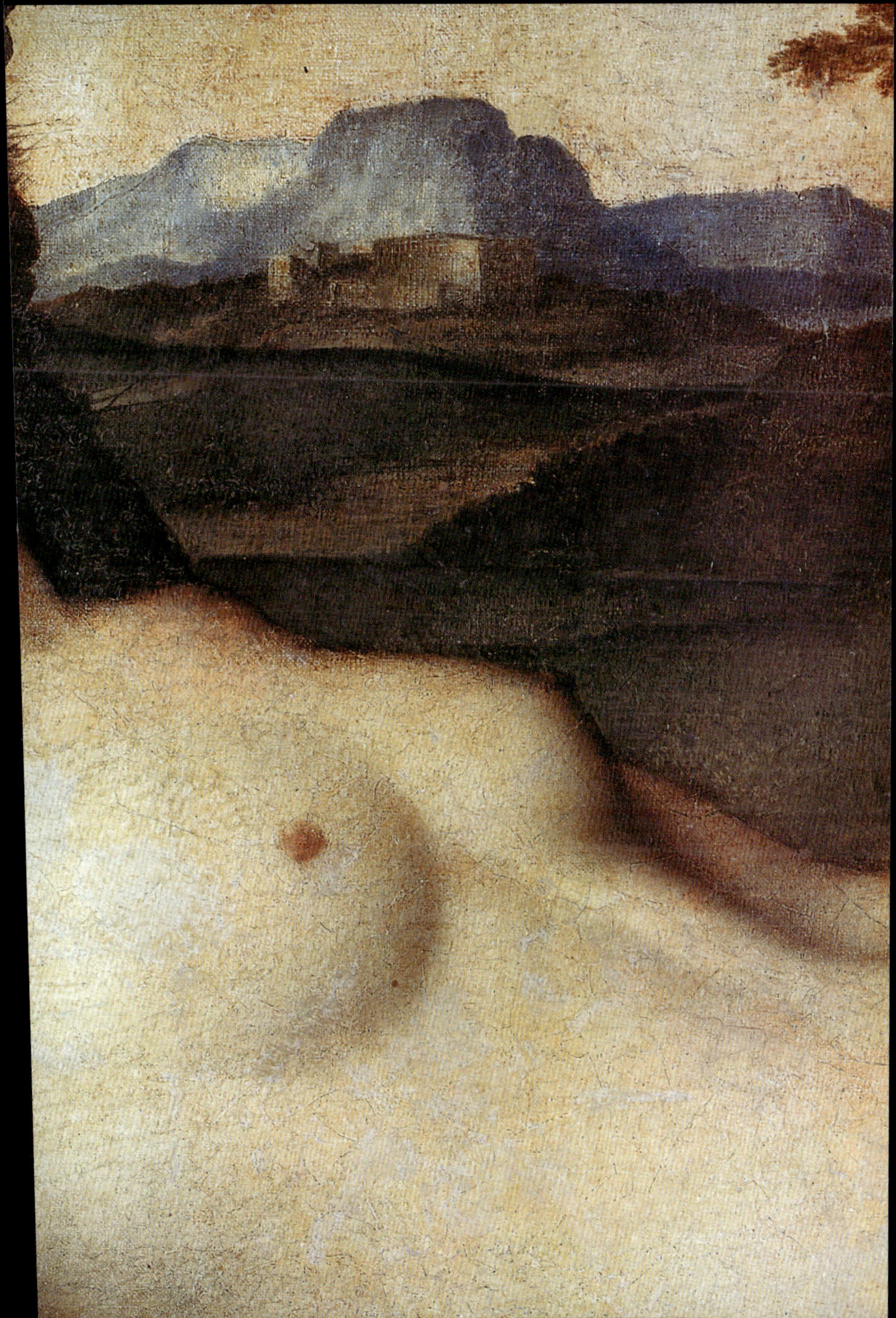

1508-1510

I maestri della maniera

La prima grande storia dell'arte italiana vede la luce nel 1550 a opera dell'aretino Giorgio Vasari, pittore e architetto autore delle *Vite*. Grazie a questo fondamentale trattato sono state ricostruite le biografie di moltissimi artisti italiani, inclusa quella di Giorgione. Convinto che al progredire del tempo e della tecnica corrispondessero conquiste sempre più alte di valori artistici, Vasari ripercorre tre secoli di arte italiana "da Cimabue insino a' tempi nostri", quando Leonardo, Michelangelo e Raffaello danno inizio alla "maniera moderna". L'eccellenza di questi maestri consiste nell'avere creato forme naturali e armoniose attraverso la riscoperta dell'arte antica e la perfetta padronanza dei mezzi pittorici. La linea evolutiva tracciata da Vasari privilegia l'arte toscana che si caratterizza per il prevalere del disegno sul colore, al contrario dell'arte veneta, dove il colore costituisce la struttura portante. Nel 1541, su invito di Pietro Aretino, Vasari era stato a Venezia per vedere le opere di Tiziano e di altri pittori e vi fa ritorno nel 1566 per raccogliere nuovo materiale per la seconda edizione delle *Vite* dove descrive il Rinascimento veneziano come direttamente ispirato da quello fiorentino, rilevando l'influenza di Leonardo su Giorgione. Malgrado la sua parzialità, Vasari riconosce tuttavia la grandezza di Giorgione, considerandolo degno di competere con i toscani e annoverandolo tra i protagonisti della "maniera moderna", che deve costituire modello per le generazioni successive.

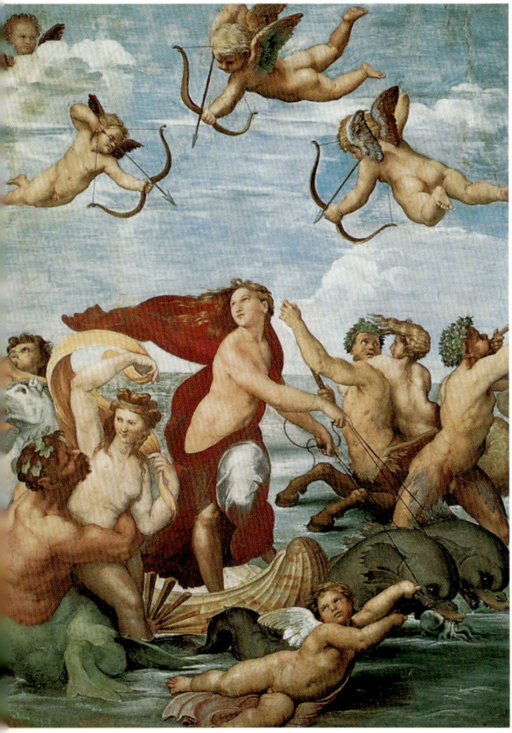

◀ Raffaello, *Trionfo di Galatea*, 1511, Roma, Farnesina. La grazia e la naturalezza dell'immagine, la trionfante bellezza dei corpi, riportano in vita il mondo classico e pagano.

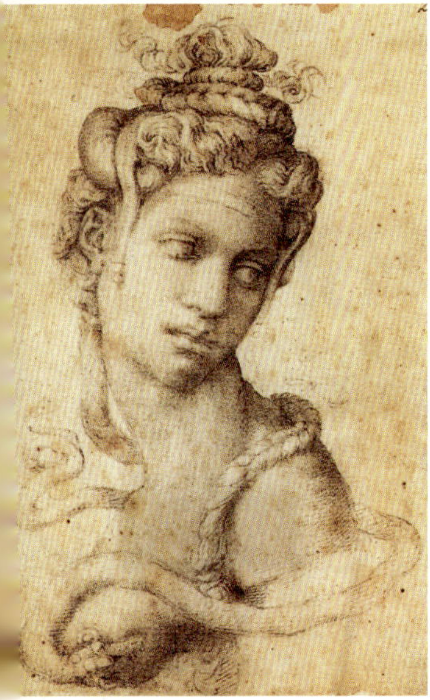

▲ Michelangelo, *Cleopatra*, 1525, Firenze, Casa Buonarroti.

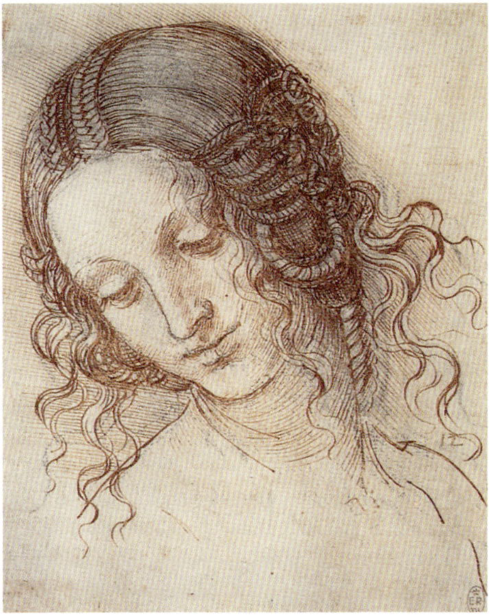

▲ Leonardo, *Leda*, 1505- 1507 c., Windsor Castle, Royal Collection.

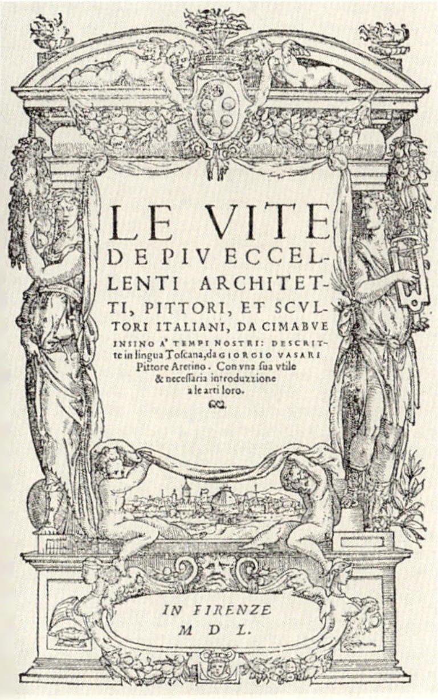

LE VITE
DE PIV ECCEL-
LENTI ARCHITET-
TI, PITTORI, ET SCVL-
TORI ITALIANI, DA CIMABVE
INSINO A' TEMPI NOSTRI: DESCRIT-
te in lingua Toscana, da GIORGIO VASARI
Pittore Aretino. Con vna sua vtile
& necessaria introduzzione
a le arti loro.

IN FIRENZE
M D L.

◀ Frontespizio delle *Vite* di Giorgio Vasari, Firenze 1550. La prima edizione si conclude con la vita di Michelangelo. Nell'edizione del 1568 è inclusa la biografia di Tiziano.

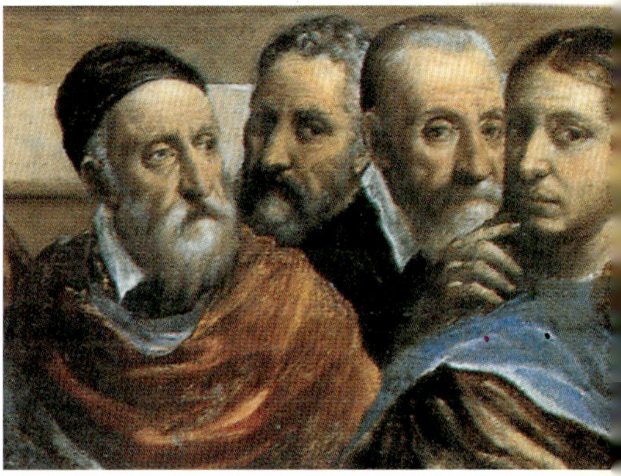

▲ El Greco, *Cacciata dei mercanti dal Tempio*, 1570-1572, Minneapolis, Museum of Art, particolare con Tiziano, Michelangelo, Giulio Clovio e Raffaello.

Il Fondaco dei tedeschi

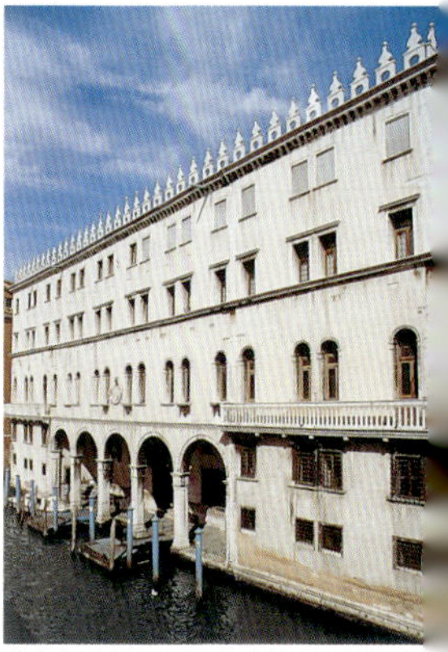

Nella notte tra il 27 e il 28 gennaio 1505 uno spaventoso incendio – di quelli che così spesso hanno funestato Venezia causando la scomparsa di tanti capolavori e stimolandone in compenso quasi altrettanti di nuovi – distrugge il Fondaco dei tedeschi, sede ufficiale dei mercanti e degli uomini d'affari germanici a Venezia. In meno di cinque mesi il Senato ha stabilito il modello in base al quale il Fondaco sarà ricostruito. Si dispone di non ricorrere a decorazioni marmoree ed elementi decorati a traforo, ma per abbellire le campiture libere delle pareti si chiamano Giorgione e Tiziano. Secondo il Dolce, che scrive nel 1557, l'immagine della *Giustizia* dipinta da Tiziano sul lato della calle, per la sua bellezza sarebbe stata scambiata per opera di Giorgione, instaurando un primo conflitto tra i due. Nel 1508 la conclusione dell'edificio è celebrata con una messa e nello stesso anno una contesa sul pagamento per gli affreschi eseguiti da Giorgione induce a credere che anche il suo lavoro fosse terminato. Oggi rimangono solo pochi frammenti del più grandioso ciclo del Rinascimento veneziano, composto da varie figure concepite come statue dipinte, separate da fregi ornamentali. Il clima umido e salmastro è stato deleterio per la conservazione degli affreschi, ancora ben leggibili a metà Settecento e sbalorditivi allora per la qualità fiammeggiante delle tinte.

▲ Il Fondaco dei tedeschi.

▶ Anton Maria Zanetti, *Nudo maschile seduto*, 1760, incisione da Giorgione.

▼ Tiziano, *La Giustizia*, 1508 c., Venezia, Galleria Franchetti alla Ca' d'Oro. Commissionati dallo stato in un periodo di tensioni con l'imperatore Massimiliano I, i soggetti del Fondaco sono stati interpretati come volontà della Repubblica di affermare la propria autonomia.

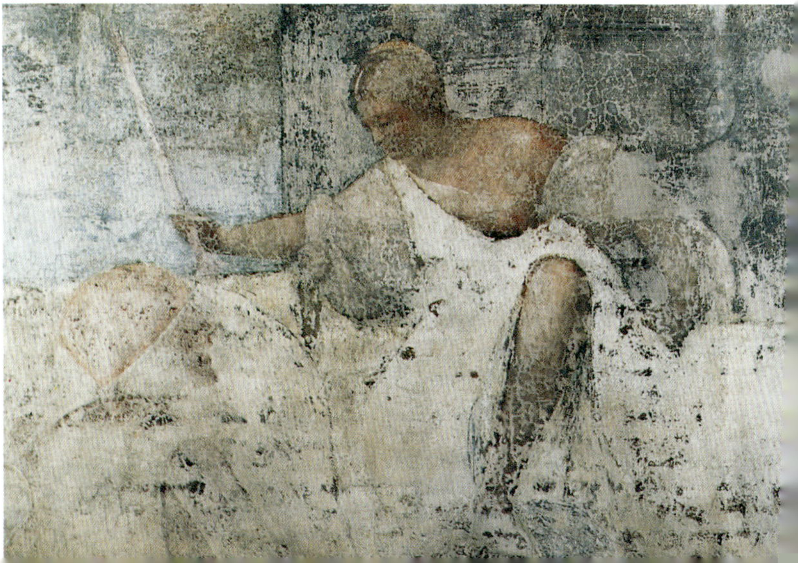

Le facciate dipinte

Il Fondaco ha perduto l'antica decorazione ad affresco, al pari di tanti altri palazzi veneziani ma anche in terraferma cittadine come Treviso, Conegliano e la stessa Castelfranco Veneto erano caratterizzate da eleganti edifici porticati, affacciati su stradine lastricate, rivestiti da pitture multicolori, scene ed emblemi oggi sbiaditi o parzialmente ridipinti in cui si dispiegava la civiltà della "Marca gioiosa et amorosa" di cui è figlio Giorgione.

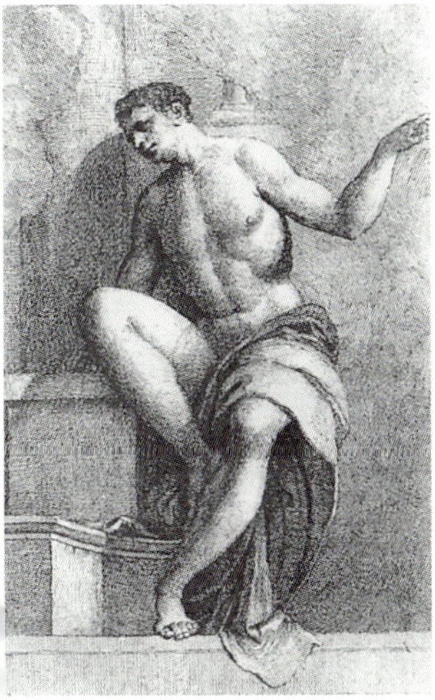

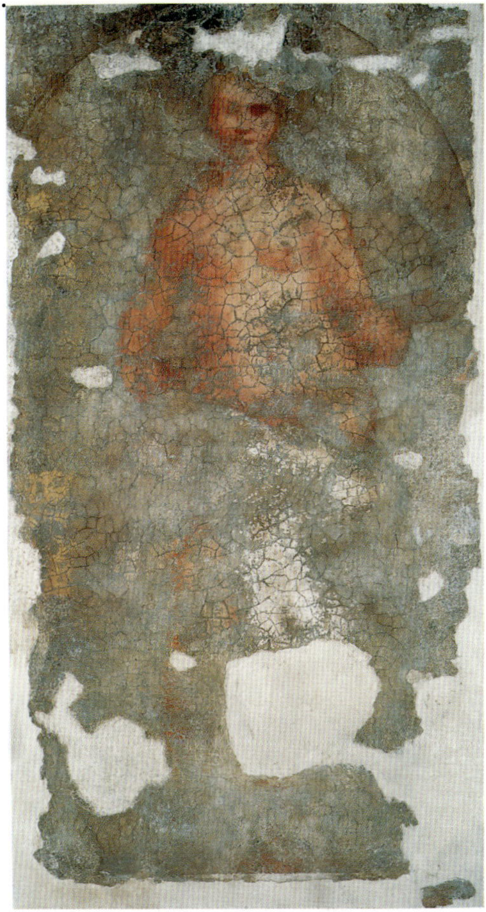

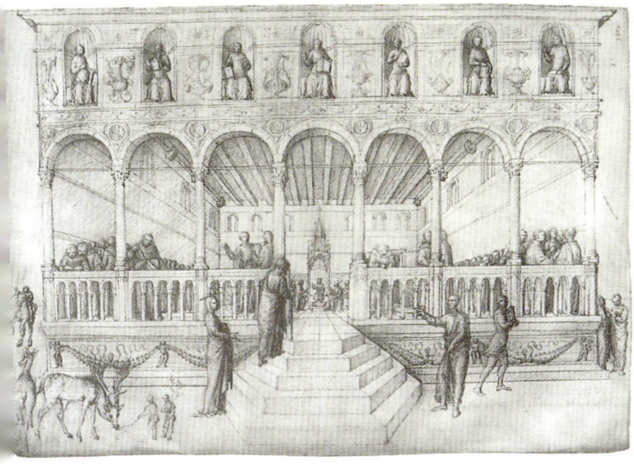

▲ Giorgione, *Nuda*, 1508 c., Venezia, Galleria Franchetti alla Ca' d'Oro. L'affresco, dipinto all'ultimo piano della facciata sul Canal Grande, fu staccato e restaurato nel 1937.

◀ Jacopo Bellini, *Gesù fra i dottori*, 1450 c., Parigi, Louvre. Il disegno rende l'idea di come avrebbe potuto essere la decorazione della facciata del Fondaco, con gli affreschi invece delle sculture.

Il nudo

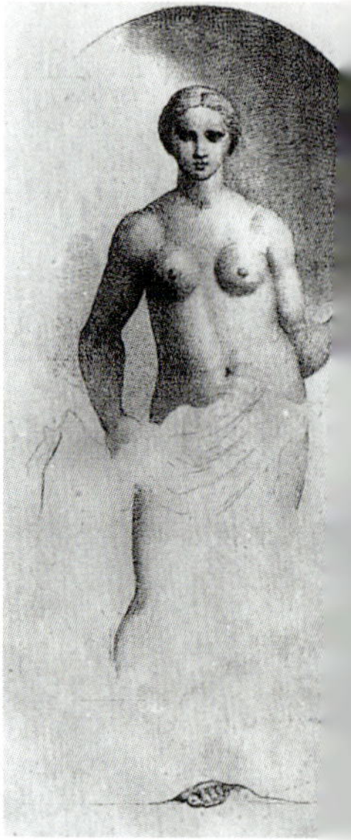

▶ Anton Maria Zanetti, *Nuda in piedi*, 1760, incisione da Giorgione.

▼ Antonio Rizzo, *Adamo ed Eva*, 1485 c., Venezia, Palazzo Ducale. In origine ornavano la Scala dei giganti del Palazzo Ducale.

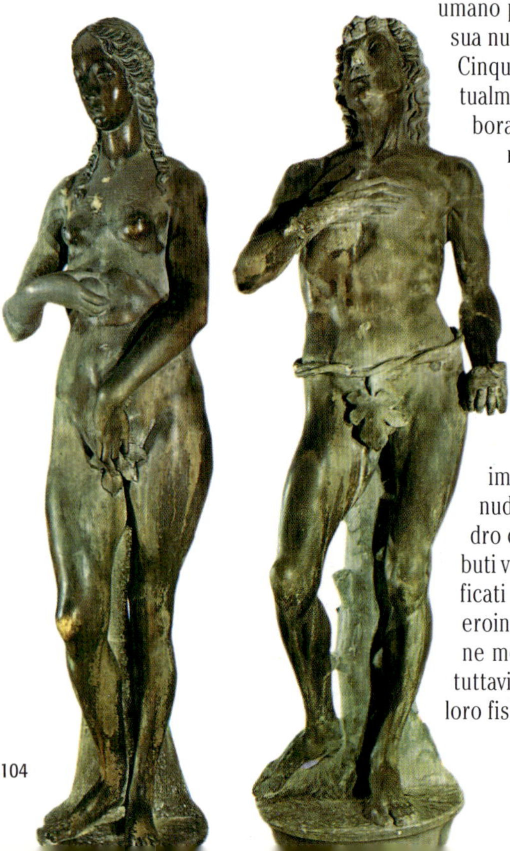

Le figure su scala monumentale, plasticamente rilevate dal chiaroscuro, che si intuiscono dalle incisioni settecentesche dello Zanetti e da ciò che rimane della *Nuda*, sono una conquista della "maniera moderna" di Giorgione. Vasari, che ebbe occasione di ammirare gli affreschi del Fondaco ancora nel pieno del loro splendore, pur dichiarandosi incapace di decifrarne l'iconografia, li loda per le "figure molto ben fatte e colorite vivacissimamente" e tratte "al segno delle cose vive, e non a imitazione nessuna della maniera". Il corpo umano presentato nella statuaria bellezza della sua nudità era comune nell'iconografia di inizio Cinquecento e gli artisti si esercitavano abitualmente con disegni e studi dal vero, per elaborare immagini di perfetta armonia e naturalezza. L'aspirazione a trovare un canone umano ideale, come nell'arte classica, percorre tutto il Rinascimento, dall'Alberti a Dürer, incoraggiata dalla visione antropocentrica dell'umanesimo e dalla riscoperta degli scritti di Vitruvio e di Platone. Leonardo in particolare è noto per avere unito all'analisi delle proporzioni quello dell'anatomia per scoprire i segreti della "macchina umana" e dei suoi movimenti. Sarebbe tuttavia improprio, in questo periodo, pensare al nudo come soggetto protagonista di un quadro o di una statua: ammantate di veli e attributi vari e mai completamente spoglie di significati ideali, queste figure diventano eroi ed eroine biblici, allegorie cristiane, divinità pagane moralizzate, protagonisti di un racconto e tuttavia si imponevano allo spettatore per la loro fisica e vitale presenza.

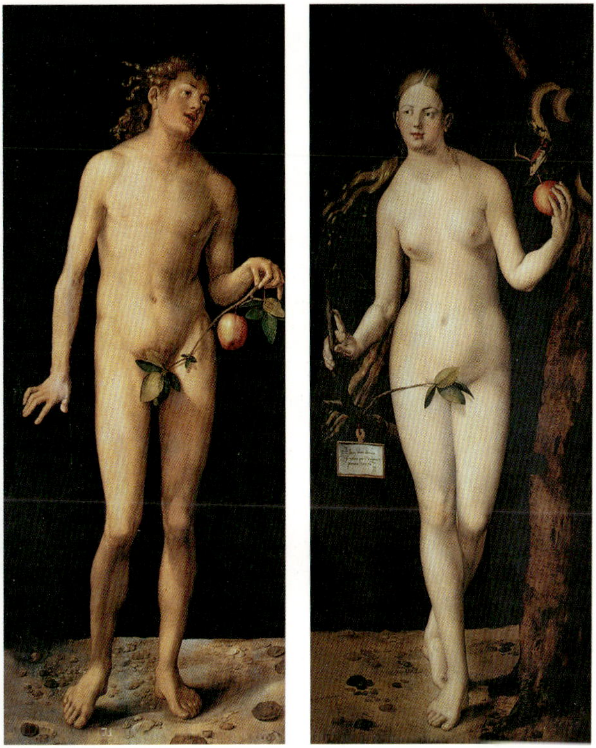

◀ Albrecht Dürer, *Adamo ed Eva*, 1507, Madrid, Prado. Realizzati entrambi dopo il secondo viaggio in Italia, i due progenitori dimostrano l'interesse di Dürer per la raffigurazione del corpo nudo, presentato qui a grandezza naturale per la prima volta nella storia dell'arte tedesca. Come Leonardo, e forse per sua diretta influenza, Dürer esegue studi sulle proporzioni dell'uomo e del cavallo.

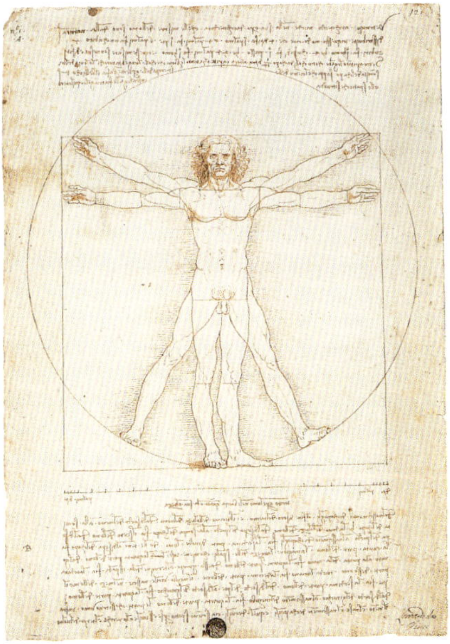

▶ Leonardo, *Le proporzioni del corpo umano secondo Vitruvio*, 1490 c., Venezia, Accademia.

L'uomo vitruviano

Questo celebre foglio, simbolo della civiltà moderna occidentale è ispirato a un passo del terzo libro del *De Architectura* di Vitruvio relativo alle misure del corpo umano, composto dalla natura in modo che le singole membra corrispondano proporzionalmente alla somma totale, così come deve essere per gli edifici. Leonardo ha raffigurato l'uomo in piedi, con braccia e gambe allargate, iscritto esattamente nelle figure geometriche più regolari, in base a un principio della teoria rinascimentale sulle proporzioni. Si tratta di una visualizzazione del tema platonico e neoplatonico dell'uomo come microcosmo in rapporto all'ordine del cosmo.

Venere dormiente

Fra i capolavori della Gemäldegalerie di Dresda, la tela (108 × 175 cm) è in genere considerata una delle ultime opere di Giorgione, malgrado vi sia stato colto un intervento di Tiziano talmente pervasivo da spostare l'attribuzione.

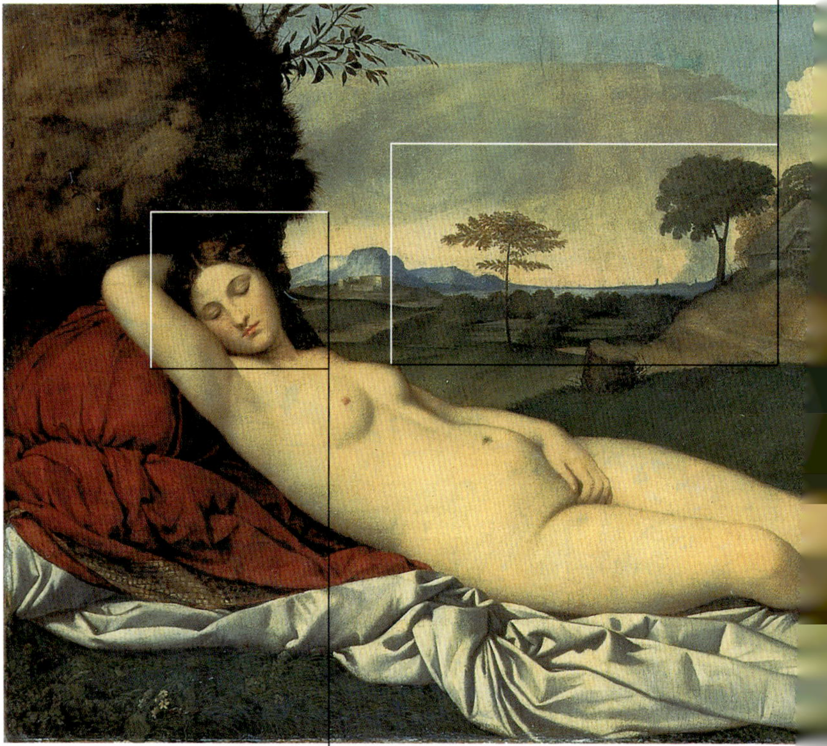

▶ Vista da Marcantonio Michiel in casa di Girolamo Marcello nel 1525, la *Venere* potrebbe essere stata commissionata per le nozze di quest'ultimo, nel 1507. Michiel riferisce inoltre che sulla destra compariva un Cupido – coperto da un restauro ottocentesco – che, come il paesaggio, era stato portato a termine da Tiziano.

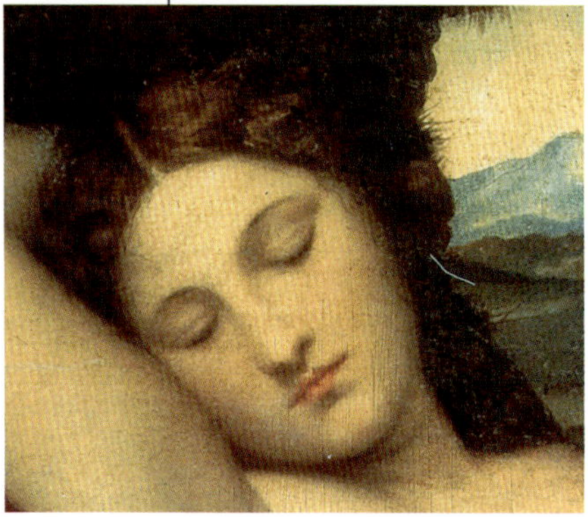

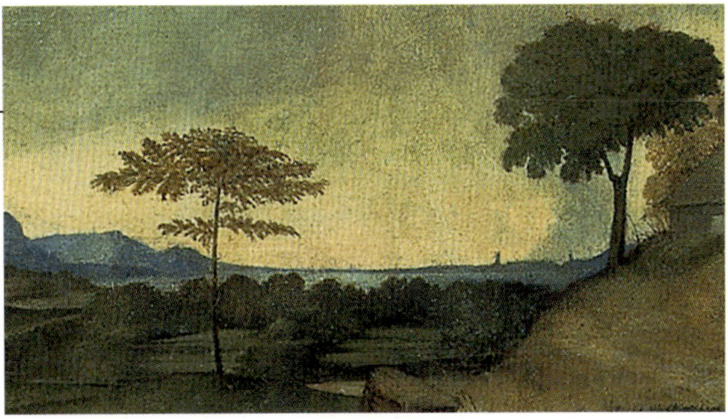

▲ Nelle intenzioni di Giorgione, documentate dall'analisi ai raggi infrarossi, Venere era distesa davanti al paesaggio, sopra la vasta campitura luminosa del lenzuolo bianco. Tiziano, intervenuto forse per riparare immediati guasti della fragile pellicola pittorica, riduce la porzione del lenzuolo ampliando quella del manto erboso in basso, e aggiungendo il drappo rosso. Inoltre inserisce una massa rocciosa scura dietro alla testa della dea. In questo modo essa sembra riposare all'ombra di un anfratto, e risulta collocata all'interno dello spazio naturale. A Giorgione spetta comunque il merito dell'invenzione del soggetto, tratto forse dalla letteratura epitalamica antica.

▼ Tiziano usa il paesaggio a destra identico nel *Noli me tangere* oggi a Londra e speculare nell'*Amore sacro e profano* (cfr. p. 110).

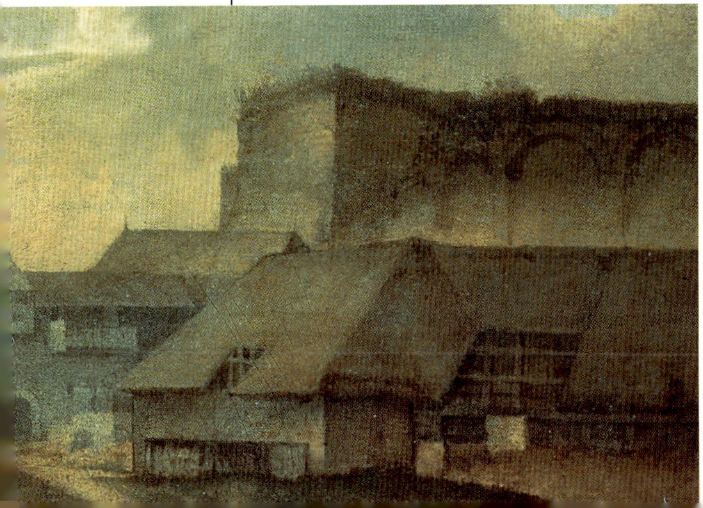

Sviluppi del tema

▼ Gemma antica con *Ermafrodito dormiente e Cupido*, Napoli, Museo Archeologico.

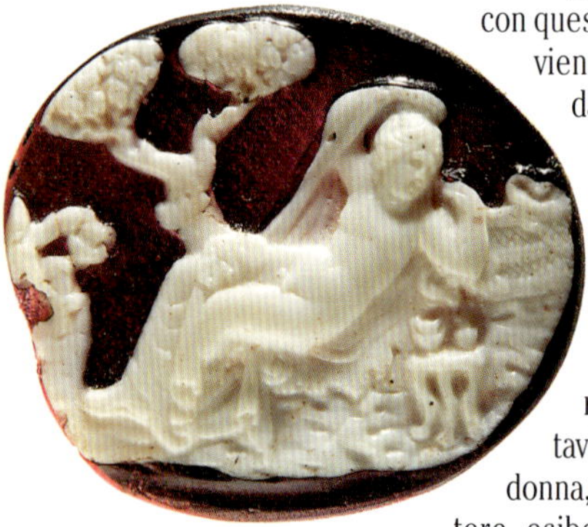

La novità iconografica della *Venere di Dresda*, nuda e languidamente distesa – così simile nella posa a certe figure incise sulle gemme antiche che probabilmente costituirono il riferimento visivo di Giorgione – si impone velocemente non solo a Venezia, e viene accolta da generazioni di artisti in tutta la pittura dei secoli seguenti. Ogni nudo femminile adagiato subirà il confronto con questo, nonostante le profonde modifiche alle quali il genere viene sottoposto. Dipingendo la sua Venere, Giorgione ha dato un esempio di "brevità poetica", ovvero della capacità di condensare in pochi attributi essenziali, un messaggio di immediata e durevole presa emozionale, allusivo di un significato complesso. La bellezza del corpo è amplificata dal paesaggio, che ne riecheggia le forme curvilinee e questa connessione tra natura e figura ritorna in stampe e disegni del Cinquecento veneziano. L'atmosfera sensuale ma sognante del dipinto di Giorgione, si fa tuttavia più apertamente erotica in immagini in cui una giovane donna, non più addormentata, si rivolge ben sveglia allo spettatore, esibendo apertamente la sua nudità senza coprirla con un gesto pudico. Altre raffigurazioni di Venere pronuba perdono invece la sobrietà di riferimenti simbolici adottata da Giorgione per arricchirsi di segnali iconografici.

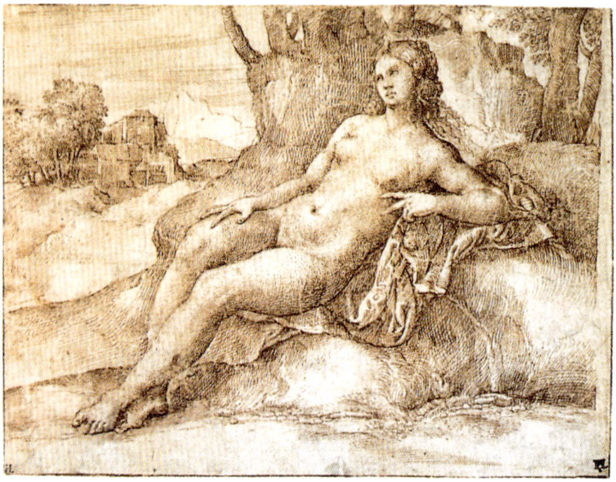

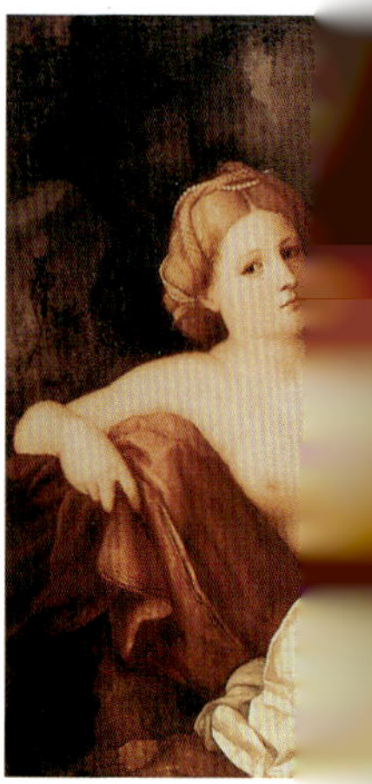

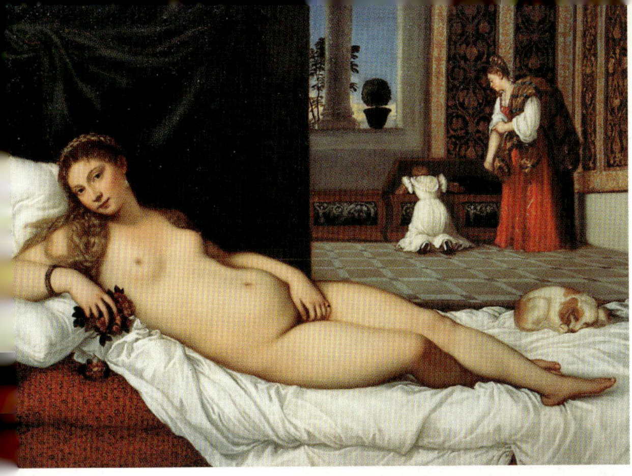

◀ Tiziano, *Venere di Urbino*, 1538, Firenze, Uffizi. Tiziano dipinge innumerevoli e sempre diverse immagini di Venere. Questa Venere pudica eseguita per il duca di Camerino, collocata all'interno di una stanza in una dimora patrizia, ha perso l'idealizzazione di quella giorgionesca.

▶ Lorenzo Lotto, *Venere e Cupido*, 1513-1526, New York, The Metropolitan Museum of Art. Gli abbondanti riferimenti simbolici alla fecondità, come la cornucopia, il mirto e lo scanzonato gesto di Cupido, sono indicativi di una destinazione nuziale del dipinto.

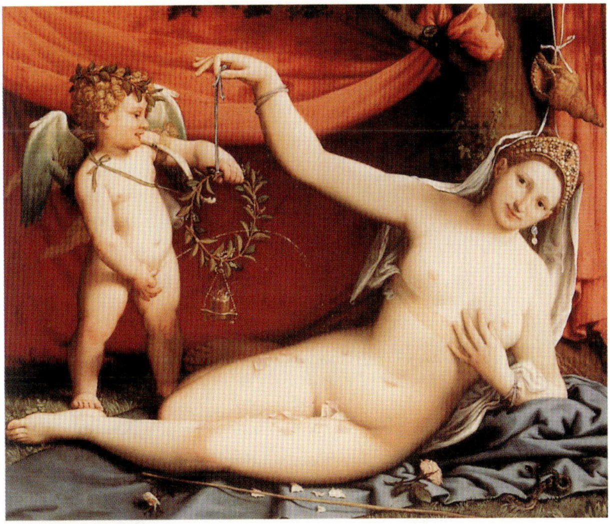

◀ Domenico Campagnola, *Ninfa in un paesaggio*, 1516-1517 c., Londra, British Museum.

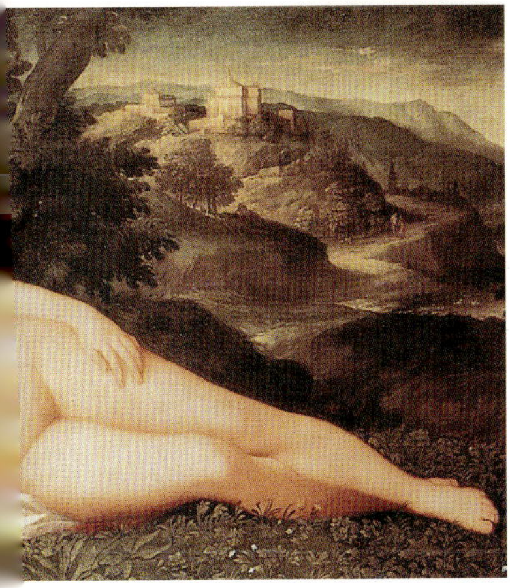

◀ Jacopo Palma il Vecchio, *Ninfa in un paesaggio*, 1518-1520, Dresda, Gemäldegalerie. Ecco un dipinto dalla struttura simile a quella della Venere di Dresda ma di diverso significato. Inserendolo nel contesto letterario del primo Cinquecento è possibile decifrarne l'iconografia, portatrice di un implicito messaggio di natura morale. Negli *Asolani* Pietro Bembo spiegava che gli uomini antichi consideravano le donne come ninfe dei boschi, capaci di incantarli con un solo sguardo e di trascinarli in un mondo fatto di gioie ma anche di pene d'amore. Seguirle significava scegliere la via più facile e precludersi il cammino della virtù. Anche il paesaggio ribadisce questo concetto: è molto più allettante lasciarsi andare lungo il pendio che salire faticosamente verso la vetta procedendo per il cammino tortuoso.

1508-1510

Giorgione e Tiziano

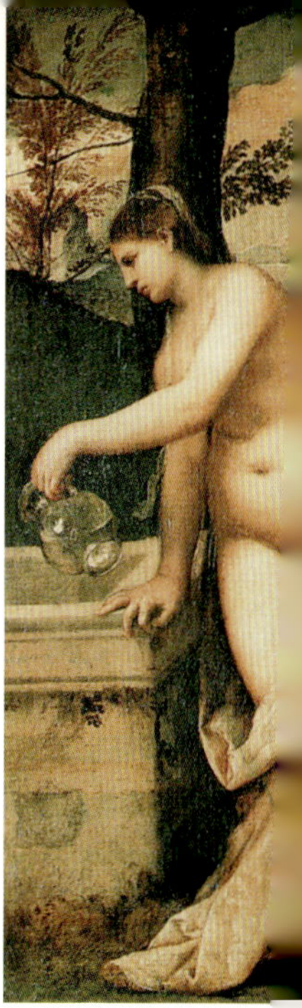

Quando lavora con Giorgione al Fondaco dei tedeschi, Tiziano ha circa vent'anni e come Giorgione è arrivato a Venezia dai territori di terraferma. La sua prima opera datata sono gli affreschi per la Scuola del Santo a Padova, del 1510-1511, che rivelano già la tendenza all'accentuazione drammatica che lo distingue da Giorgione. Tuttavia una serie di opere cronologicamente collocabili all'inizio della sua carriera hanno a lungo subito il confronto con il maestro di Castelfranco, dal quale Tiziano deriva pose, formati e tagli compositivi. L'accostamento tra i due è reso ancora più obbligatorio dalla scelta dei soggetti, nati nello stesso *entourage* colto e sofisticato che ha protetto Giorgione: anche al giovane Tiziano si chiede di interpretare *poesie*, figurazioni esoteriche che alludono a tematiche filosofiche, allegorie sacre e profane come l'*Amore sacro e profano*. La personalità pittorica di Tiziano, audace e sicuro di sé, emerge attraverso piani di colore più intensi e più decisi contrasti di luci e di ombre. Allo stesso modo nei ritratti, ispirandosi forse all'ultimo Giorgione, ingrandisce la scala delle figure e oppone alla sognante contemplazione giorgionesca un senso di più robusta vivacità e di attiva partecipazione. Dopo la morte di Giovanni Bellini è lui il pittore di punta della scuola veneziana e la sua carriera si proietta verso un successo di portata internazionale. Conteso da tutte le corti d'Europa, si cimenta in soggetti di ogni genere, con forza creativa sempre nuova, che si esaurisce solo con la morte, nel 1576.

◀ Tiziano, *Uomo dalla manica blu (Ariosto)*, 1510 c., Londra, National Gallery. La resa plastica delle forme è ottenuta attraverso i colori che sfumano gradualmente arrivando alla fusione con l'atmosfera circostante.

▼ Tiziano, *Amore sacro e profano*, 1515, Roma, Galleria Borghese.

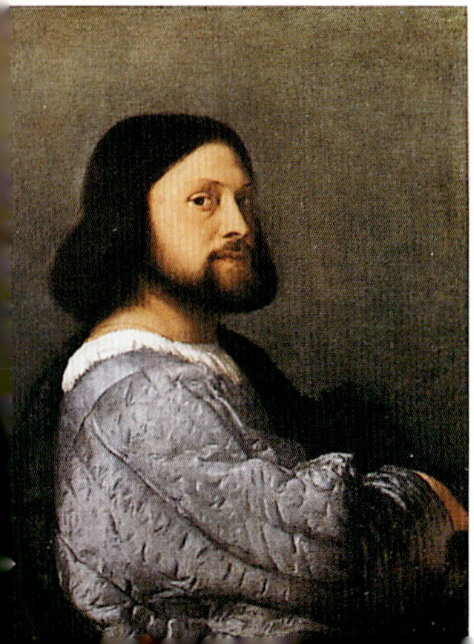

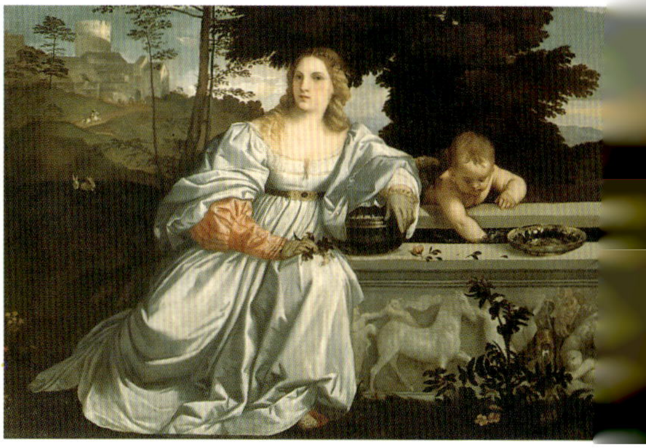

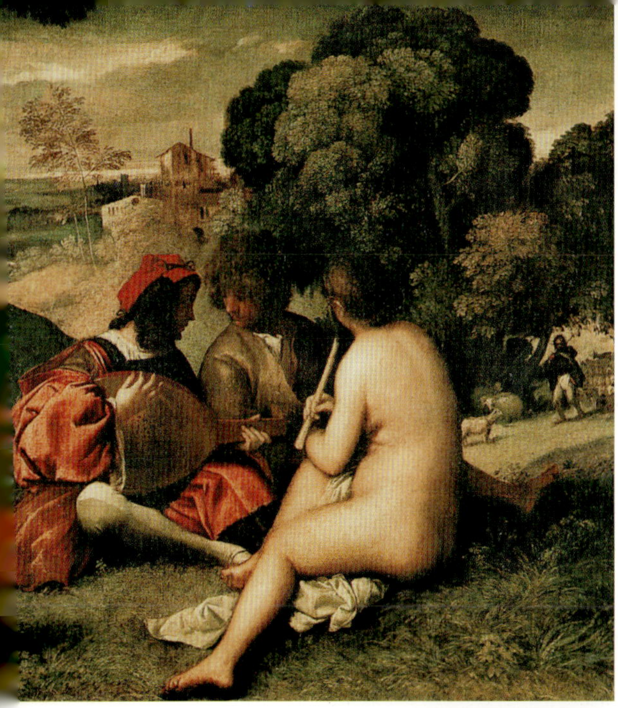

◀ Tiziano, *Concerto campestre*, 1510 c., Parigi, Louvre. Oscillando tra il tardo Giorgione e il giovane Tiziano, la critica si è trovata divisa su questo dipinto dove compaiono i temi giorgioneschi dell'amore, della musica, dell'ozio pastorale, sviluppati però con una robustezza che è sembrata più tipica del secondo.

▶ Giorgione o Tiziano, *Ritratto di gentiluomo*, 1510 c., Washington, National Gallery of Art. La mano sul libro richiama quella del più anziano dei *Tre filosofi* ma l'atteggiamento imperioso e la volumetria espansa sono apparsi più tipici di Tiziano a quella parte della critica, che ne contesta l'attribuzione a Giorgione.

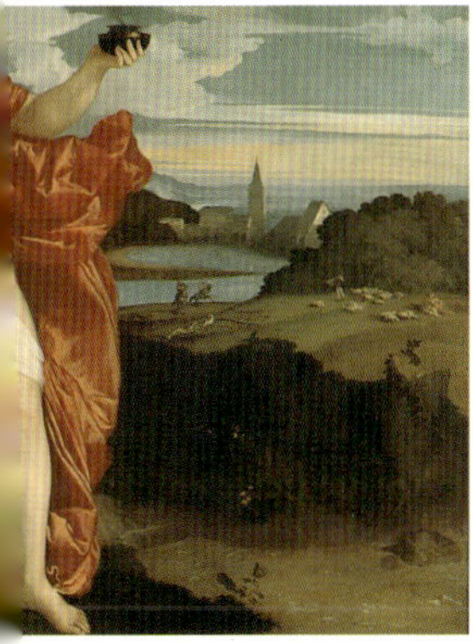

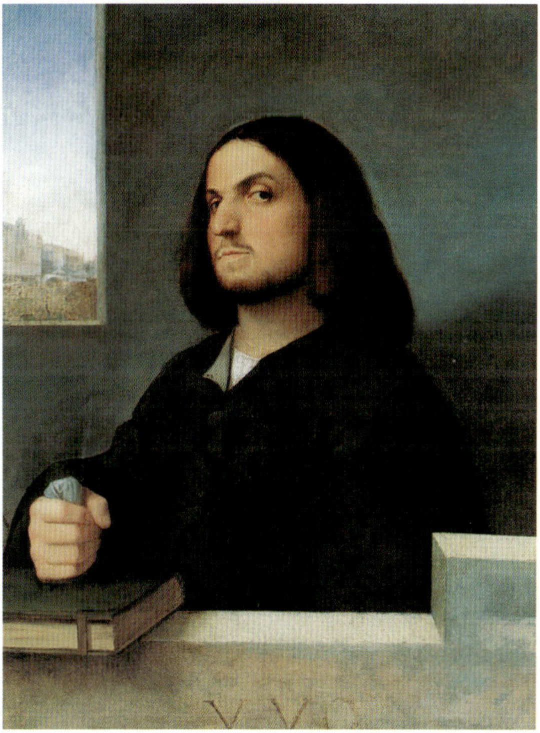

Giorgione e Sebastiano del Piombo

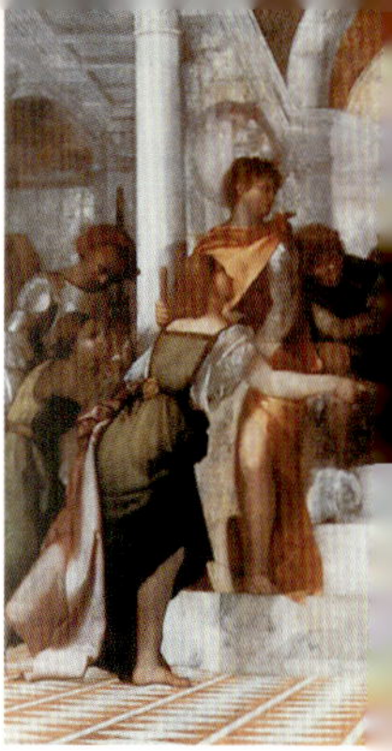

Secondo Vasari la perdita di Giorgione è resa meno amara dall'avere egli lasciato due eccellenti "creati", Tiziano e Sebastiano del Piombo. A Venezia il cadorino raggiunge una fama che eclissa quella degli altri artisti. Sebastiano Luciani invece parte per Roma nel 1511 ma prima si produce in importanti commissioni, come le ante dell'organo per San Bartolomeo e la *Pala di San Giovanni Crisostomo* e probabilmente lavora in stretto contatto con Giorgione. Stando alle fonti, a lui sarebbe stato affidato il completamento di opere rimaste interrotte alla morte del maestro, tra le quali *I tre filosofi.* Diversi dipinti di questo periodo veneziano si sono disputati con alterne fortune la sua paternità o quella di Giorgione (alcuni studiosi sostengono per esempio che la *Sacra Conversazione* all'Accademia di Venezia si deve a quest'ultimo). Da Giorgione, Sebastiano mutua le morfologie e le pose delle figure nonché la composizione d'insieme ma fin dall'inizio si distingue per una robusta plasticità che fa presagire il suo sviluppo futuro. A Roma subisce l'influenza di Michelangelo, orientandosi verso uno stile scultoreo e figure monumentali, mantenendo tuttavia un "modo di colorire assai morbido". La capacità di coniugare colore veneziano e disegno michelangiolesco ne decreta il successo, anche nel genere ritrattistico. Nel 1531 il papa lo investe dell'ufficio della Piombatura Pontificia.

◄ Sebastiano del Piombo, 1510 c., *Ritratto di giovane con pelliccia (ritratto Fugger)*, Monaco, Alte Pinakothek.

▼ Sebastiano del Piombo, 1508 c., *Sacra Conversazione*, Parigi, Louvre.

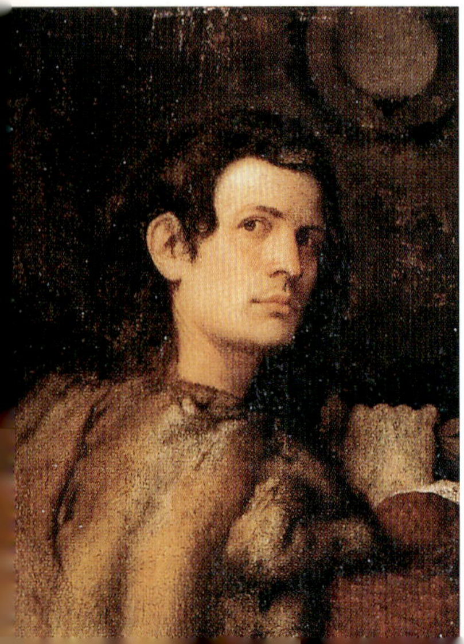

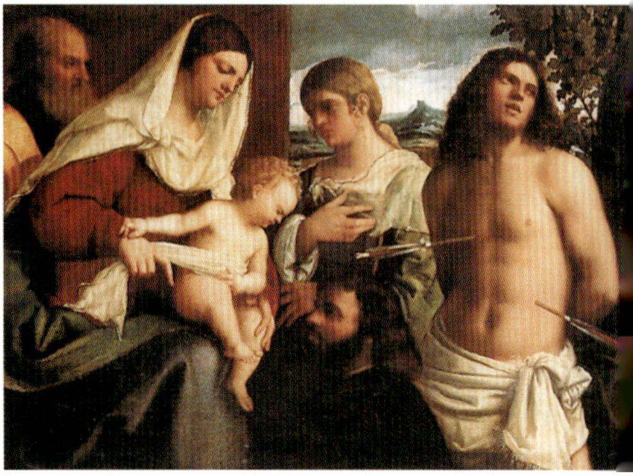

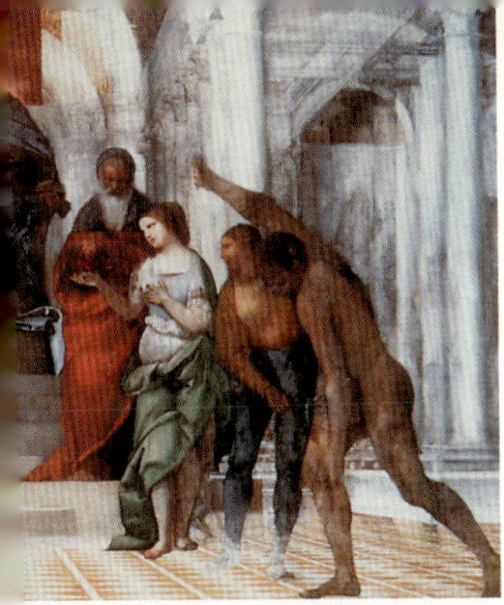

◀ Sebastiano del Piombo, *Giudizio di Salomone*, 1510 c., Kingston, Lacy (Dorset), Bankes Collection, National Trust.

▼ Sebastiano del Piombo, *Sacra Conversazione*, 1510 c., Venezia, Accademia.

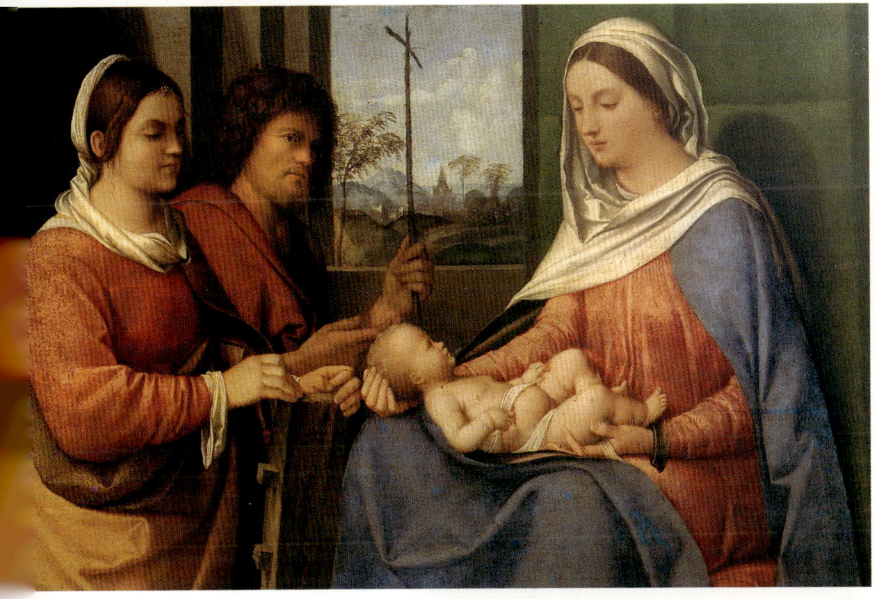

▶ Giorgione, Tiziano e Sebastiano del Piombo (?), *Triplo ritratto*, 1510 c., Detroit, Institute of Arts. Sul retro del dipinto un'antica scritta che recita: "Fra Sebastiano del Piombo, Giorzon, Tizian" potrebbe essere la conferma della triplice paternità di questo dipinto a "figure grandi" dal significato misterioso.

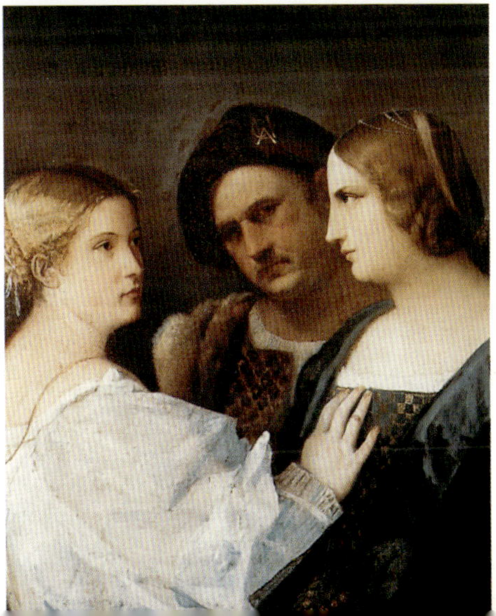

Il Cristo portacroce

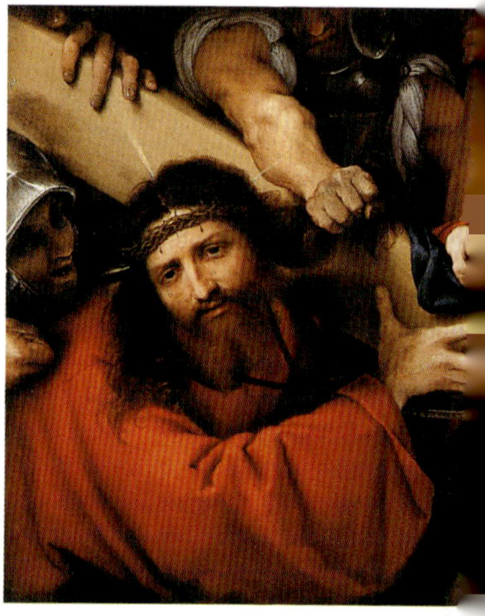

▲ Lorenzo Lotto, *Cristo portacroce*, 1526, Parigi, Louvre. Anche Lotto guarda al disegno di Leonardo e alle ulteriori versioni prodotte in Lombardia da artisti quali Andrea Solario, che accentuano il patetismo di questo popolare motivo iconografico.

Nella Sala dell'Albergo della Scuola di San Rocco è conservata una tela con *Cristo portacroce*, eseguita tra il 1508 e il 1509, contemporaneamente agli affreschi del Fondaco, che ci mette di fronte all'ennesimo interrogativo circa la sua assegnazione a Giorgione o a Tiziano. Nel XVI secolo i fedeli attribuivano a questo dipinto proprietà taumaturgiche e in quanto immagine miracolosa fu oggetto di descrizioni e riproduzioni nelle quali tuttavia non si trova menzione dell'autore. In entrambe le edizioni delle *Vite*, Vasari asserisce che per la chiesa di San Rocco Giorgione aveva eseguito un "Christo che porta la croce e un giudeo lo tira", ma nella seconda edizione attribuisce un dipinto analogo per soggetto e ubicazione anche a Tiziano, creando un dubbio da allora irrisolto. L'intensa espressione del volto di Cristo, in contrasto con l'arcigno profilo dello sgherro e dei due personaggi laterali induce a chiamare in causa un disegno di Leonardo, che potrebbe avere agito da tramite nell'elaborazione di un'iconografia che godrà di grande fortuna nel Veneto e in Lombardia. Un altro prototipo, con l'immagine più semplice e statica del Cristo ritratto da solo con la croce si ha in un dipinto di Giovanni Bellini, di cui esiste a Boston una copia, secondo alcuni dovuta proprio a Giorgione, che può avere suggerito la posa del Cristo di San Rocco.

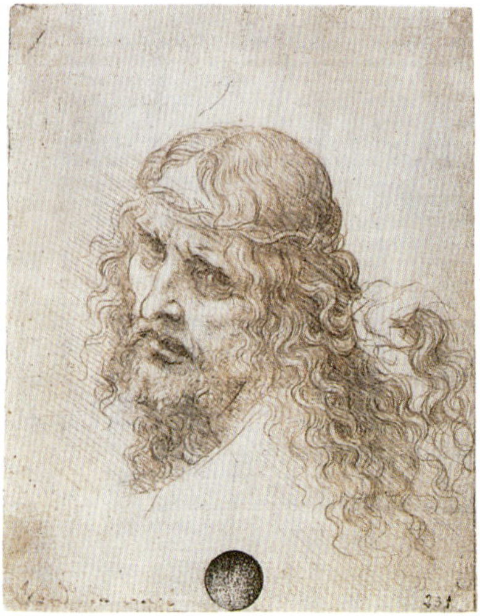

◀ Leonardo, *Testa e spalle di Cristo afferrato per i capelli da una mano*, 1490-1495, Venezia, Accademia.

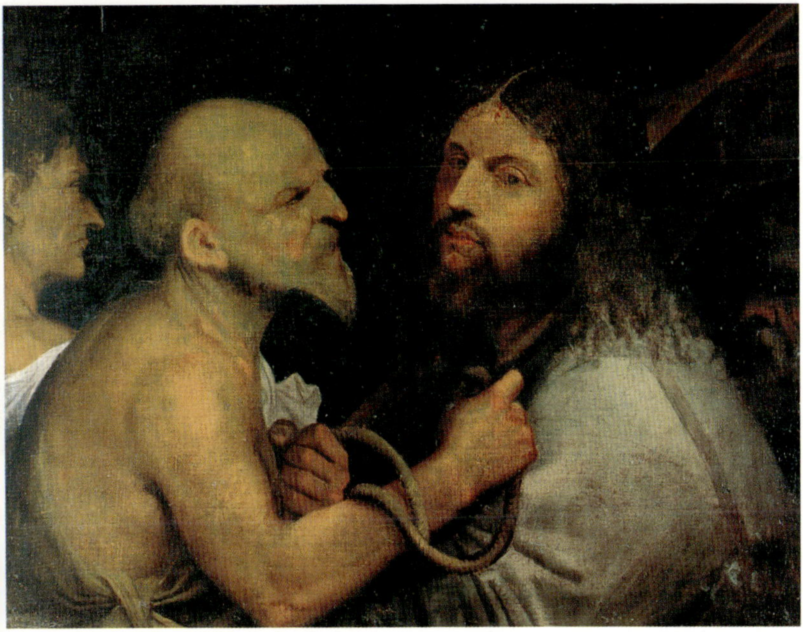

▲ Giorgione o Tiziano, *Cristo portacroce*, 1508-1509, Venezia, Scuola Grande di San Rocco.

È un compromesso tra la versione più drammatica di Leonardo e quella più trattenuta di Bellini.

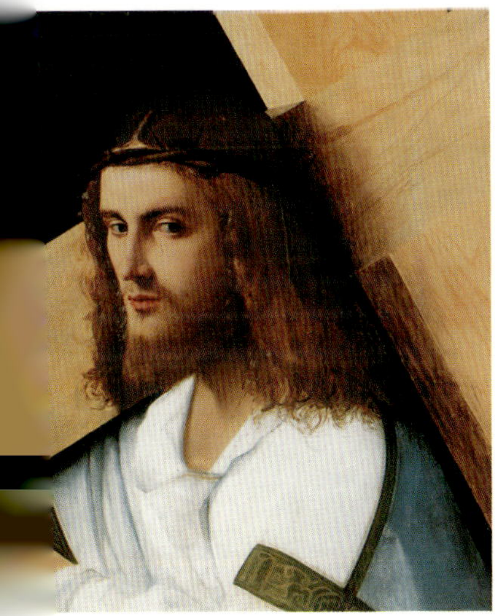

. Pittore veneto del XVI colo, *Cristo portacroce*, ston, Isabel Stewart ardner Museum.

▲ Giovanni Bellini, 1500 c., *Cristo portacroce*, Toledo (Ohio), Museum of Fine Arts.

La fortuna critica di Giorgione

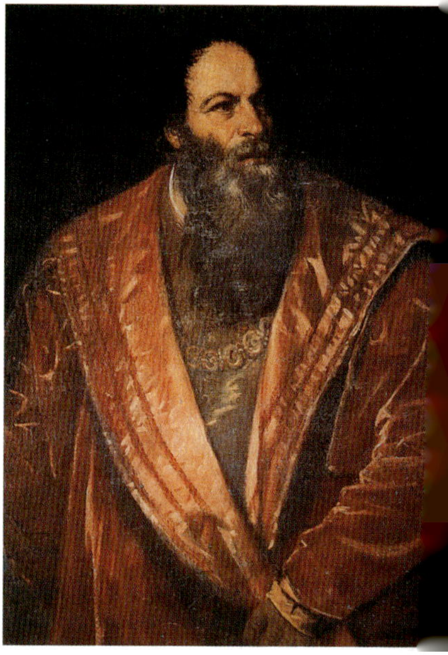

Le *Notizie dei pittori* di Marcantonio Michiel, redatte nel 1525-1543 ma pubblicate solo nel 1800, hanno fornito alla critica moderna le più concrete basi documentarie per lo studio dell'artista. La decisa predilezione che Michiel mostra per Giorgione porta ad accostarlo al grande banditore del colorismo veneziano, Pietro Aretino. Di orientamento opposto, Giorgio Vasari pone tuttavia Giorgione tra i maestri della "maniera moderna" e nelle *Vite* fornisce su di lui importanti, sia pure a volte contradditorie, notizie. È ricordato fra i massimi pittori della sua epoca anche nel *Dialogo di pittura* di Paolo Pino (1548) che tenta di conciliare la tradizione toscana con quella veneta. Al Seicento risalgono le stupefacenti imitazioni di Pietro Vecchia, utili a ricostruire anche la produzione perduta di Giorgione. Nel Settecento Anton Maria Zanetti, incidendoli, tramanda la memoria degli affreschi del Fondaco mentre emerge il lato "pastorale" di Giorgione, ulteriormente enfatizzato nell'Ottocento, quando si colgono, accentuandoli, soprattutto i contenuti emozionali della sua opera.

▲ Tiziano, *Pietro Aretino*, 1545, Firenze, Galleria Palatina. Per l'Aretino il colorismo dei veneti rappresenta a vittoria dell'estro sulla pedanteria dei disegnatori della scuola toscana.

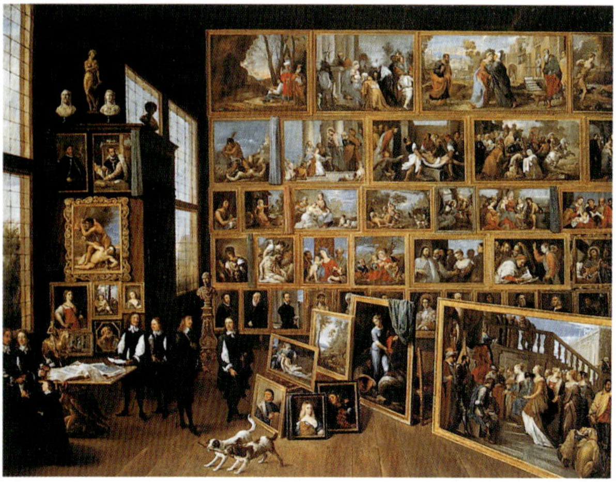

◀ David Teniers il Giovane, *L'arciduca Leopoldo Guglielmo nella sua galleria di Bruxelles*, 1650 c., Vienna, Kunsthistorische Museum.

▶ David Teniers il Giovane, *La galleria dell'arciduca Leopoldo Guglielmo*, 1650 c., Madrid, Prado. Nell'inventario del 1659 figuravano nella collezione dell'arciduca in seguito trasferita a Vienna – ben tredici opere di Giorgione, tra le quali la *Laura*.

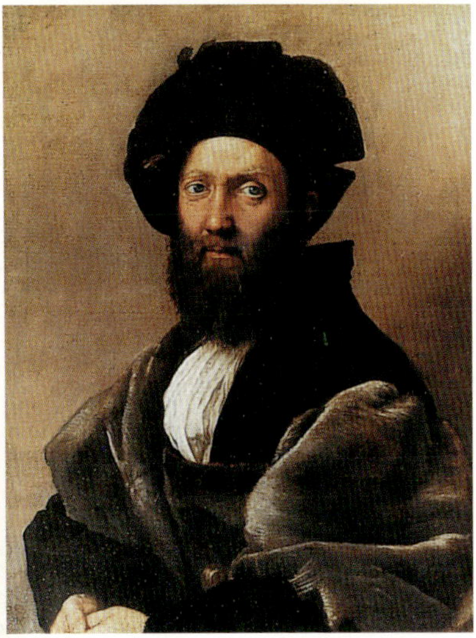

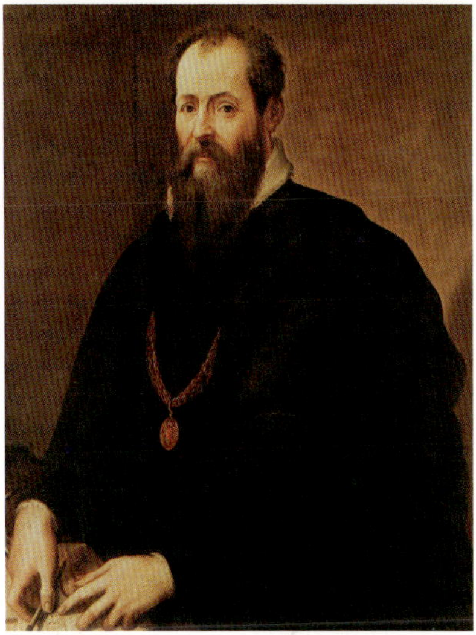

▲ Raffaello, *Baldassarre Castiglione*, 1516, Parigi, Louvre. Nel *Cortegiano* Castiglione difende il primato della pittura sulla scultura e pone Giorgione tra i pittori "eccellentissimi" della sua epoca, che secondo lui sono Leonardo, Mantegna, Raffaello e Michelangelo.

▲ Giorgio Vasari, *Autoritratto*, Firenze, Uffizi. Nelle *Vite* Vasari scrive di Giorgione che non solo "acquistò nome di avere passato Gentile et Giovanni Bellini, ma di competere con coloro che lavoravano in Toscana et erano autori della maniera moderna."

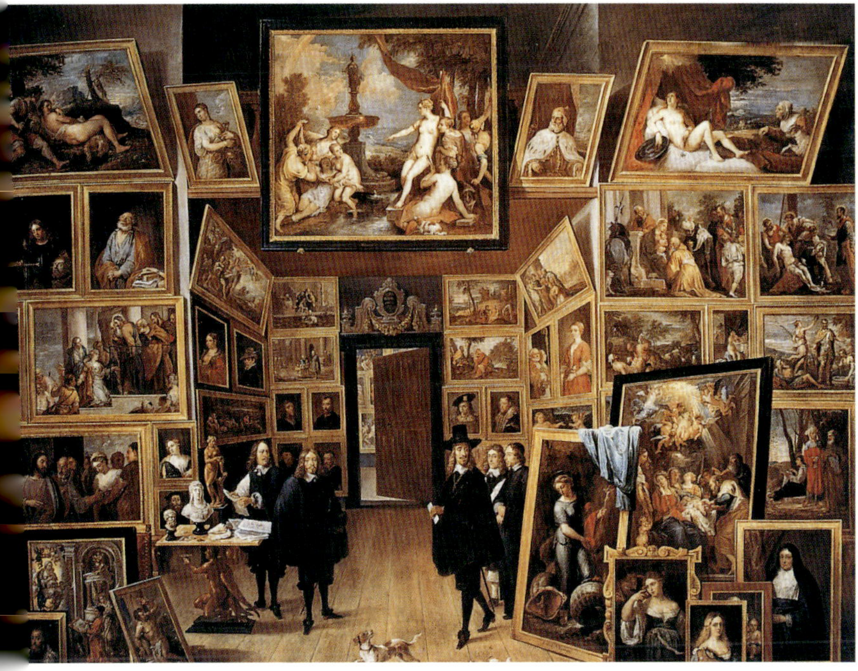

1508-1510

L'eredità

Nell'anno 1510 la peste infuria a Venezia e forse a causa di questa epidemia Giorgione muore, poco più che trentenne. Stando al Vasari il contagio gli viene trasmesso dalla sua amante, morta nel 1511, ma questa informazione, come altre contenute nelle *Vite*, non regge il confronto con l'evidenza documentaria. Da una lettera a Isabella d'Este si ricava infatti che nel 1510 Giorgione era già morto. Ciò che oggi siamo in grado di dire su di lui si deduce soprattutto dall'analisi delle sue opere, che attestano la frequentazione di un ambiente verso il quale convergono e dal quale si diramano le più interessanti novità culturali del tempo. Recependone gli stimoli, Giorgione mette al servizio di questo ambiente il suo talento ed esegue una serie di opere dal significato spesso volutamente esoterico e velato, che diventano modelli vincolanti per la storia della pittura. La sua ultima produzione, concomitante o di poco successiva agli affreschi del Fondaco dei tedeschi, è ancora più oscura di quella fin qui analizzata. Arrivato a una pittura senza disegno, è libero di inventare direttamente sulla tela senza seguire la traccia del disegno preparatorio, solo servendosi del colore e fondendolo in tonalità fiammeggianti, in un impasto che "sembra un misterioso tessuto di carne e di viole" secondo la straordinaria definizione usata da Roberto Longhi per descrivere il *Concerto* a lato.

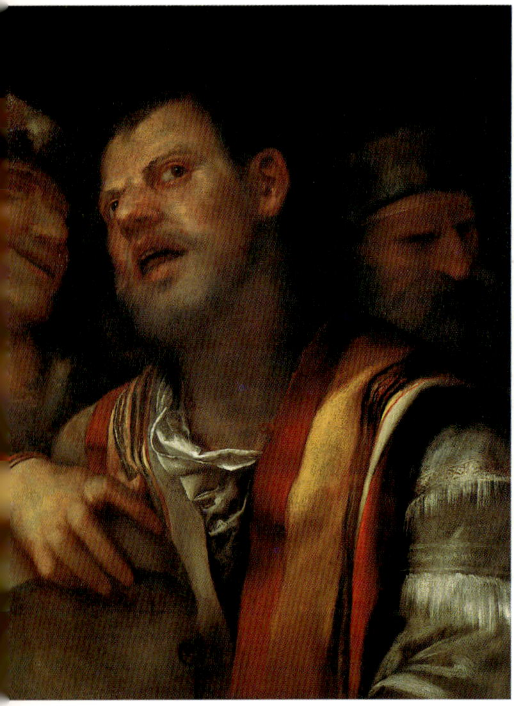

◀ Giorgione (?), *Concerto*, 1508-1510 c., Milano, collezione Mattioli. Era noto col titolo di *Sansone deriso*. Come per i due dipinti alla pagina accanto in alto, le dimensioni imponenti delle figure ricordano quelle del Fondaco.

▶ Giorgione (?), *Giovanni Bogherini e il suo maestro*, 1505 c. Washington, National Gallery of Art. Forse fu commissionato dal mercante fiorentino Salvi Bogherini, il cui figlio Giovanni si trovava a Venezia dopo il 1504.

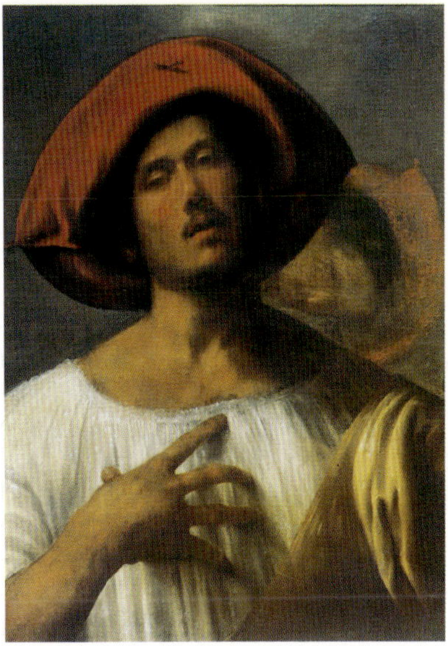

▲ Giorgione (?),
Il cantore, 1508-1510,
Roma, Galleria Borghese.
Eseguito in *pendant*
col dipinto a destra.

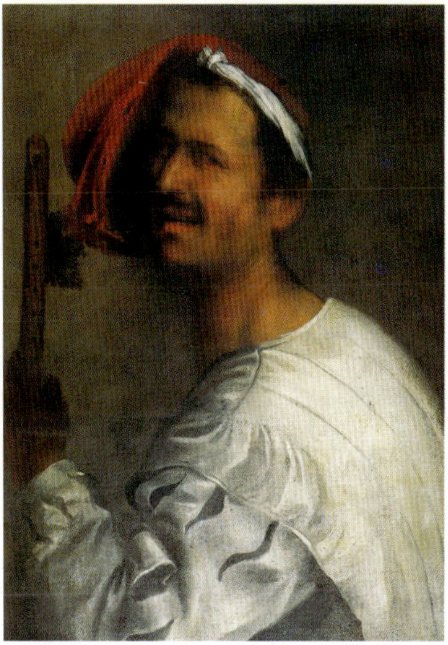

▲ Giorgione (?),
Suonatore di flauto,
1508-1510, Roma,
Galleria Borghese.
Le quattro opere in
queste pagine sono
di controversa
attribuzione.

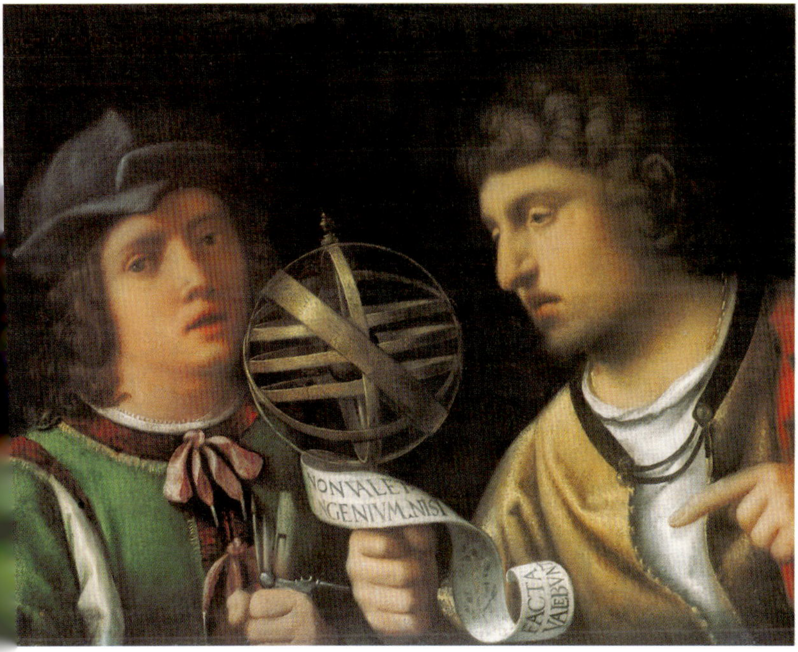

Il giorgionismo

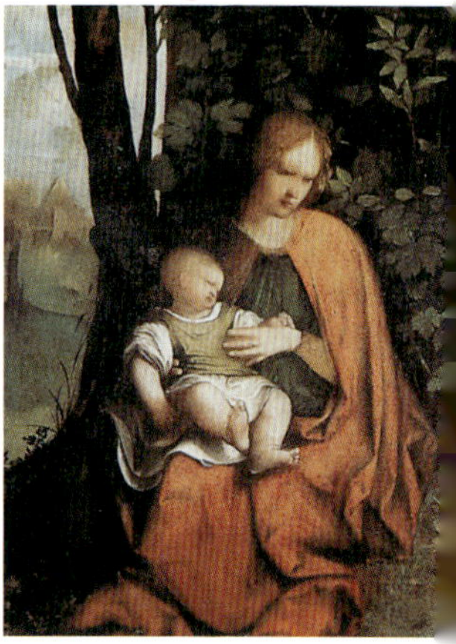

▲ Girolamo Romanino, *Madonna col Bambino*, 1507, Parigi, Louvre. La tipologia della Madonna è decisamente giorgionesca e il paesaggio è una trasposizione di quello dei *Tre filosofi*.

Giorgione non sembra essersi adeguato alla consuetudine in base alla quale ogni pittore, raggiunta la maturità stilistica, apriva una "bottega", dove istruiva apprendisti affidando loro le parti più meccaniche dell'esecuzione, eppure la risonanza delle sue opere sugli artisti veneti è immediata. Della schiera di pittori che aderiscono al gusto, per lo meno in una fase della loro carriera, fanno parte, oltre a molti anonimi, alcuni dei principali esponenti della pittura del Cinquecento, entrati in contatto con lui oppure influenzati dallo stile e dai temi da lui portati al successo. Adottando i modi pittorici del loro ideale maestro, i giorgioneschi usano il colore per ricreare effetti atmosferici e tonali; ripetendone i motivi prediletti, divulgano iconografie adatte soprattutto ai dipinti di piccolo e medio formato, destinati al collezionismo privato. Fra i generi che Giorgione aveva così profondamente contribuito a innovare, avrà forte presa quello del ritratto, individuale o di gruppo, dove si registra un generale interesse all'approfondimento psicologico. Anche il paesaggio, per quanto non ancora considerato un genere indipendente, assume per suo merito un nuovo risalto come luogo percorso dalle stesse vibrazioni emotive dell'uomo.

◀ Giovanni Cariani, *La famiglia Albani*, 1519, Bergamo, collezione privata. Riflette soluzioni imposte da Palma il Vecchio e Tiziano dopo la morte di Giorgione.

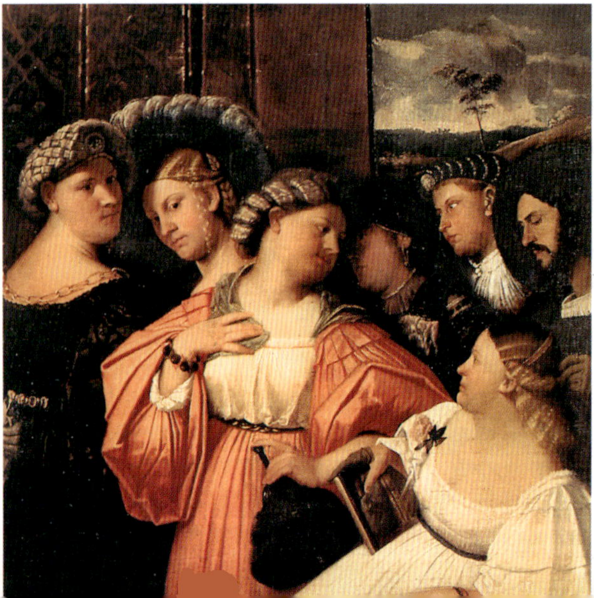

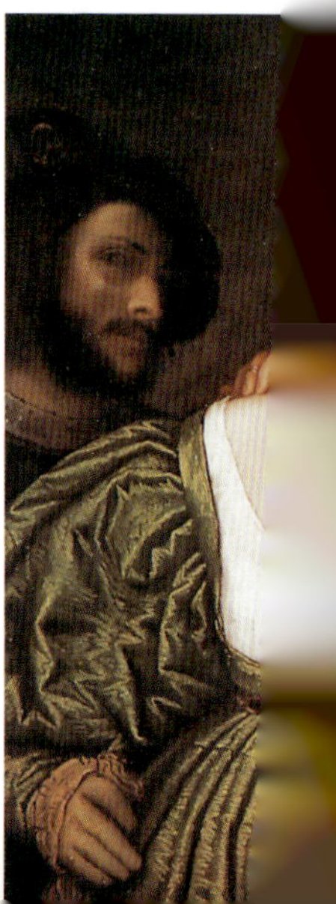

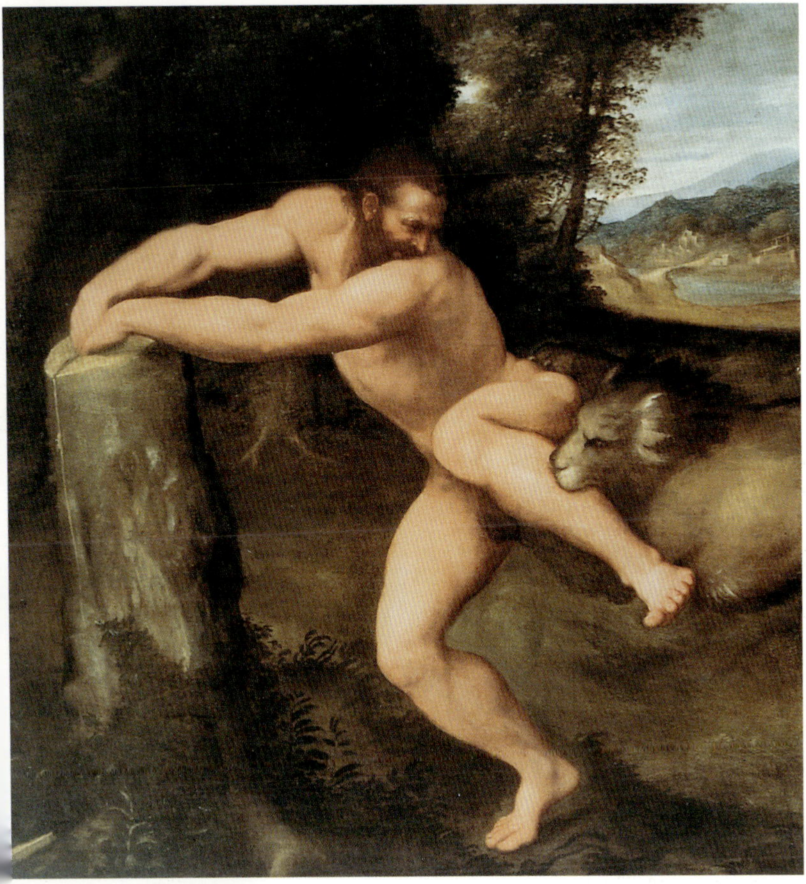

▲ Pordenone, *Milone dilaniato dal leone*, 1535 c., University of Chicago, David and Alfred Smart Gallery, Cochrane-Woods Collection. Anche Pordenone subisce il fascino di Giorgione, traducendo in modo assai personale i suoi suggerimenti cromatici.

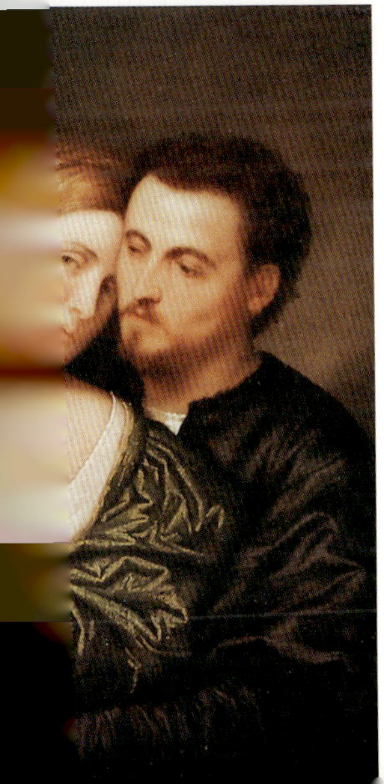

◀ Paris Bordon, *Gli amanti veneziani*, 1525-1530, Milano, Brera.

1508-1510

Nuovi equilibri in Europa

La morte di Luigi XII, nel 1515, non spegne le ambizioni della Francia. Il suo successore Francesco I ne riprende la politica e dopo essersi alleato con i veneziani e avere stipulato una pace con gli inglesi scende in Italia e riconquista il ducato di Milano. La rivalità tra Francia e Spagna si riaccende violenta e la guerra diventa inevitabile quando Carlo V, già sovrano dei Paesi Bassi, re di Spagna, di Napoli, di Sicilia e di Sardegna ottiene nel 1519 la corona imperiale del nonno Massimiliano I. È una battaglia tra giganti alla quale Venezia assiste impotente. Non le rimane che ricorrere alla diplomazia e senza rinnegare il patto di solidarietà con Francesco I ne firma uno simile con Carlo V. Nel tentativo di frenare la debordante ascesa dell'imperatore, il papa, il re di Francia e la Repubblica Serenissima sottoscrivono l'ennesima alleanza, la Lega Santa di Cognac. L'anno seguente, 1527, un esercito di oltre ventimila soldati, spagnoli e tedeschi, mette a sacco Roma. Malgrado le voci che si levano inorridite di fronte alle atrocità perpetrate dai lanzichenecchi, nessuno interviene. Nel 1529, a Cambrai Carlo V e Francesco I concludono una pace separata che vede ulteriormente restringersi i territori di Venezia. Nel 1530, a Bologna, la solenne incoronazione di Carlo V da parte di Clemente VII sancisce la perdita della libertà per gli stati italiani.

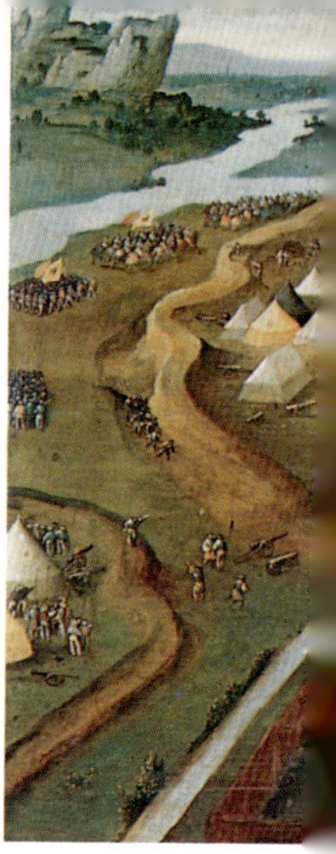

▲ Joachim Patinier, *La battaglia di Pavia*, Vienna, Kunsthistorisches Museum. Sul campo di Pavia Francesco I viene pesantemente sconfitto nel 1525.

▶ Tiziano, *Francesco I*, 1538, Parigi, Louvre La sconfitta di Francesco I nella gara per la successione a Massimiliano I è determinata in misura preponderante dal denaro dei Fugger, che consente a Carlo V di comprare i voti dei sette Grandi Elettori designati a conferire la dignità imperiale.

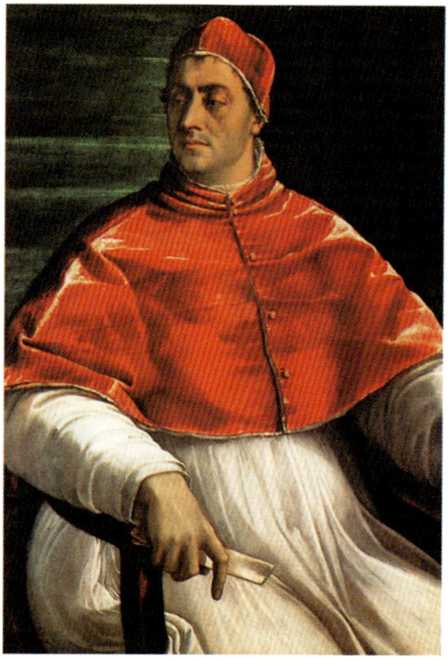

◀ Sebastiano del Piombo, *Clemente VII*, 1526 c., Napoli, Capodimonte. Nonostante il dilagare del luteranesimo, il papa non affronta il problema, che viene rimandato fino al Concilio di Trento.

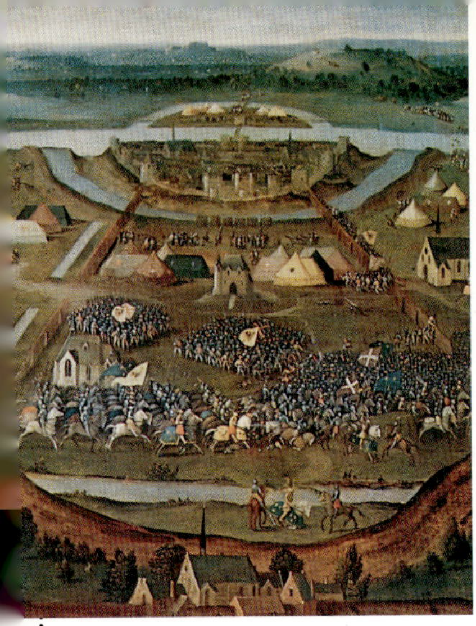

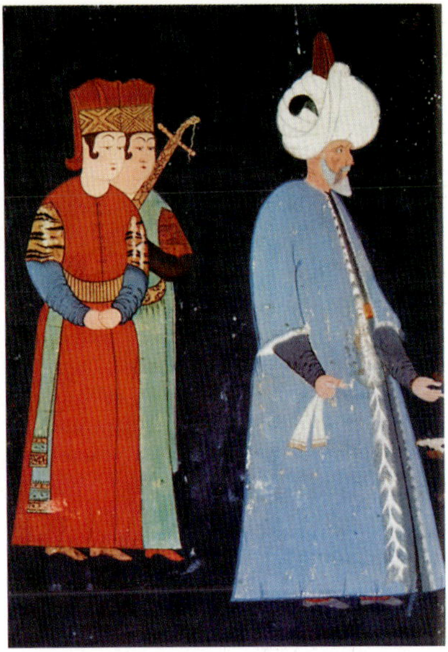

▲ Solimano il Magnifico con due dignitari in una miniatura del XVI secolo.

La minaccia turca

Approfittando delle interminabili guerre fra gli stati europei, i turchi, guidati da Solimano il Magnifico, minacciano il continente da due lati. Dal mare, dove costituiscono un flagello per le coste e le isole mediterranee, strappano ai veneziani Rodi e altri possedimenti. Da terra, attraverso i Balcani, giungono ai confini dell'Austria e nel 1529 puntano alla conquista di Vienna, che resiste all'assedio.

▼ Tiziano, *Carlo V a cavallo*, 1548, Madrid, Prado.

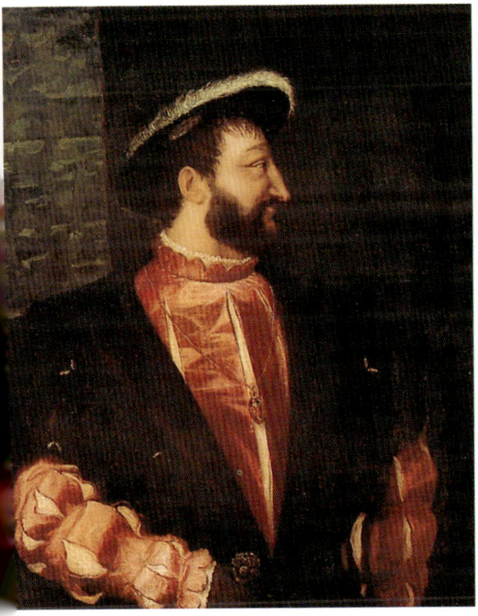

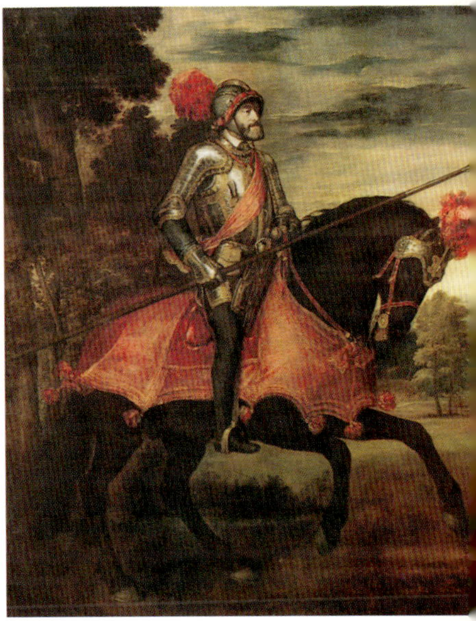

La Riforma

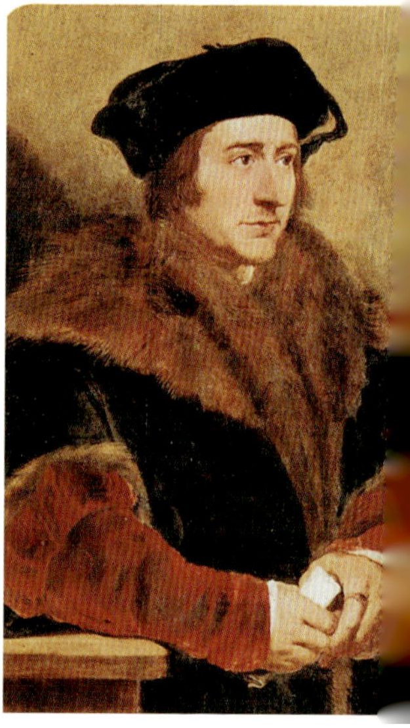

Nel 1513, il neoeletto pontefice Leone X è il destinatario di un libello che propone un'audace riforma della Chiesa. Ne sono autori due giovani camaldolesi veneziani, Paolo Giustinian e Vincenzo Querini. Il loro appello rimane inascoltato anche dal quinto Concilio Lateranense, riunitosi nel 1517, lo stesso anno in cui Lutero affigge le proprie tesi nel duomo di Wittenberg. Contese politiche e religiose sempre più accese si scatenano aprendo quella che Erasmo da Rotterdam giudica l'era "più funesta della storia". La guerra era un male presente da sempre nella storia dei paesi europei ma dopo il 1520 la Riforma protestante causa una frattura che non ha precedenti e tanto più sconvolgente in quanto si produce nel campo che garantiva la coesione e l'ordine gerarchico della società, la fede cristiana. Il contrattacco alla sfida lanciata dal protestantesimo passa dalle autorità ecclesiastiche locali a quella dell'imperatore fino all'intervento della Chiesa di Roma ma alla metà del Cinquecento la divisione religiosa è irreparabile. Tramonta l'ideale di una monarchia universale ma anche quello di un papa arbitro tra le varie nazioni e la pacificazione auspicata da Tommaso Moro e da Erasmo da Rotterdam si rivela un sogno irrealizzabile.

▲ Pieter Paul Rubens (da Hans Holbein) *Tommaso Moro*, particolare, 1629-1630, Madrid, Prado.

◀ Lucas Cranach, *Martin Lutero*, Firenze, Uffizi.

▼ Il commercio delle indulgenze in un'incisione del XVI secolo.

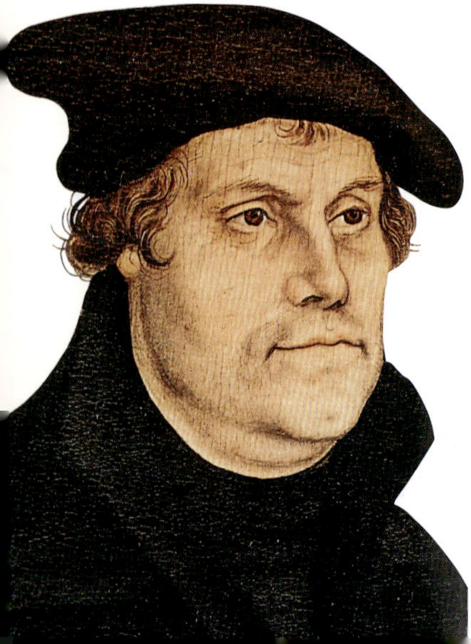

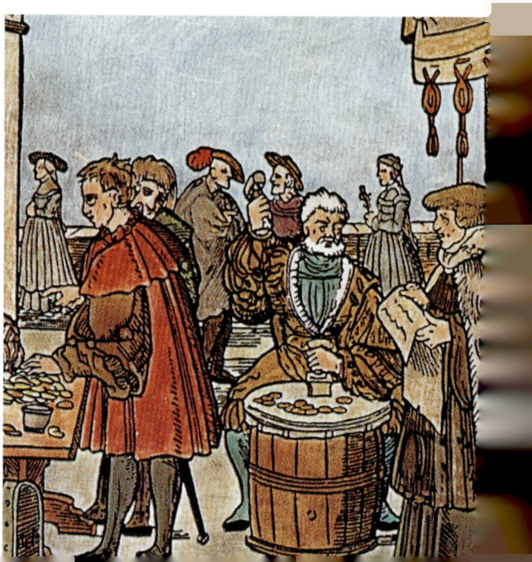

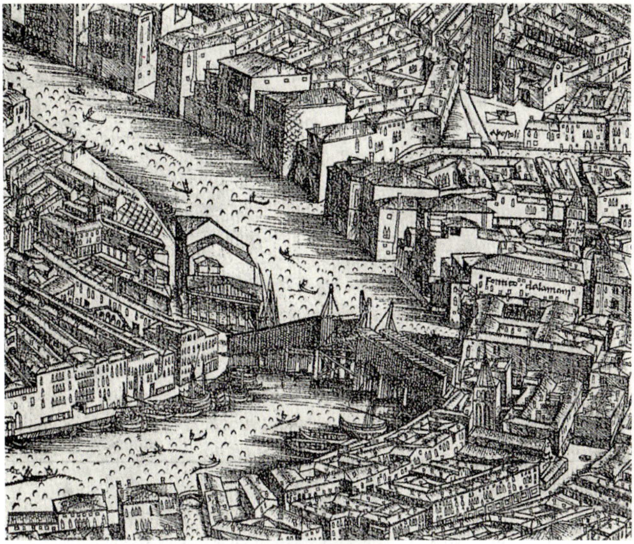

▶ Jacopo de' Barbari, *Veduta di Venezia*, particolare del sestiere di Rialto, 1500. A Rialto, nel 1527, vengono bruciati per ordine del patriarca libri di Lutero e dei suoi seguaci. Le misure contro gli eretici imposte dall'Inquisizione sono accettate di mal grado dalla Repubblica, preoccupata di mantenere buoni rapporti con i mercanti e gli studenti tedeschi che frequentano l'università di Padova. Ogni sentenza del Santo Uffizio è sottoposta al Consiglio dei Dieci e ai tre Savi dell'Eresia.

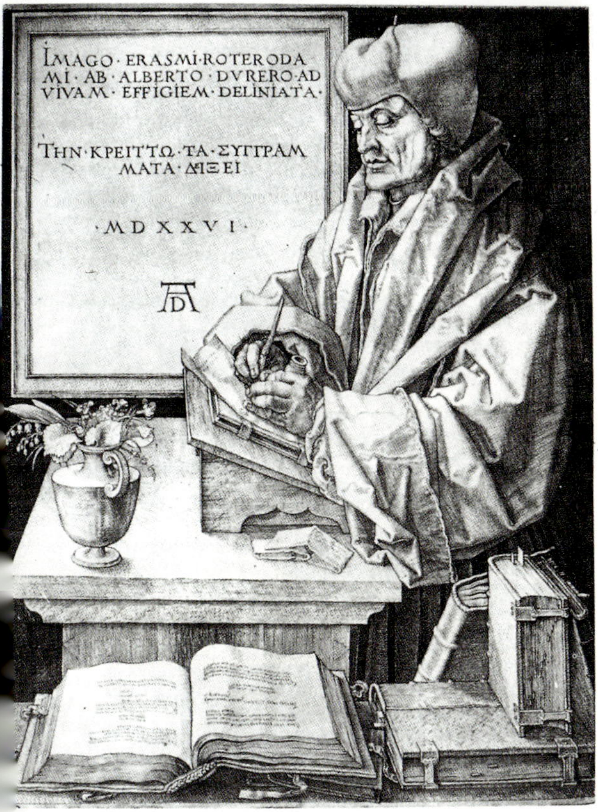

◀ Albrecht Dürer, *Erasmo da Rotterdam*, 1526. Il grande umanista nordico fu presente a Venezia, dove soggiornò presso Aldo Manuzio. Al ritorno dall'Italia, nel 1509, si recò in Inghilterra dove scrisse *L'elogio della pazzia*, opera che precorre in molti aspetti Lutero, il quale al momento delle prime manifestazioni della Riforma lo sollecita a sostenere il movimento. Ma di fronte alla rivolta dei contadini e allo scisma della cristianità Erasmo si ritrae, vedendo minacciati i valori dell'*humanitas* e della tolleranza da lui sempre perseguiti e opponendo alla dottrina luterana della predestinazione la sua fede nel libero arbitrio.

Lorenzo Lotto

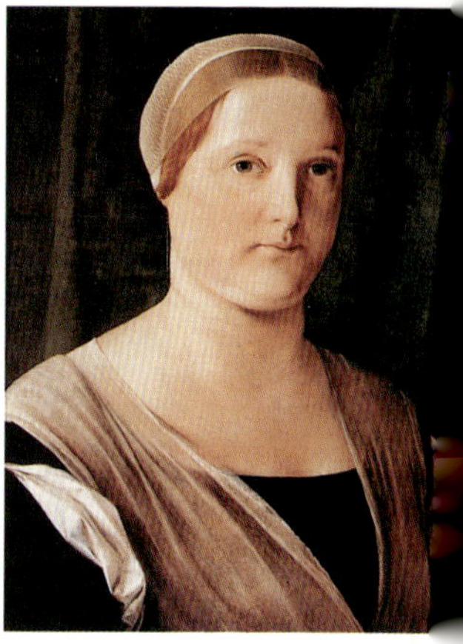

▲ Lorenzo Lotto, *Busto di donna*, 1505-1506, Digione, Musée des Beaux-Arts. L'aria stolida e matronale della donna la rende il contraltare della contemporanea *Laura*. Si distingue dalla *Laura,* probabile ritratto ideale di una cortigiana, anche per essere una delle poche immagini realistiche di donne rispettabili realizzate a Venezia all'inizio del XVI secolo.

In apparenza Lorenzo Lotto, altro grande "fuoriuscito" della pittura veneziana, attivo prevalentemente in provincia, a Treviso, a Bergamo e nelle Marche, ha ben poco in comune con Giorgione: la pittura tonale e lo sfumato non risvegliano in alcun modo il suo interesse e sono agli antipodi del suo cromatismo smaltato e timbrico. Nell'assegnare un nuovo significato al paesaggio i due procedono su strade parallele, imprimendovi la cifra di un umanesimo di natura laica il primo, profondamente cristiana il secondo. Entrambi adottano iconografie ambigue e polisemiche ma i *paesetti* di Lotto (cfr. p. 71) contengono un'allegoria morale più facilmente decifrabile. L'ammirazione di Lotto per Giorgione paesaggista si trova nell'*Assunzione* del duomo di Asolo (cfr. p. 49), che cita i motivi paesistici dell'*Adorazione dei pastori* di Giorgione a Washington (cfr. p. 29). Negli anni della sua formazione a Venezia Lotto guarda quindi con interesse a Giorgione, rivolgendo la sua attenzione prevalentemente al genere del ritratto. Le invenzioni messe a punto da Giorgione, il "ritratto voltato", con l'effigiato che guarda lo spettatore da sopra la spalla, e il "ritratto dell'azione interrotta" sono sviluppati da Lotto, il quale accoglie l'idea di un osservatore ipotetico che interagisce con il quadro, e con l'aggiunta di un nuovo universo simbolico, produce alcuni dei più straordinari e sensibili ritratti del Cinquecento.

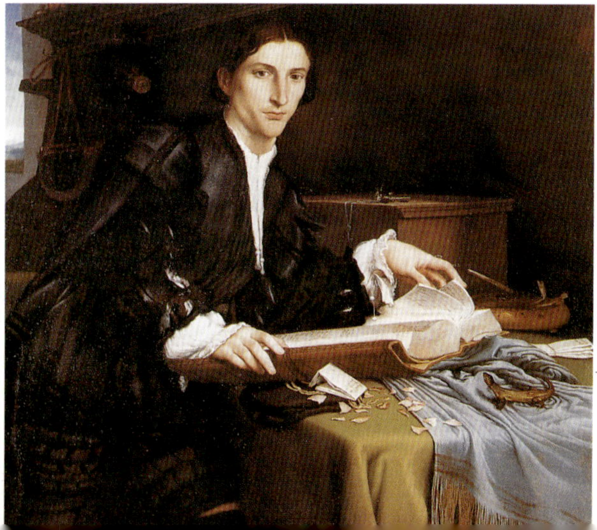

◀ Lorenzo Lotto, *Ritratto di gentiluomo*, 1527 c., Venezia, Accademia. Tornato a Venezia, prima di ripartire per Bergamo, Lotto esegue una serie di ritratti di formato orizzontale, con figure a tre quarti inserite in ambienti pieni di dettagli e oggetti carichi di significati simbolici, riferibili alla personalità dell'effigiato che in questo caso è rimasto sconosciuto.

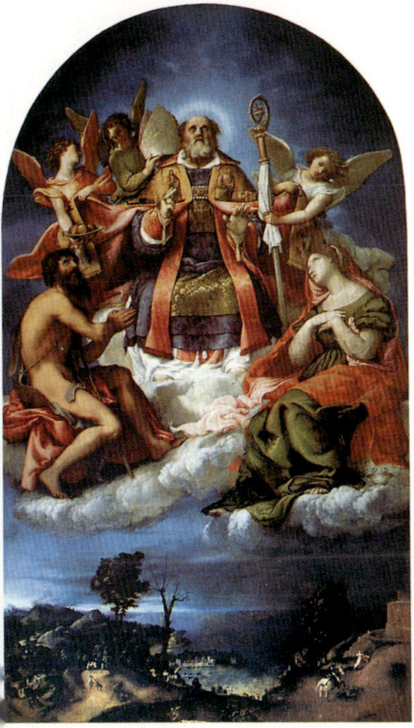

◀ Lorenzo Lotto, *San Nicola in Gloria con i santi Giovanni Battista e Lucia*, 1527-1529, Venezia, Santa Maria dei Carmini. È la prima opera pubblica di Lotto a Venezia.

▼ Lorenzo Lotto, *Cristo e l'adultera*, 1527-1529 c., Parigi, Louvre. Dopo il 1510 l'immagine di Cristo e l'adultera è molto diffusa nella pittura veneziana. Qui è evidente l'influenza di Dürer ma anche quella di Leonardo. In particolare il gesto del soldato che afferra i capelli della donna ricorda la mano dello sgherro nel disegno col *Cristo portacroce* (cfr. p. 114).

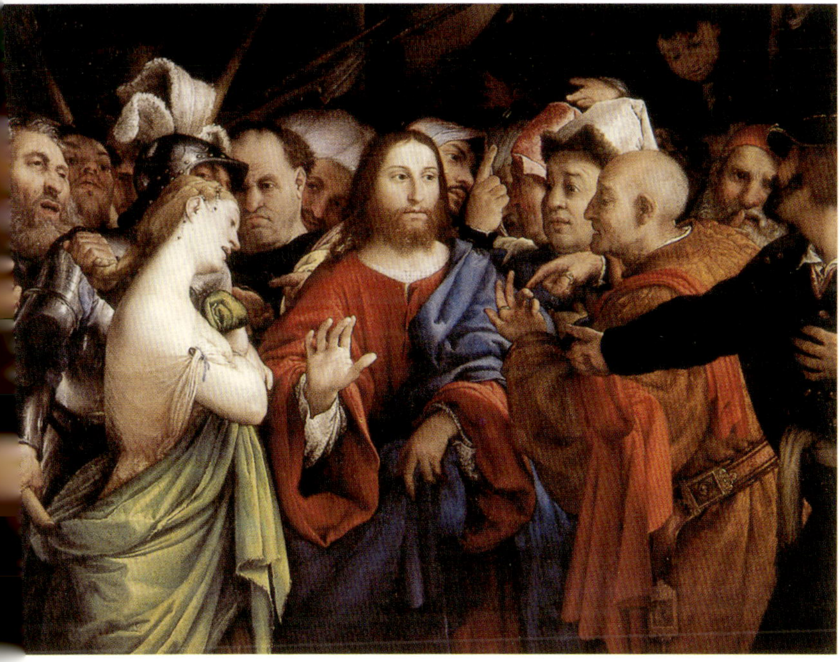

1508-1510

Dosso Dossi

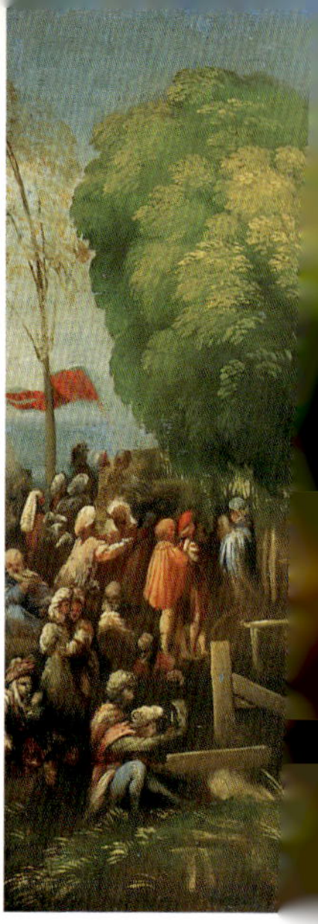

Secondo le ricerche più recenti Giovanni Luteri, che dipingendo adottò lo pseudonimo di Dosso Dossi, sarebbe nato a Modena piuttosto che a Mantova o a Ferrara come vuole la tradizione. Vasari, che lo dice allievo di Lorenzo Costa, assicura che è un contemporaneo di Ariosto e in effetti una data di nascita verso il 1474 appare oggi ragionevole. Anche l'accostamento tra il grande poeta ferrarese e il pittore è opportuno perché Dosso Dossi capta molto dello spirito bizzarro, magico e genialmente fantasioso che muove l'*Orlando Furioso* e che aleggia nella corte estense di Ferrara, la città dove prende dimora. In qualità di pittore di corte è coinvolto nella decorazione del camerino di Alfonso I. L'ambiziosa politica culturale del duca prevede l'intervento dei più celebri artisti d'Italia, così da Venezia arrivano le opere di Giovanni Bellini e di Tiziano, il quale giunge personalmente a Ferrara nel 1516 e stabilisce con Dosso un legame rafforzato da successivi e ripetuti viaggi di quest'ultimo a Venezia. La sua conoscenza del nuovo classicismo elaborato da Giorgione nel Fondaco dei tedeschi potrebbe comunque risalire a un'epoca antecedente. Adottando un chiaroscuro energico con ampie masse colorate e impasti densi sembra voler rivaleggiare con la "maniera moderna" già verso il 1510.

◀ Dosso Dossi, *Ninfa e satiro*, Firenze, Galleria Palatina.

▼ Dosso Dossi, *La maga Circe*, 1525 c., Roma, Galleria Borghese

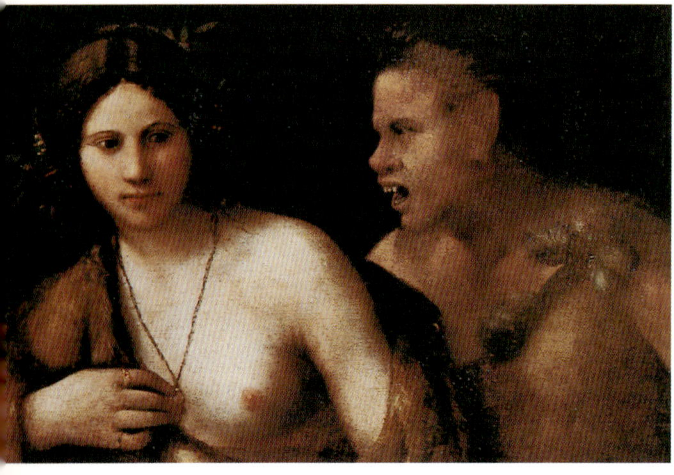

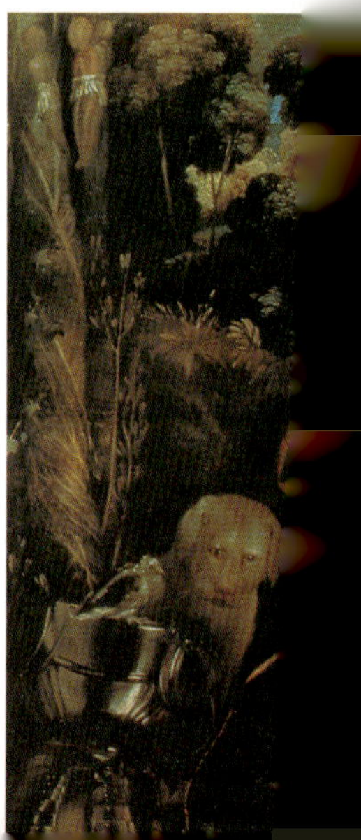

1508-1510

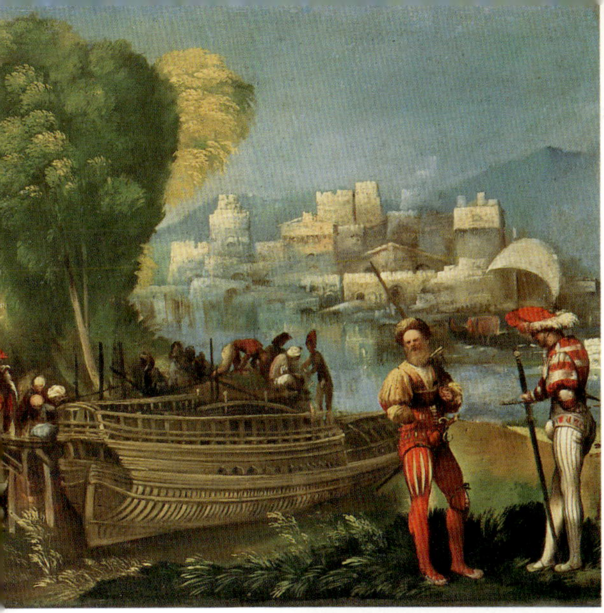

◀ Dosso Dossi, *La partenza degli Argonauti*, 1518 c., Londra, National Gallery.

▼ Dosso Dossi, *Ritratto di uomo col cappello nero*, 1510 c., Stoccolma, Nationalmuseum. È un eccellente esempio del giorgionismo sviluppato in terraferma, con il concorso del classicismo romano ma anche di un inquieto e teso realismo di derivazione nordica.

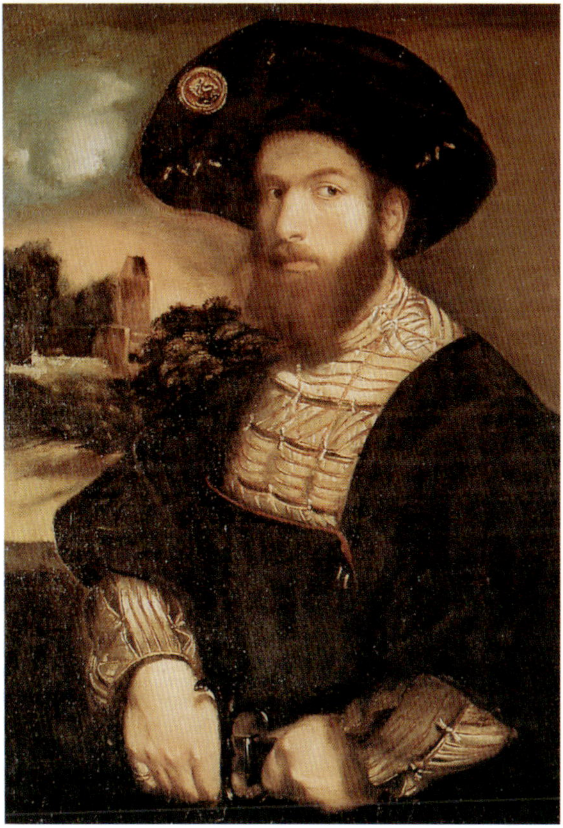

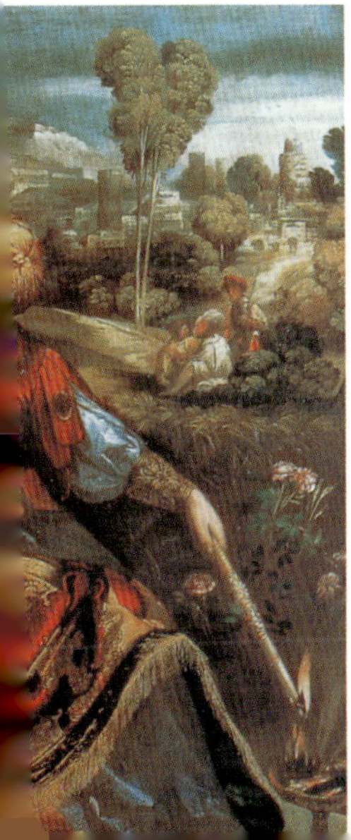

Gian Girolamo Savoldo

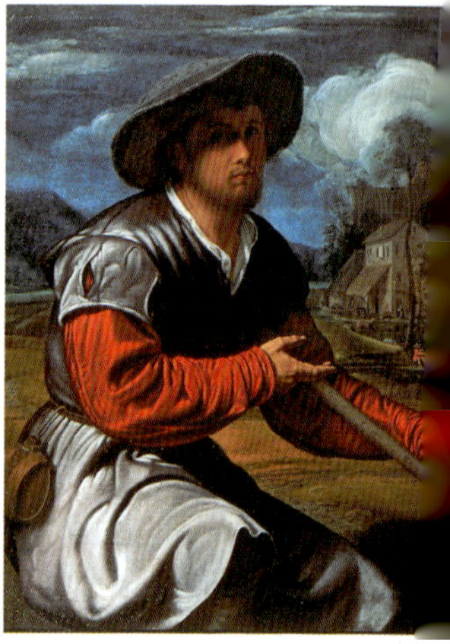

Nato a Brescia verso il 1480-1485, Savoldo si trasferisce a Venezia nel 1520 circa, quando ha già raggiunto la maturità stilistica, attraverso esperienze che non sono ancora state completamente chiarite e a Venezia prosegue una fortunata carriera. I committenti privati decretano il successo delle sue opere, variazioni di temi giorgioneschi con singole figure o piccoli gruppi in primo piano su sfondi percorsi da spettacolari effetti luminosi. Savoldo predilige soggetti sacri, scene di intensa spiritualità amplificata dagli effetti atmosferici, da passaggi chiaroscurali fortemente contrastati, da scintillii e bagliori che si accendono nel buio. Un'illuminazione suggestiva e vibrante, naturale o artificiale, è la caratteristica più evidente delle sue opere, che sono tuttavia costruite con attenzione estrema al dettaglio e alla resa naturalistica, alla consistenza materiale delle cose – retaggio della sua educazione lombarda – e privilegiano l'aspetto concreto e quotidiano dell'esperienza religiosa. All'interno della pittura veneziana Savoldo mantiene quindi un linguaggio originale e anche se avverte l'influsso di Tiziano, diversamente da lui non ama le scene narrative drammatiche, preferendo concentrarsi su pochi personaggi che pur essendo suscettibili di un'interpretazione allegorica rimangono saldamente ancorati alla realtà.

▲ Gian Girolamo Savoldo, *Pastore con flauto*, 1535, Los Angeles, The J. Paul Getty Museum.

▼ Gian Girolamo Savoldo, *Ritratto di uomo con armatura*, 1531-1532, Parigi, Louvre. Il soggetto richiama il perduto dipinto in cui Giorgione affronta il paragone con la scultura, citato da Vasari e da Paolo Pino, allievo di Savoldo.

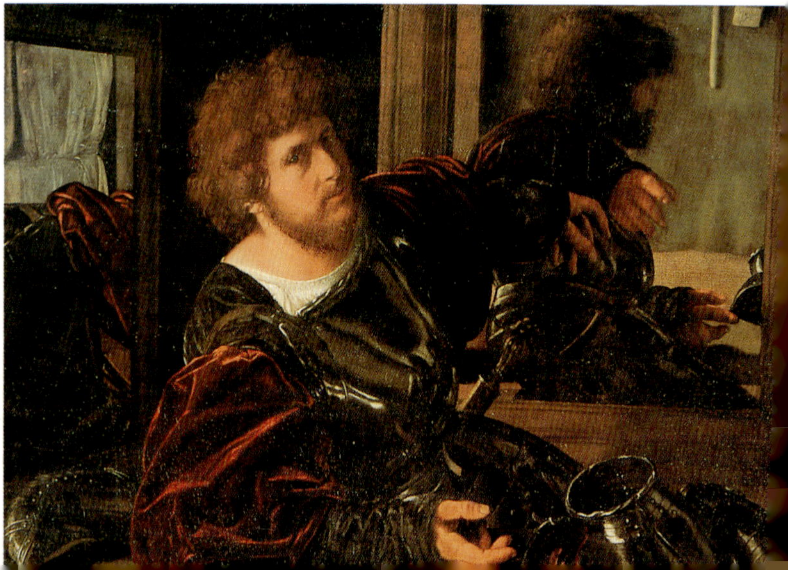

▼ Gian Girolamo Savoldo, *Tobiolo e l'angelo*, 1527-1533, Roma, Galleria Borghese. Per la figura di Tobiolo e la descrizione atmosferica della natura il punto di riferimento è Tiziano ma la meticolosa definizione dei valori luminosi dei drappeggi e degli incarnati insieme al naturalismo insistito, derivano a Savoldo dalla conoscenza di opere di Lotto e non dalla "pittura a macchia" di Tiziano.

▶ Gian Girolamo Savoldo, *Ritratto di giovane*, 1520-1530, Roma, Galleria Borghese. Questo giovane, forse San Giovanni Evangelista, nel suo atteggiamento meditativo è tra le opere di Savoldo più vicine a Giorgione (si pensi al più giovane dei *Tre filosofi*). I lineamenti idealizzati non sono quelli di un ritratto dal vero, tuttavia Savoldo non rinuncia alla sua propensione alla resa illusionistica delle superfici.

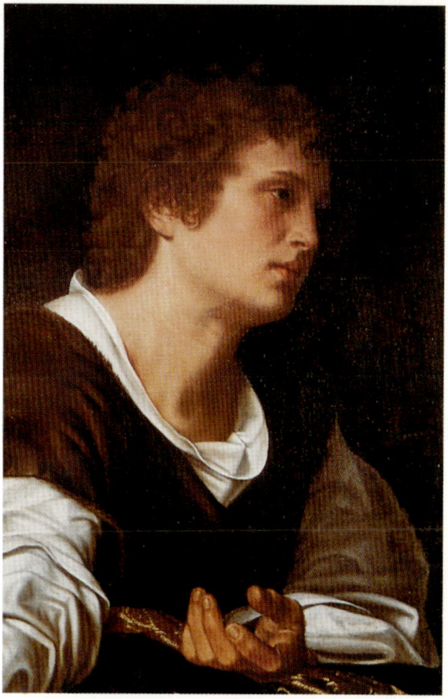

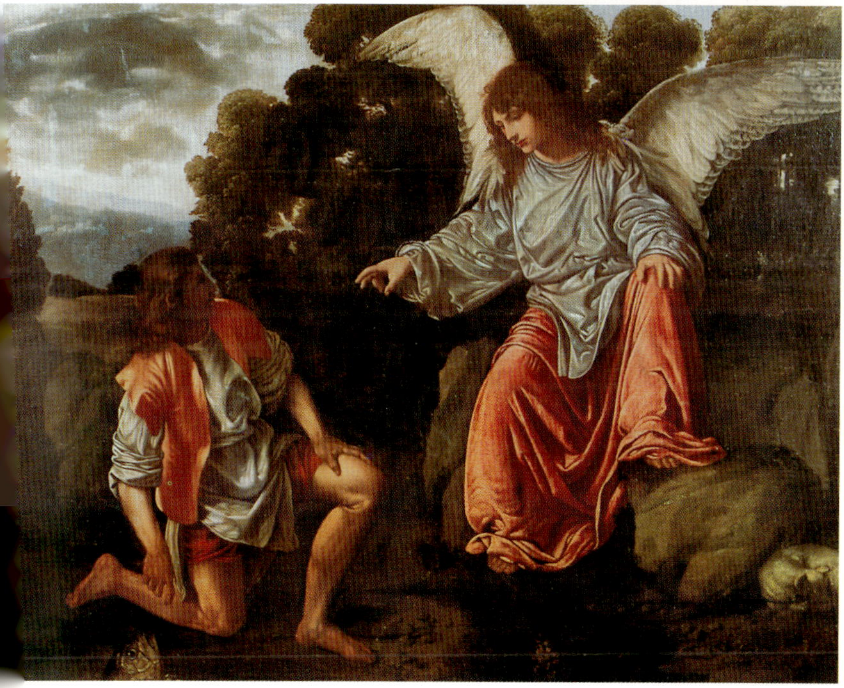

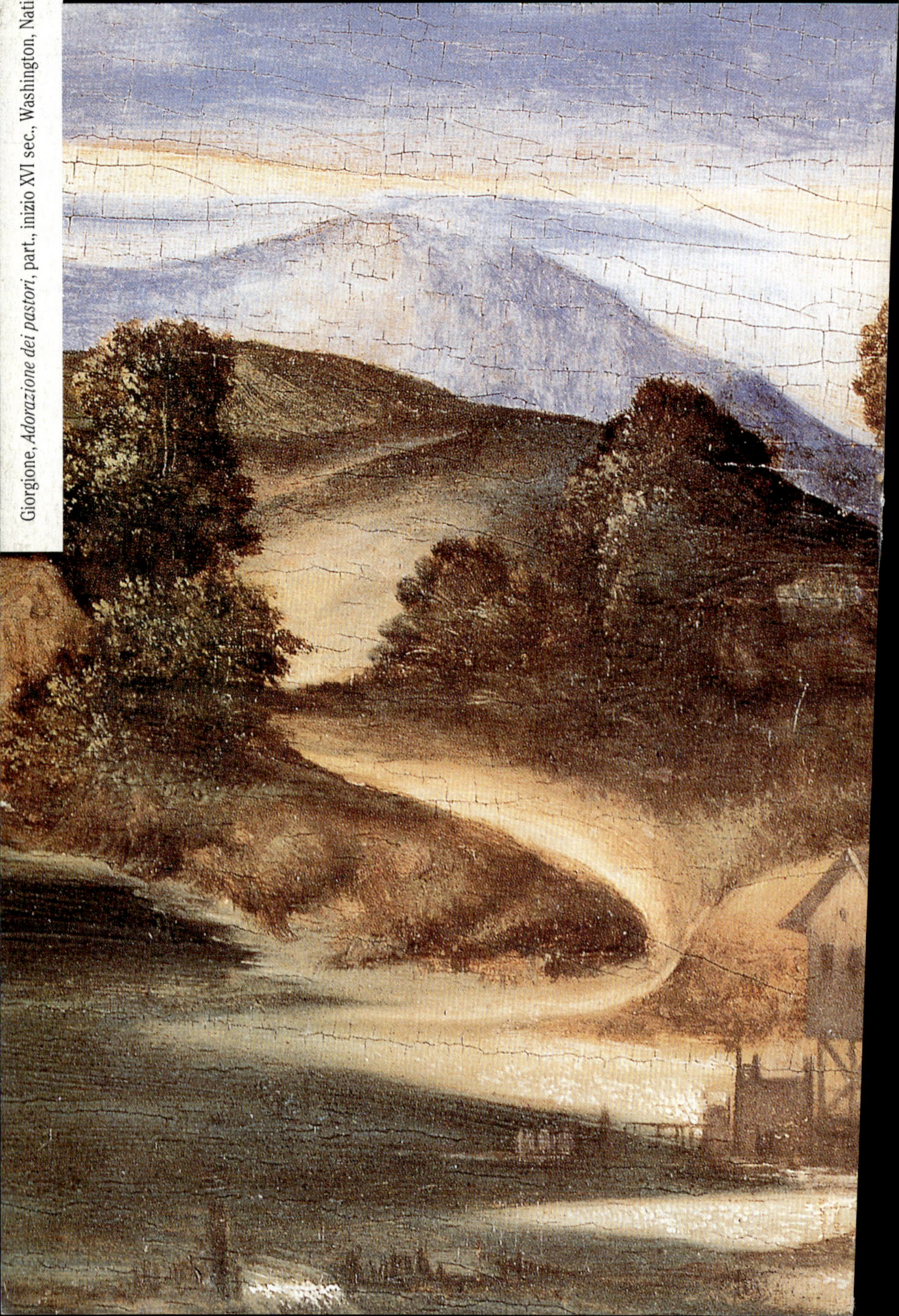

Giorgione, *Adorazione dei pastori*, part., inizio XVI sec., Washington, National Gallery of Art.

Apparati

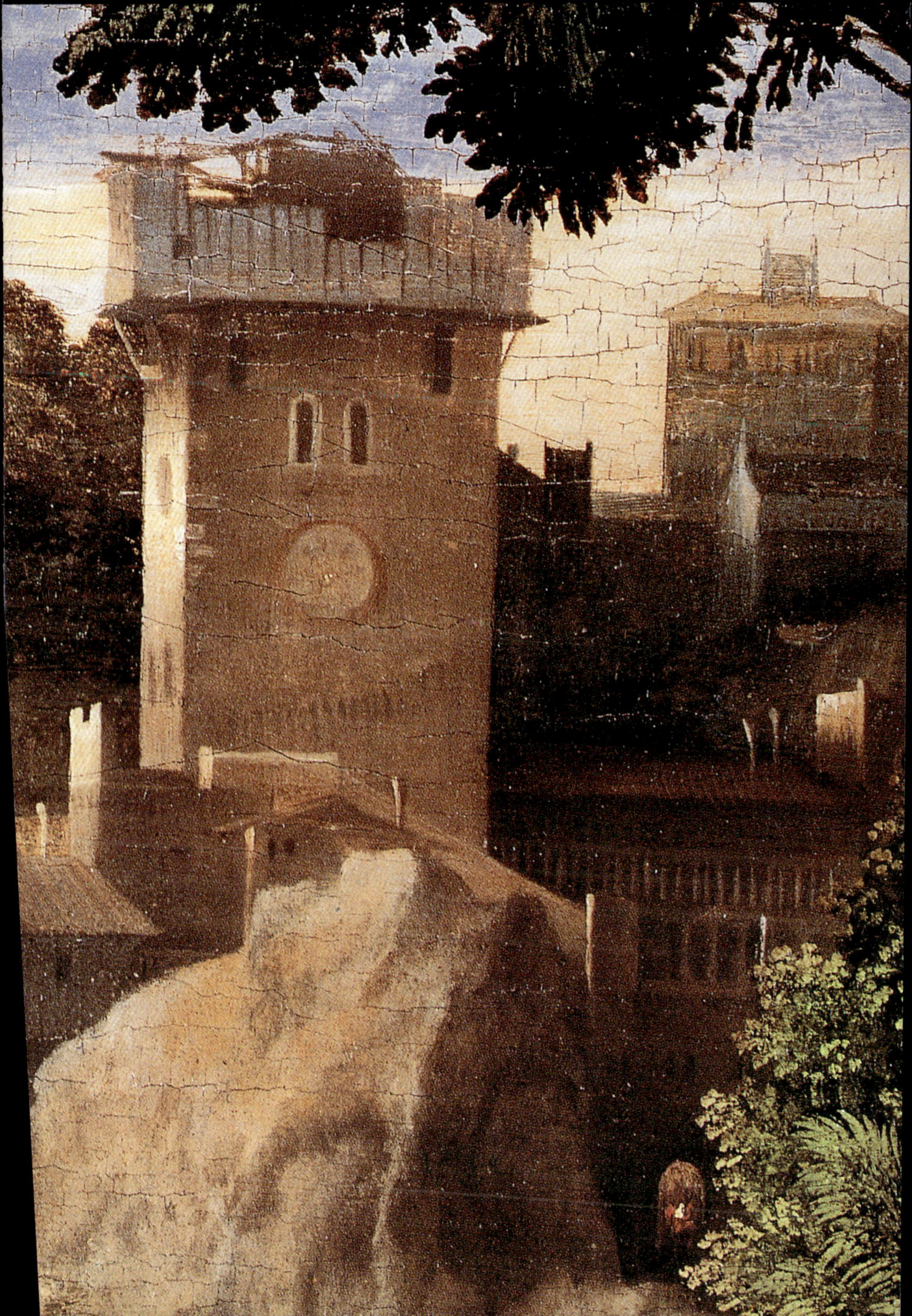

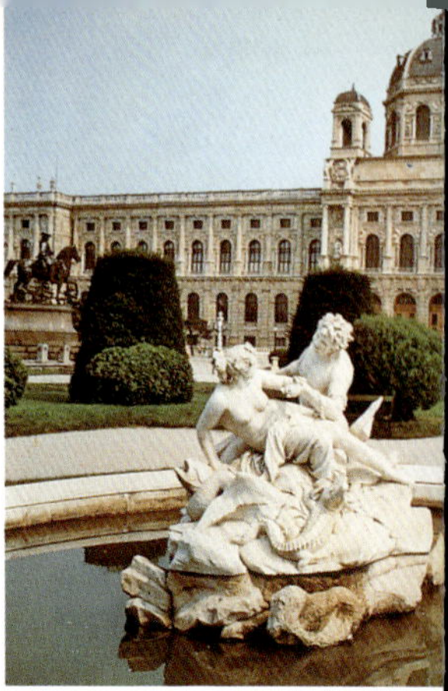

I luoghi citati in questo indice sono quelli nei quali si trovano attualmente conservate le opere di Giorgione.
Le opere conservate nello stesso luogo sono elencate in ordine cronologico.

▼ Pittore veneto del XVI secolo, già attribuita a Giorgione, *Madonna col Bambino*, Bergamo, collezione privata.

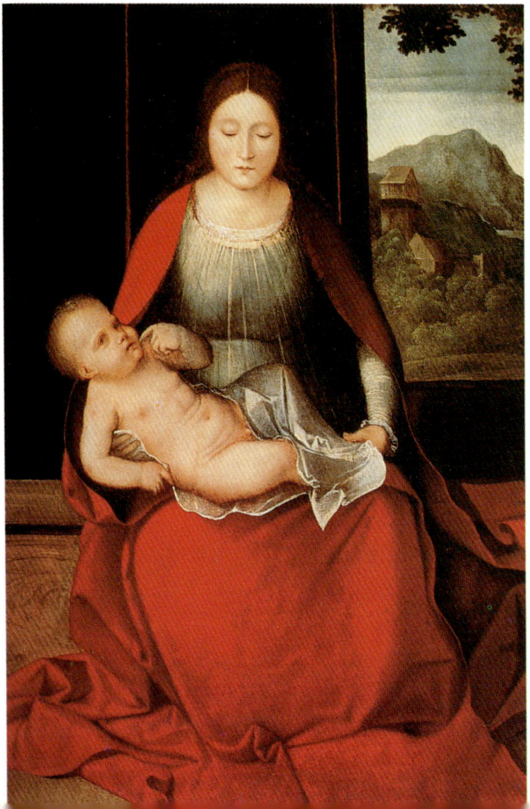

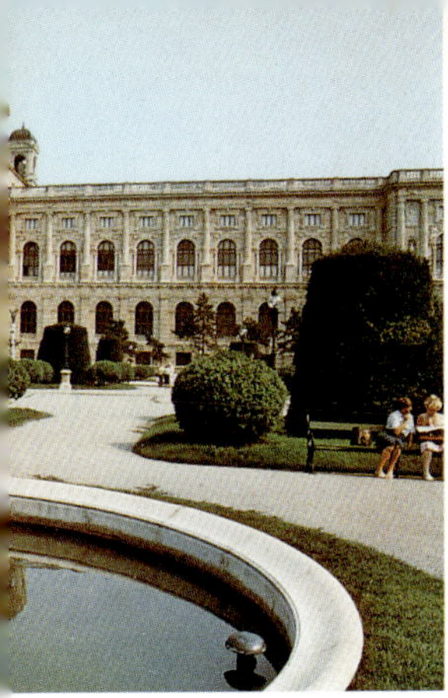

◀ Vienna, ingresso del Kunsthistorisches Museum.

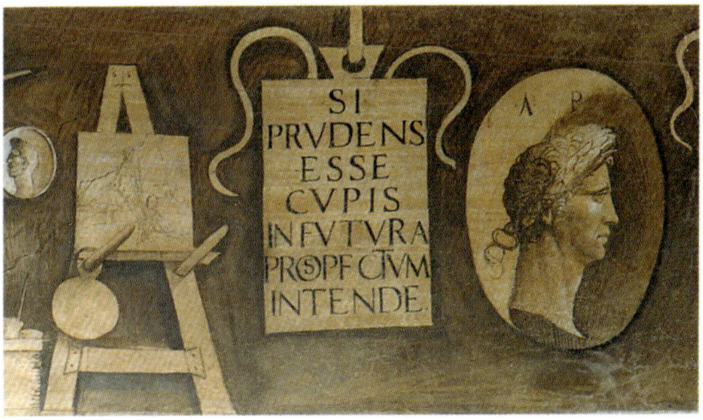

▲ Giorgione, *Fregio delle arti liberali e meccaniche*, particolare, fine del XV secolo, Castelfranco Veneto, casa Marta Pellizzari.

▼ Castelfranco Veneto, le mura.

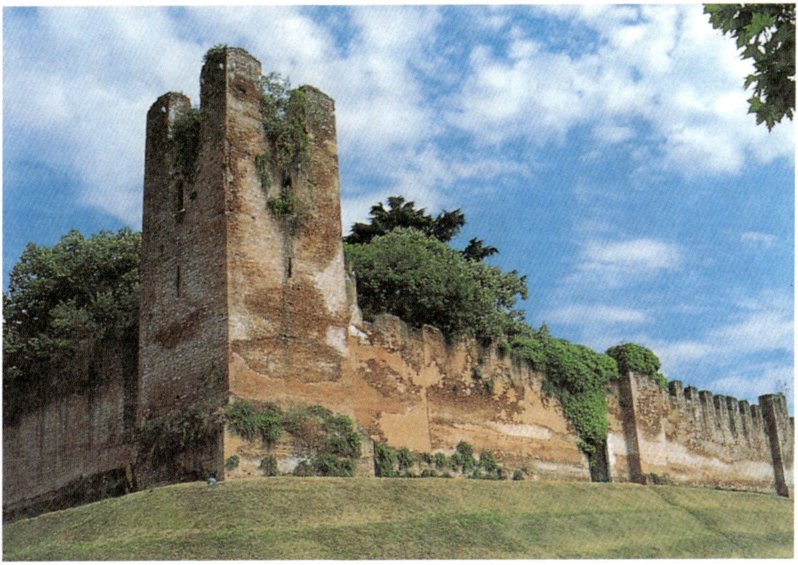

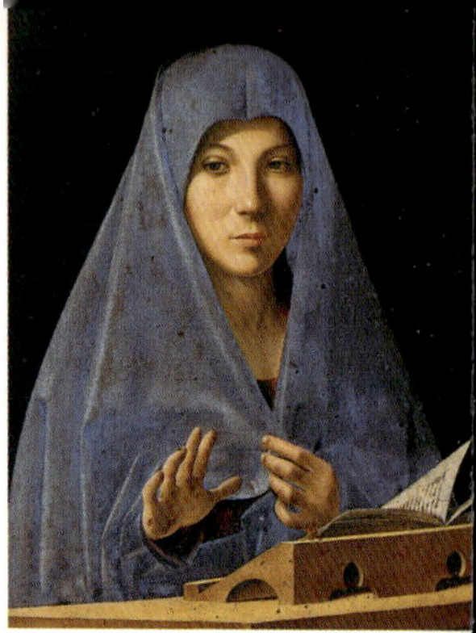

▶ Antonello da Messina, *Vergine annunciata*, 1476-1477, Palermo, Galleria regionale della Sicilia.

Tutti i personaggi qui citati sono artisti, intellettuali, politici, uomini d'affari che in un modo o nell'altro hanno legato il proprio nome a quello di Giorgione o alla sua opera nonché pittori, scultori, architetti a lui contemporanei o attivi negli stessi luoghi in cui Giorgione ha lavorato.

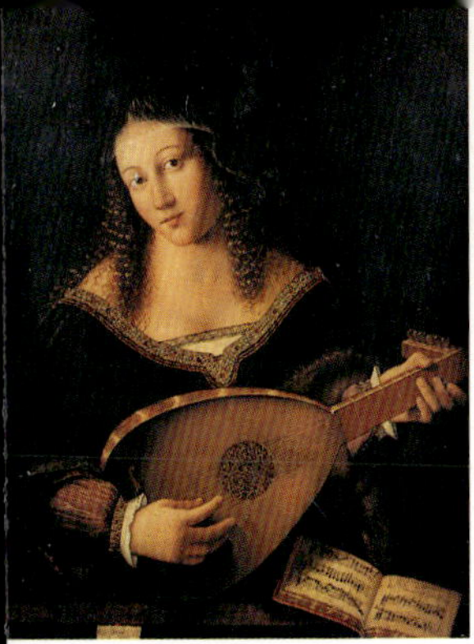

◄ Bartolomeo Veneto, *Suonatrice di liuto*, 1502 c., Milano, Pinacoteca di Brera.

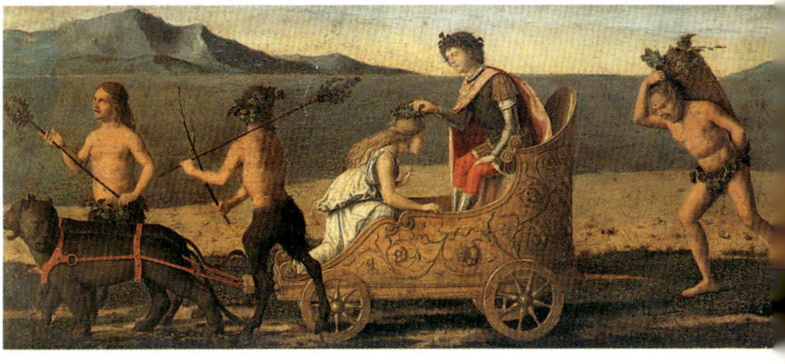

▲ Cima da Conegliano, *Trionfo di Bacco e Arianna*, 1450 c., Milano, Museo Poldi Pezzoli.

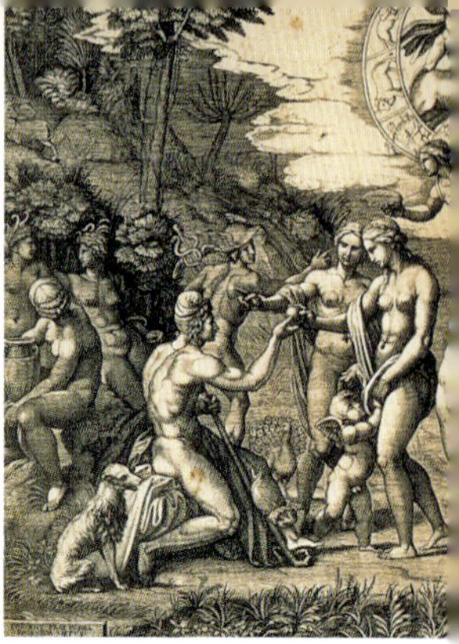

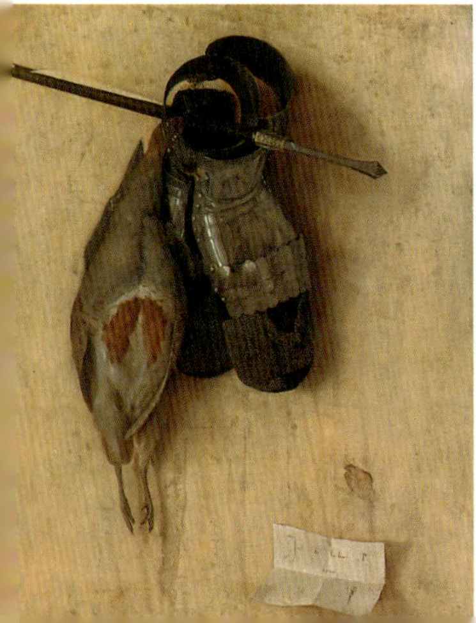

◀ Jacopo de' Barbari, *Pernici e armature*, 1504, Monaco, Alte Pinakothek.

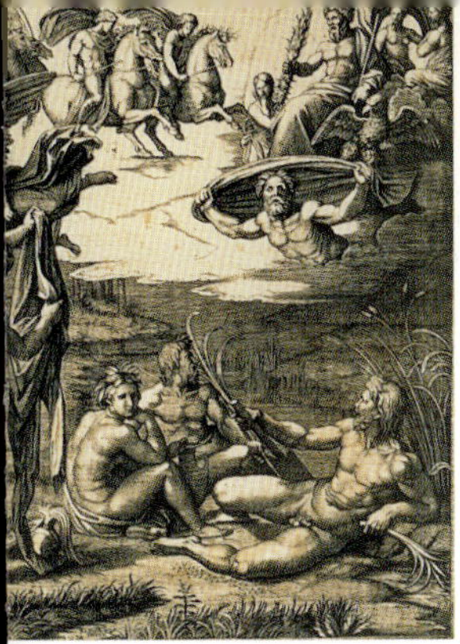

◀ Marcantonio Raimondi, *Giudizio di Paride* (da Raffaello), 1520 c., Londra, British Museum.

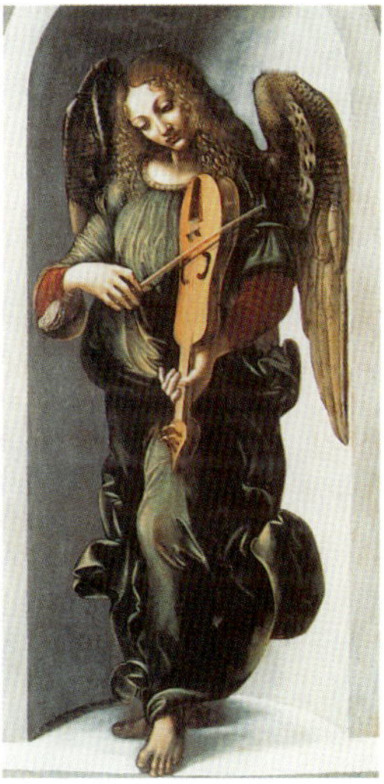

▲ Marco d'Oggiono, *Angelo musicante*, 1480 c., Londra, National Gallery.

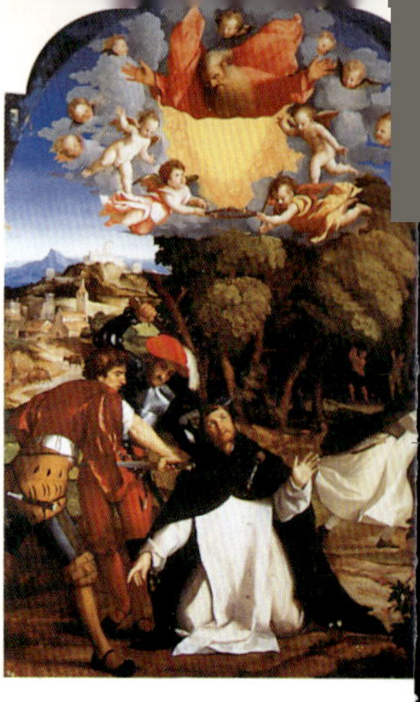

▼ Jacopo Tintoretto, *Ritratto di Jacopo Sansovino*, 1566, Firenze, Galleria degli Uffizi.

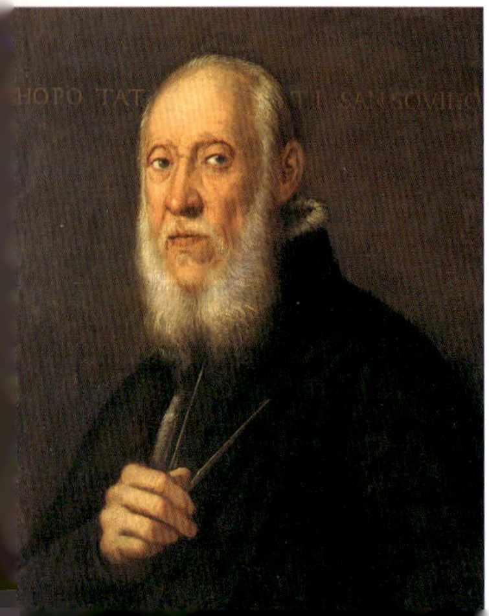

◀ Jacopo Palma il Vecchio, *Uccisione di san Pietro martire*, 1520 c., Alzano Lombardo, Museo della Basilica di san Martino vescovo.

▼ Tullio Lombardo, *Giovane coppia* (*Bacco e Arianna*), 1500-1510, Vienna, Kunsthistorisches Museum.

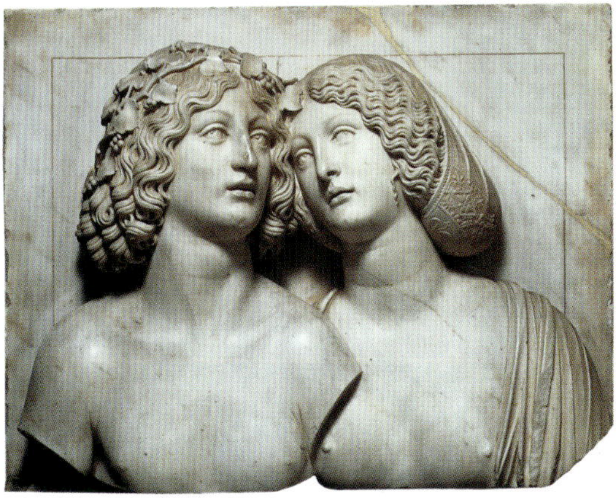

BIOGRAFIA ESSENZIALE

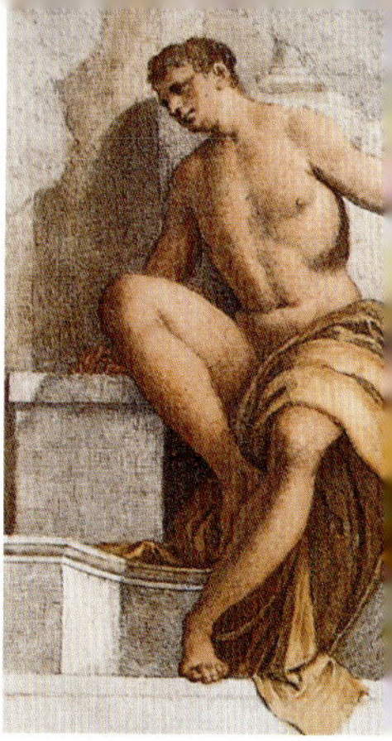

I documenti in base ai quali è stata ricostruita la carriera di Giorgione sono assai scarsi e le tappe essenziali della sua breve vita si ricavano da citazioni *post mortem*, a cominciare dalla presunta data di nascita.

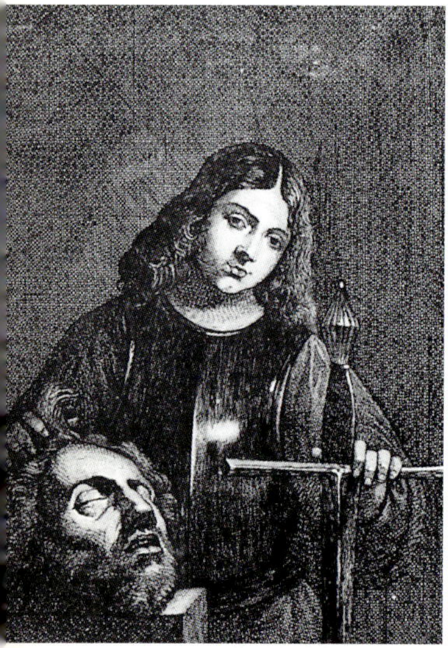

▲ Copia da Giorgione, *David con la testa di Golia*, 1650, incisione di Lucas Vorsterman per il *Theatrum Pictorium*.

▶ Copia da Giorgione, *Ritratto di Girolamo Marcello*, 1658, incisione di Jan van Troyen per il *Theatrum Pictorium*.

1477 c.
Nasce a Castelfranco, nel trevigiano, Zorzi o Giorgio. La notizia si desume dalla prima edizione delle *Vite* di Giorgio Vasari (1550). Nella successiva edizione (1568), la data è spostata al 1478, forse per un diverso computo dell'anno, il cui inizio è fissato *more veneto* al 25 marzo. Secondo Vasari l'artista proverrebbe da un famiglia assai umile e sarebbe stato allevato a Venezia.

1506
Un'iscrizione sul retro della *Laura*: "1506 adj. primo zugno fo fatto questo de man de maistro zorzi da chastel fr[ancho] cholega de maistro vizenzo chaena ad instanzia de misser giacomo", è il primo documento attestante la data e l'autografia di un'opera di Giorgione. Anche sul retro del *Ritratto d'uomo* di San Diego compare una scritta antica, che riferisce l'opera a "Zorzi da Castel fr...", preceduta da una data di difficil lettura.

1507
Il Consiglio dei Dieci ordina di pagare a "Maistro Zorzi da Chastel franco depentor" venti ducati per l'esecuzione di una tela, oggi perduta, da collocarsi nella sala delle udienze di Palazz Ducale.

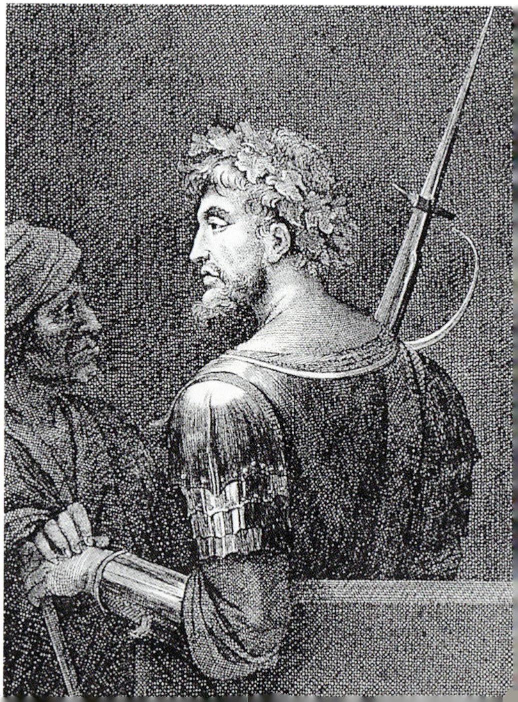

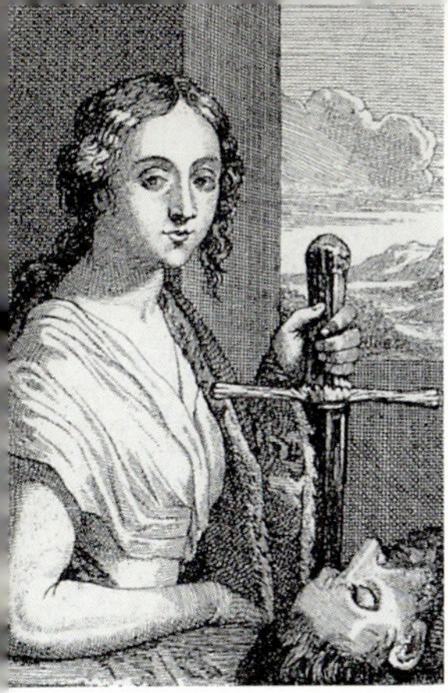

◀ Copia da Giorgione, *Uomo seduto*, tratto da *Varie Pitture* di Anton Maria Zanetti, Roma Biblioteca Hertziana

◀ Copia da Giorgione, *Giuditta con la testa di Oloferne*, 1650, incisione di Lucas Vorsterman per il *Theatrum Pictorium.*

1508
Si registra un ulteriore ordine di pagamento per l'opera di Palazzo Ducale.
A questo stesso anno si fa risalire un contratto stipulato tra Alvise de Sesti e Giorgione circa quattro tele illustranti le Storie del profeta Daniele. Il documento tuttavia è scomparso e la sua autenticità è oggi posta in dubbio dalla maggior parte degli studiosi.
Sempre nel 1508, insoddisfatto del pagamento ricevuto "Zorzi da Chastelfrancho" promuove una causa per ottenere un compenso maggiore per "el depenzar dil fondego de todeschi". Una commissione di tre artisti, nominata da Giovanni Bellini, composta da Lazzaro Bastiani, Vittore Carpaccio e Vittore de Matio, valuta il lavoro centocinquanta ducati e si giunge infine a un accordo di centotrenta ducati.

1510
Isabella d'Este, marchesa di Mantova, scrive al proprio agente Taddeo Albano chiedendogli di prendere informazioni ed eventualmente di procurarle un dipinto raffigurante una "nocte, molto bella et singulare", facente parte dell'eredità di "Zorzo da Castelfrancho".
Dalla risposta dell'Abano si apprende che l'artista era morto di peste.

Nel corso del Cinquecento, a pochi anni dalla scomparsa di Giorgione, numerosi riferimenti alle sue opere di trovano nelle *Notizie di opere di disegno* di Marcantonio Michiel, redatte tra il 1525 e il 1543; un dipinto del maestro è citato nel *Dialogo di pittura* di Paolo Pino; nel 1550 e nel 1568 Vasari ne ricorda altri. Ulteriori menzioni ricorrono in inventari e opere letterarie nella seconda metà del secolo e ancora nel successivo.
Nel 1648, nelle *Maraviglie dell'arte*, Carlo Ridolfi associa per la prima volta il nome di Giorgione alla *Pala di Castelfranco*. Narrandone la vita e cercando di dare unità a diverse ipotesi sulle origini dell'artista, Ridolfi individua nella famiglia Barbarella la stirpe da cui proverrebbe Giorgione, dando inizio a una leggenda mai suffragata da documenti e smentita dalla critica moderna.

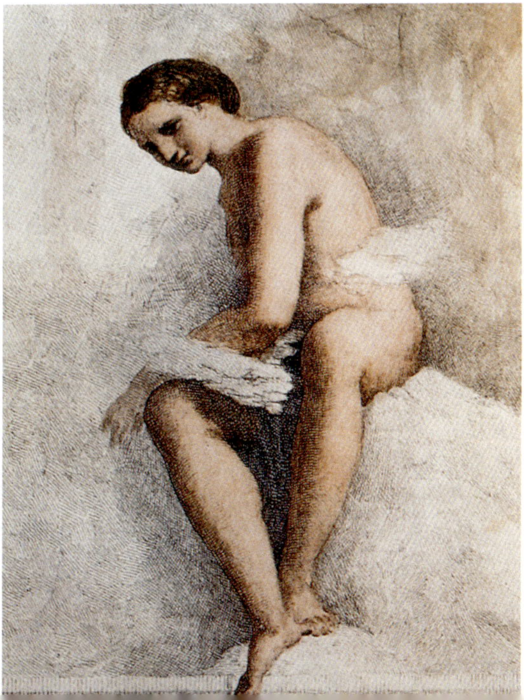

◀ Copia da Giorgione, *Donna seduta*, tratto da *Varie Pitture* di Anton Maria Zanetti, Roma Biblioteca Hertziana.

Collana di monografie tascabili
a cura di Stefano Peccatori e Stefano Zuffi

Referenze fotografiche
Archivio Electa
Studio Pedicini, Napoli
The Royal Collection © 2001,
Her Majesty Queen Elizabeth II
Si ringraziano i musei e gli archivi fotografici che hanno gentilmente fornito il materiale iconografico.
L'editore è a disposizione degli aventi diritto per quanto riguarda eventuali fonti iconografiche non individuate.

Progetto editoriale realizzato con
La Biblioteca editrice s.r.l., Milano

Questo volume è stato stampato per conto della Elemond S.p.a.
presso lo stabilimento di Martellago Mondadori Printing Sp.a.
via Castellana 98, Martellago (VE) nell'anno 2001